中山大学出版社30周年社庆丛书

那些年
那些人

中山大学出版社社庆图书编委会 ◎ 编

中山大学出版社
·广州·

版权所有　翻印必究

图书在版编目（CIP）数据

那些年，那些人／中山大学出版社社庆图书编委会编．—广州：中山大学出版社，2014.10
（中山大学出版社30周年社庆丛书）
ISBN 978-7-306-05137-0

Ⅰ．①那… Ⅱ．①中… Ⅲ．①高等学校—出版社—概况—广州市 Ⅳ．①G239.22

中国版本图书馆CIP数据核字（2014）第304174号

出 版 人：	徐　劲
策划编辑：	邹岚萍
责任编辑：	赵　婷
封面设计：	林绵华
责任校对：	黄燕玲
责任技编：	黄少伟
出版发行：	中山大学出版社
电　　话：	编辑部 020-84111996，84111997，84113349，84110779
	发行部 020-84111998，84111981，84111160
地　　址：	广州市新港西路135号
邮　　编：	510275　　传　真：020-84036565
网　　址：	http://www.zsup.com.cn　E-mail：zdcbs@mail.sysu.edu.cn
印 刷 者：	广州中大印刷有限公司
规　　格：	787mm×1092mm　1/16　18.5印张　284千字
版次印次：	2014年10月第1版　2014年10月第1次印刷
定　　价：	58.00元

如发现本书因印装质量影响阅读，请与出版社发行部联系调换

社庆图书编委会

主　任　徐　劲
副主任　周建华
编　委（按姓氏笔画排序）
　　　　王尔新　李　文　刘学谦　邹岚萍
　　　　张学勤　曹巩华　嵇春霞

序

徐　劲

30年流光岁月，掩隐多少往事。俗话说：一树一菩提，一人一世界。编撰和出版《中山大学出版社30周年社庆丛书》（共三本，即《那些年，那些人》、《书里书外》、《书缘书镜》）的初衷，是希望将个人的故事变成集体的记忆，将碎片的印象变为时空的胶片；同时，更是希望能藉此传承出版社自身的优良文化，并激励出版社的后来人。

三书成稿后，同事们嘱我写序，并要我谈谈对出版业和出版社的感受与想法，算是命题作文。众意难违，作为出版新兵，我既然不能拂了诸君的心意，只能姑且谈点粗浅的看法，权充序言。

"出版业是极具创新、创意、创造等鲜明特点的文化产业，同时还肩负文化传播和文化传承的使命。"这是我对出版产业的基本判断。经过30多年的改革开放，我国已进入全盛时期，综合国力全面增强，国际地位显著提升。在这种大环境下，中华文化的国际传播、中华文化"走出去"的总体战略被提到了重要的议事日程。而与改革开放同步的是30多年的出版产业格局的变化、产业链的变革，也同样面临着如何整合、创新发展和参与国际竞争的新问题。很显然，未来出版人的国际视野将成为出版社发展的关键所在。

近期经过调研，中山大学出版社提出了"服务大学"、"服务社会"和"大学出版社应该是大学学科建设窗口"的建社理念；提出了"一流大学应该有一流的出版社"的建社目标，包括管理一流、产品一流、效益一流；提出"专业化战略"与建立"战略合作伙伴"的发展思路。围绕可持续发展，产业拓展、精品项目、转型升级、数字出版等问题和思路，

那些年　那些人

目前，我们出版社还在积极调研和探索中。当然，国内许多高校出版社已经积累了不少成功经验，值得我们学习或借鉴；国际上剑桥大学和东京大学出版社的模式也有可参照的地方。

中山大学出版社目前的核心工作之一就是制定本社五年发展规划，这同时也是一个提炼发展方向和凝聚人心的过程。此外，将学校的资源转变为产业资源、着力编辑队伍和发行队伍的人才建设、实现现代企业治理等也成为我社进一步发展的重要举措。

两大"并存"是我近期的最大感受：一是文化性和商业性并存。大学出版社有其特殊性，这也是为什么我社提出建社理念会包括"服务大学"和"大学出版社应该是大学学科建设窗口"的原因所在，这是大学出版社存在的意义之一；同时，出版社又是企业，生存与发展是内在的需求，社会效益与经济效益理当结合，但目前这两者的脱节甚至矛盾现象仍相当严重。二是机遇与挑战并存。中小型出版社都面临缺资金、缺规模、缺人才的窘境，在书业市场竞争中受多重挤压，作者流失、图书市场占有率低问题十分突出。在与出版集团、民营文化公司竞争中，不少出版社沦落为书号的提供者，这些现象是令人心痛的。能否走"专业化"、"战略合作伙伴"的道路，我认为这是值得思索和探寻的问题。总体而言，有恰当的定位、有合适的发展模式、有优质的人才队伍，大学出版社才可能拥有良好的发展空间。

当然，建设一流的大学出版社还需要良好的企业文化作为支撑。我近日在学校拜访专家教授，在某著名学者办公室见到一幅集句对联：立乎其大；和而不同。上、下联分别出自《孟子》和《论语》，上联可解读为对人大度、做人大方、做事大气，下联可解读为各美其美、美人之美、美美与共、世界大同。我深以为然！愿与出版社同仁和读者诸君共勉。

藉此机会，感谢过去30年来为中山大学出版社呕心沥血、作出卓越贡献的前辈们，感谢正在为中山大学出版社再造辉煌而一起努力前行、不懈耕耘的同仁们，更要感谢为编撰和出版这套丛书付出艰辛劳动的同事们！

2014年11月13日于红楼343号

目 录

上 篇 光影

员工丰采 ··· (2)
图书展示 ··· (10)
会议现场 ··· (16)
工作场景 ··· (24)
公务活动 ··· (30)
文体生活 ··· (36)

中 篇 足迹

我社第一个优秀编辑奖　第一部优秀教材奖················· 吴伟凡 (46)
一部好书出版　几多专家奔忙·································· 刘翰飞 (51)
有关冯乃超的两部书·· 刘翰飞 (54)
继续挖掘、整理、编纂、出版岭南历史文化著作
　　——纪念出版社成立30周年····························· 黎国器 (56)
严宽庄谐，各具风范
　　——说说我在出版社工作时的老领导·················· 杨　权 (60)
我与出版社共成长··· 金明凤 (69)
忆一场白蚁防治战··· 徐镜昌 (74)
我与中大出版社的情缘
　　——《应用写作教材》出版始末························· 陈少夫 (80)
甘苦自知　乐此不疲（五则短文）···························· 钟永源 (82)
在中大出版社的日子里感谢有你································ 张礼凤 (94)

忆往昔峥嵘岁月稠	陈必胜（97）
更好些，更靓些	廖为建（111）
我编辑《大学物理实验》与《微波技术》	骆益祥（113）
中大出版社校对工作经验曾在全国会议上介绍	蔡浩然（115）
那些年，咱们的美好集体	谭广洪（119）
我为书而豪饮	陈 红（127）
我与《社会审计》	蔡浩然（130）
此情可待成追忆	邹岚萍（135）
"碉楼"与"刁人"	姚明基（139）
中流击水　浪遏飞舟	
——中山大学出版社2009迎新漂流记	刘丽丽（142）
非序之序	杨 权（145）
红楼343号	徐 劲（148）

下　篇　文　萃

大学出版社图书定位问题之我见	谭广洪（154）
略谈出版行业的职业道德	李海东（160）
常用中、英文标点符号的比较与使用	欧燕华（165）
优秀的专职校对人员应转变为加工编辑	张礼凤（172）
试论大学出版物装帧风格的定位	方楚娟（175）
封面设计呼唤高雅品位	朱蔼华（182）
新编辑的培养	刘学谦（185）
图书出版的印数控制	杨 捷（190）
中国需要真正的研究型大学出版社	葛 洪（193）
浅析如何加强出版社流动资金的管理	邹正芬（204）
谈谈校对的文字技术整理	吴洁芳（210）
怎样做好回款工作	高丽萍（216）
浅谈如何提高储运部的工作效率	朱智澄（220）
数据管理：出版社强化微观管理的有效途径	姚明基（225）
书籍校对常见差错与防范	曾育林（230）

浅谈出版社储运工作的管理 …………………… 廖卫文 谢植兰（236）
转制与编辑人才管理问题 ……………………………… 高惠贞（247）
出版社图书退货的全程控制分析 ……………………… 周建华（252）
慎待引文中的差错 ……………………………………… 嵇春霞（258）
关于出版社编辑科研困境的思考 ……………………… 邹岚萍（264）
笑谈编辑称谓，提升正能量 …………………………… 李　文（269）
翻译出版中编辑的角色与话语权 ……………………… 熊锡源（274）
全媒体出版时代编辑能力的培养 ……………………… 徐诗荣（280）

上篇　光　影

影像集锦　一帧帧照片定格了30年的每一个精彩瞬间，铁打的出版社，一茬又一茬的员工——斗转星移，永不褪色

员工丰采

员工丰采（1）

员工丰采（2）

上篇 光影

员工丰采（3）

员工丰采（4）

员工丰采（5）

员工丰采（6）

上篇 光影

员工丰采（7）

员工丰采（8）

那些年 那些人

员工丰采（9）

员工丰采（10）

上篇 光影

员工丰采（11）

员工丰采（12）

那些年　那些人

员工丰采（13）

员工丰采（14）

上篇 光影

员工丰采（15）

员工丰采（16）

图书展示

图书展示（1）

图书展示（2）

上篇 光影

图书展示（3）

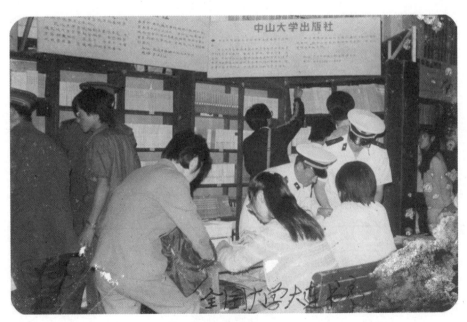

图书展示（4）

图书展示（5）

图书展示（6）

上篇 光影

图书展示（7）

图书展示（8）

那些年　那些人

图书展示（9）

图书展示（10）

上篇　光影

图书展示（11）

图书展示（12）

会议现场

会议现场（1）

会议现场（2）

上篇 光影

会议现场（3）

会议现场（4）

会议现场（5）

会议现场（6）

上篇 光影

会议现场（7）

会议现场（8）

那些年 那些人

会议现场（9）

会议现场（10）

上篇 光影

会议现场（11）

会议现场（12）

那些年　那些人

会议现场（13）

会议现场（14）

上篇 光影

会议现场（15）

会议现场（16）

那些年 那些人

工作场景

工作场景（1）

工作场景（2）

上篇　光影

工作场景（3）

工作场景（4）

那些年 那些人

工作场景（5）

工作场景（6）

上篇 光影

工作场景（7）

工作场景（8）

工作场景（9）

工作场景（10）

上篇 光影

工作场景（11）

工作场景（12）

公务活动

公务活动（1）

公务活动（2）

上篇 光影

公务活动（3）

公务活动（4）

那些年　那些人

公务活动（5）

公务活动（6）

上篇　光影

公务活动（7）

公务活动（8）

那些年 那些人

公务活动（9）

公务活动（10）

上篇 光影

公务活动（11）

公务活动（12）

那些年　那些人

文化生活

文化生活（1）

文化生活（2）

上篇　光影

文化生活（3）

文化生活（4）

文化生活（5）

文化生活（6）

上篇 光影

文化生活（7）

文化生活（8）

那些年 那些人

文化生活（9）

文化生活（10）

上篇 光影

文化生活（11）

文化生活（12）

那些年　那些人

文化生活（13）

文化生活（14）

上篇 光影

文化生活（15）

文化生活（16）

那些年 那些人

文化生活（17）

文化生活（18）

中篇 足 迹

故事荟萃 字里行间饱含深情,周围人,身边事,点点滴滴,历历在目,昨天并未走远——时光荏苒,记忆永恒

那些年　那些人

我社第一个优秀编辑奖　第一部优秀教材奖

吴伟凡

中山大学出版社成立于1983年9月。出于对编辑工作的爱好，我于次年3月由物理系转到出版社当编辑。那时，出版社只有十个八个人，理科编辑只有张晋丰老师（已辞世）和我。张老师来自化学系，他是出版社的创建人之一，是社副总编，他年轻时曾当过报社的编辑，有一定的经验，而我初出茅庐，没干过这个行当。我凭着一股热情，虚心向张老师学习，协助他做一些辅助性工作，阅读一些有关编辑、出版和印刷方面的书籍，初步懂得了编辑工作的要领和出版流程，在张老师的指导下就匆忙"上阵"了。

我负责编辑的第一部书稿，是本校计算机系林卓然老师编著的《微型

前排右1者为吴伟凡，时任中山大学机关第四总支书记

计算机 BASIC 语言》。这部书稿编程案例多,而编程的排序有严格的规范,字母的大小写、正斜体,甚至字母之间是空一字格还是空两字格,都有要求。那时没有电脑打印,书稿都是用原稿纸手写的,编辑起来很花时间和精力。由于我对计算机不熟,遇到不清楚的问题,就主动向作者请教,花了很长时间才完成了书稿的文字编辑。随后的难题是对插图的处理。书稿的插图多,图中的标释字也多,我凭着曾经学过的制图知识,自己动手在描图纸上用鸭嘴笔蘸着墨水一笔一画地描绘。绘图是个细心活,稍不小心或线条不匀,或墨水跌落,就得作废重绘。用耐心和毅力描绘完几十幅插图之后,还得在插图中贴上标释字。这些标释字在做文字编辑时就将其全部列出来,交由学校印刷厂用小五号或六号字印出来的。贴字时,按照插图上的标释"字符",一个个剪下来,小心翼翼地贴在插图中的相应位置。贴字要边贴边校对,如果在铅版制出来之后才发现差错,要重新制版就很麻烦了。封面也是我自己班门弄斧设计的,我的美术细胞不多,只画些简单的线条和图案,套两色(多一个色就要多制一个铅版,就要多印刷一次),"土"得很,与现在用电脑制作的封面相比,不可同日而语。经过一番努力,整本书稿的编辑工作完成了,不觉得累,倒有点成功感。随后,把书稿交给负责出版的小姚(姚明基)送到韶关新华印刷厂印清样。

那个年代,印刷技术还很落后,还是人工铅字排版。排字女工一手拿着书稿,一手在铅字架上"捡字",她们手捷眼快,将一粒一粒铅字排在木盆中的铅框里,一站就是几个小时,那种苦、那种累不言而喻!书稿排字完了之后,就送去制版,打出清样。

清样出来之后,就进入"三校三改"阶段。这是一个漫长的过程。所谓漫长,就是清样要在承印厂和出版社之间来回

《微型计算机 BASIC 语言》,林卓然编著

那些年　那些人

"跑",一校一改"跑"一次,三校三改就要跑六次。除了小姚"跑"之外,就是靠邮局寄来寄去,那时可没有速递,从韶关新华印刷厂寄来得六七天,多耗时啊!

三校三改,最辛苦的还是排字女工,以这部《微型计算机BASIC语言》为例,32开本,共有230多个页码,一个木盆装4个排好铅字版的页码,就有60盆,每盆有十多公斤重,叠成若干堆。每改一次,排字女工就要搬动一次,找出相应的页码进行修改。试想,从排字到三改完毕,她们要搬动多少次,付出多大的劳动啊?我肃然起敬!

1984年8月,《微型计算机BASIC语言》终于出版了。BASIC语言是当时计算机最通用的语言,此书是部教材,内容丰富,表述流畅,操作性强,深受读者特别是高等院校师生的欢迎。本书出版后连续重印4次,发行20万册,是建社初期第一部畅销书。而令我高兴的是,此书被广东省新闻出版局评为"1985—1986年粤版优秀图书编辑二等奖",是我社获得的第一个奖项。初当编辑,首次上阵就获此殊荣,是我意想不到的。

我负责编辑的第二本书稿是物理系罗蔚茵老师编著的《力学简明教程》,书稿公式多,大小写、正斜体字符及上下标多,且书写不太规范,手写体草字符像"鬼画符"一样,难以辨认,编辑起来特别费劲。书稿的插图更多,而且都是草图,绘图、贴字的难度更大。但我有了初步的编辑经验,很多困难都迎刃而解。作者要求此书一定要在1985年秋季开学之前出版,供学生上课用。为了赶时间,在第三次校、改时,我和小姚干脆"进驻"韶关

吴伟凡编辑的《微型计算机BASIC语言》获广东省新闻出版局的"1985—1986年粤版优秀图书编辑二等奖"

新华印刷厂，住在厂方简陋的招待所，食在厂方饭堂，和排字工人密切配合，边校边改，在炎热的夏天经过三天两夜的奋战，完成了校、改，并即时签印，终于使此书于7月份如期出版，解决了教学之急需。此书作者罗蔚茵老师在普通物理学的教学和研究方面颇有造诣，在国内同行中小有名气，此书出版后，

《力学简明教程》，罗蔚茵编著，1992年被评为国家教委优秀教材二等奖，吴伟凡为责任编辑，并负责装帧设计

一些高校选定为教材，反应良好。1992年，这部《力学简明教程》被国家教委评为优秀教材二等奖。在我印象中，这是我社第一部获部级奖的教材。作为此书的责任编辑和封面设计，我沾了一点点光。

随后，我承担了《数学命题标准化题型练习》选题的编辑，这本书是我校数学系集体编著的。当时，国家教委决定全国高考的数学命题采用标准化题型，这对广大考生来说是个新生事物，数学系的老师抓住这个机会去探讨、摸索标准化题型的设计，以启迪广大考生开拓视野。社里要求此书必须在1986年春季开学之前出版，以供考生高考前复习参考。为了赢得时间，方便三校三改，小姚选择了广州工业大道的红旗印刷厂承印此书，在厂方的大力支持和配合下，此书提前于1985年12月同读者见面，受到广泛的欢迎，订单接踵而来，连续加印了4次，发行量超过30万册。

《数学命题标准化题型练习》和《微型计算机BASIC语言》收到了很好的社会效益和经济效益，为我社挣得了可观的利润。那个年代，以计划经济为主导，没有"利润提成"这个概念，"社里人"都勤奋工作，不论报酬，年终奖金50元，这是当时出版社真实的写照。这两本书共发行50多万册，除了以新华书店为主渠道发行之外，我社也发行一部分。当时，社里负责发行的只有一人，简直忙不过来，"社里人"就连续在晚上加班加点，一起包装、捆扎，及时将书发出去。当然，这都是义务劳动，没有

加班费,用现在的话说,叫作"奉献"。

  我在出版社当编辑只短短3年时间,编辑了14种图书。1987年3月,组织上安排我到无线电电子学系负责党总支工作,一干就是10年。有意思的是,1997年7月,组织上又让我落户出版社,负责直属机关第一党总支(含出版社、学报、图书馆、印刷厂4个党支部)工作,至2000年退休。作为出版社的退休人员、出版社的初期编辑,值此出版社建社30周年之际,我祈祝出版社事业蒸蒸日上,持续发展。

中篇　足迹

一部好书出版　几多专家奔忙

刘翰飞

清理书架，在一本杂志里清出《关于出版〈东印度公司对华贸易编年史〉的设想》手稿，右上角注有"此件打印4份，分送汤照连、陈胜粦、海关史研究中心陈诗启，总编室存一份"，时间署"1987年11月10日"。

再从书架上找出《东印度公司对华贸易编年史》（五卷，分装三册），翻阅全书，使我忆起为此书出版作出众多贡献的一些人。

关于本书的作者马士（Morse Hosea Ballou，1855—1934），我知道的并不多。通过编审书稿，我才逐步了解到他原籍美国，1874年毕业于哈

刘翰飞老师（左1）参加出版社选题论证会

那些年　那些人

佛大学，同年考入中国海关，到上海开始学习汉语，接下来在天津、北京、上海、汉口、广州等地海关任职，直到1909年退休，到英国坎伯利定居，1917年入籍英国。马士在中国海关工作30余年，参与了当时中国的许多外事活动，有多种关于中国近代的著述。其中，《中华帝国对外关系史》（三卷）和《东印度公司对华贸易编年史》（五卷）是其代表作，对研究近代中国对外关系和经济都有重要的参考价值。中山大学出版社出版的《东印度公司对华贸易编年史》是该书的第一个中文译本。

区宗华是本书的中文译者。他1912年4月生于广东开平，1927年毕业于清华大学历史系，1940年中山大学研究院历史研究所硕士毕业。新中国成立前后，他在中山大学、广州大学、华南联合大学、中南财经学院从事教学和研究工作，专攻外国经济史。1952年晋升教授。1979年调回中山大学任教，并兼任港澳经济研究中心研究员。他认为《东印度公司对华贸易编年史》是研究中国近代对外贸易史极为重要的参考书。十年浩劫前期，在当时处境艰难、孤立无援，既不能请教于这方面的专家，亦难以广泛查阅有关资料的情况下，他独自完成了该书140余万字的翻译工作。他曾坦言译稿"虽不至错误百出，但亦不少"，提醒大家要关心书的质量。

陈诗启是中国海关学会和厦门大学合办的中国海关史研究中心主任，是研究中国经济史、中外关系史的专家，对《东印度公司对华贸易编年史》的翻译和出版特别关心。研究中心成立之初，他就把该书的翻译工作列入工作计划。得知区宗华教授已于"文革"期间译完全书，陈诗启就通过中山大学历史系主任陈胜粦教授介绍，在征得区宗华教授同意后，将译稿交给海关史研究中心处理。他对译稿质量十分重视，又请中山大学经济系主任汤照连教授出面邀请章文钦先生负责译稿中人名、地名、船名等的规范化工作。为安排译稿早日出版，陈诗启派研究中心副主任柯焕孙专程赴广州与中山大学出版社协商出版事宜，落实出版计划。现在我手中还保留有当年陈诗启为《东印度公司对华贸易编年史》书稿的审校和为出版之事写给汤照连、陈胜粦和我的4封信。

在这里，我还要介绍一下校订译稿的两位专家。一位是中山大学历史系的章文钦教授。据他1995年6月发表在《近代中国》第五集中《马士〈东印度公司对华贸易编年史〉中译本简介》说：20世纪80年代初，在研究早期中西关系史时，借阅过区先生的译稿，并应区先生之请校订译稿，参考百余种中外文献，对译稿中译名、史实进行考订，增加了注释320余条2万余字，并穷数月之力抄正全稿，以备再审。另一位是南开大学历史研究所的林树惠教授，他应海关史研究中心之请，最终校订了全书。林教授没有来广州，也不曾与出版社取得联系，但我们不能忘记他的贡献。

从《东印度公司对华贸易编年史》的出版设想，到1992年3月该书出版，前后用了5年时间。时间是长了些，但从上述事实看，对译稿审而又审、校而再校，都是为了保证书的质量，体现了编辑和出版人员的心声。真可谓一部好书出版，几多专家奔忙。我和邱琼瑛是此书的责任编辑，而我却于1991年3月离休，退出工作岗位，未能坚持到最后成书，深感遗憾。对这样一部具有重要史料价值的好书，我期盼能见到它再版。

有关冯乃超的两部书

刘翰飞

2014年是中山大学建校90周年，又是中山大学出版社成立30周年。校庆、社庆都是大庆，应该祝贺。于是我想起了冯乃超和有关他的两部书——《冯乃超文集》和《默默的播火者——冯乃超百年诞辰纪念文集》。两书都是学校为纪念冯乃超而编写，并由中山大学出版社出版的。

20世纪50年代初至70年代中，冯乃超任中山大学党委第一书记、副校长，对新中国的高等教育事业，特别是中山大学的发展，成绩卓著。这是我们记忆犹新的。这样说尚不能全面了解这位老共产党员为人民所作贡献和高贵品格。我是1956年从部队转业到中山大学工作的，前期在校长办公室任秘书，在许崇清、冯乃超、陈序经身边工作。据我多年的了解，我愿对此作些介绍。

冯乃超，字绍基，祖籍广东省南海县盐步区秀水乡高村。1901年（辛丑）9月出生于日本横滨一个侨商家庭。读书至东京帝国大学文学部美学与美术史专业。在日期间参加日本共青团外围组织马克思主义研究会，较早接触了马克思主义著作。1927年回国工作，1928年加入中国共产党，是著名文学团体创造社后期主要成员，与鲁迅等筹组中国左翼作家联盟，任中国左翼作家联盟、文化总同盟党团书记，党刊《红旗报》编辑。

抗日战争和解放战争期间，先后任国民政府军事委员会政治部第三厅中共特支书记、中共中央南方局文委委员、重庆国共谈判中共代表团顾问、华北人民政府教育委员会委员、第一届全国政协代表。

中华人民共和国成立后，任中央人民政府政务院文化教育委员会副秘书长、中央人事部副部长、中山大学党委第一书记、副校长、北京图书馆顾问。曾当选第一届人民代表大会代表，中共八大代表，广东省政协副主席，第四、第五届全国政协委员。

在长期的革命斗争中，冯乃超"始终以党的利益为重，忠贞不渝，立场坚定，正直无私，功成不居，埋头苦干，兢兢业业，表现了一个共产党员的优秀品格"（引自1983年9月28日《人民日报》）。

《冯乃超文集》是从文学角度编纂的。执行编委是刘翰飞、李伟江、饶鸿竞。封面题签为李一氓所写。上卷依诗歌、小说、戏剧、散文，尽收其文学著作。卷首有丁玲所写《怀念他的为人（代序）》和李江所写《冯乃超传略》。下卷是文艺评论，选收各历史时期论文64篇。后附李江编《冯乃超生平著译年表》。文集所收各篇均注明所据原书版本或最初发表报刊。

《默默的播火者——冯乃超百年诞辰纪念文集》，李尚德主编。封面题签为魏巍题词，画像为李琦所绘。集首刊有冯乃超生前重要照片、《红纱灯》诗集书影、书信墨迹12幅，并收有李鹏、宋平、雷洁琼、邓力群、郑天翔、林默涵、贺敬之、张光年、林林、魏巍、任继愈、夏征农等的题词墨迹照片12幅。内文除收冯乃超辞世时新华社电文、《冯乃超年谱》外，还收录了夏征农、周而复等所写纪念文章16篇。题词和文章分别从不同角度评论了这位在党的文化战线上的领导人所作的重要贡献，倡导学习和发扬他的革命精神，"忠于事业，严于律己"。最后收冯乃超的《北京书简——致刘翰飞、饶鸿竞》、冯真的《忆父亲》、李丹阳的《忆外公冯乃超》及杨倩所写《永远的怀念——采访感受》。

在此，我告诉大家，我不仅是两书编委会和执行编委成员之一，同时又是两书的责任编辑。这一巧合，对我来说，也增加了纪念意义。

那些年 那些人

继续挖掘、整理、编纂、出版岭南历史文化著作
——纪念出版社成立30周年

黎国器

习近平总书记最近说，中国优秀的历史文化是中国的灵魂。中国五千多年的历史文化博大精深，是我们中华民族的珍贵遗产，我们要继往开来，弘扬中华民族的优秀文化，为振兴中华民族强国富民的中国梦服务。岭南的历史文化是中国历史文化的一部分，而且是极其重要的一部分。中山大学是岭南的最高学府，中山大学出版社是改革开放后，最早成立的出版社之一。过去，由于"文化大革命"的影响，编辑出版工作受挫。中山大学乘改革开放的春风，为了繁荣出版事业，立即着手成立出版社，尽快组稿编辑出版岭南历史文化著作，是责无旁贷的重要任务之一。中山大学出版社的领导同志，不负历史的重任，30年来，中山大学出版社出版了不少岭南的优秀历史文化和中山大学教授、学者的著作，丰富了中国历史文化文库，为研究历史文化工作者提供了研究历史文化的资料，为读者提供了精神食粮，受到广大作者、校注者、读者的欢迎和赞扬。

中山大学出版社成立于1983年，我1985年初到出版社任编辑，1995年退休。在这10年中，我主要编辑有关岭南的历史文化和本校教授的著作。经我编辑出版有关岭南的历史文化和本校教授的著作约有几十本。我一到出版社，就投入编辑工作。我编辑出版的第一本书是时任中山大学历史系主任的陈胜粦教授所著的《鸦片战争论稿》。当出版社总编刘翰飞同志将陈胜粦教授的书稿交给我时，语重心长地说，这部书稿（约50万字）很重要，时间紧，年底之前要出版，送往教育部，由专家评选、决定陈胜粦教授能否当博士生导师。我们要力争为中山大学多增加一位博士生导师。我高兴地接受了这项任务。日夜勤奋看稿，连暑假也不休息，在陈胜粦教授的配合下，书按时出版送到教育部。经专家评选，陈胜粦教授被评为中山大学文科博士生导师，为中山大学增加了一位文科博士生导师。后来这本书也被中南地区评为编辑图书出版一等奖。

1986年春的一个早上，我在校园里散步，从中央人民广播电台的联播节目里传播出了一条重要新闻：中国第一位藏族博士生格勒在中山大学人类学系毕业。他的博士生导师是中国著名的文化人类学家、中山大学人类学系主任梁钊韬。他的博士生论文《论藏族文化的起源形成与周围民族的关系》（40多万字），受到专家的好评。我听到这个消息很兴奋，上班时，我向总编辑刘翰飞同志汇报了这条消息，并建议编辑出版格勒的博士论文，刘翰飞同志完全同意我的意见，并派我去向格勒同志组稿。格勒同志很高兴地将论文稿交给我编辑出版。这本书于1988年出版，丰富了藏族历史文化的宝库，受到国内外藏族史学界的好评。欧洲一些藏学研究专家与藏学爱好者读了格勒的《论藏族文化的起源形成与周围民族的关系》一书之后，就邀格勒到法国、英国等国讲学和作学术交流。

中山大学出版社的出版工作，面向校内外。校内的作者送稿来我们都热诚欢迎，能够出版的书稿，我们都尽力满足作者的要求。我先后为历史系陈锡祺、林家有等教授所主编的或专著或介绍来的书稿进行编辑出版；为人类学系梁钊韬、陈启新、张寿祺等教授所主编的或专著或推荐的书稿进行编辑出版；也为中文系吴文辉、罗伟豪和叶国泉等教授所主编的或专著或介绍来的书稿进行编辑出版；还为古文献研究所黄国声和郭培忠等教授所校点的古代岭南名人著作，如《红杏三房集》和《独麓堂集》等进行编辑出版。中文系罗伟豪教授的专著《广韵研究》与叶国泉审订的《海康方言志》、《台山方言志》，以及叶国泉教授与罗康宁研究员合编的专著《信宜方言》等，都很有岭南地方特色和很高的学术价值，深受广大读者的欢迎。罗伟豪教授的《广韵研究》还被北京一间大学作为教材。人类学系梁钊韬和陈启新教授主编的《文化人类学》（责任编辑黎国器）是该系的一部水平较高的重要教材，很受校内外学生和人类学界欢迎。

1986年底，我从广东省考古专家杨式挺先生那里获悉：广东省有不少县市的考古、整理、编撰文物志的工作已经结束，有的文物志书稿已定

那些年 那些人

稿，准备出版，希望我去组稿，帮助他们出版。于是，我就积极与有关县市的宣传、文化部门联系，进行调查、研究和征集有关文物志书稿和有关岭南历史文化著作的稿件。此后就陆续有广东省博罗县、海丰县、汕头市、电白县、吴川县、台山县、遂溪县、茂名市、高州县、信宜县、廉江县、湛江市、佛山市、顺德县、化州县、阳山县、南雄县、琼山县、定安县、琼海县、临高县、海口市和海南自治州等分别给我送来具有岭南历史文化特色的、各阶层的、不同部门的文物志、方言志、商业志、财政志、轻工业志、南雄珠玑巷志和县志等，约有几十部书稿。10年来，在出版社社长、总编辑的领导下，在出版社各部门的积极配合下，我先后为作者的书稿进行了编辑出版。已出版的书有《博罗县文物志》、《海丰县文物志》、《电白县文物志》、《琼海县文物志》、《琼山县文物志》、《定安县文物志》、《台山县方言志》、《信宜方言》、《佛山史话》、《湛江市商业志》、《廉江县轻工业志》、《茂名市财政志》、《茂名市华侨志》、《潮汕市名人辞典》、《海南名人辞典》、《中国黎族大辞典》、《海南美》、《海南民族研究论文集》、《鸡肋集》[（明）王佐著]、《广州地名志》、《吴川县文物志》

黎国器（前排左2）和出版社的退休同事在一起

和《南雄珠玑巷》等数十部，《中国黎族大辞典》还获国家民族事务委员会颁发的少数民族著作一等奖。

顺德县是珠江三角洲的重要县之一，鱼米之乡、人文荟萃，原顺德县方志办主任马以君先生于1988年把清代人编撰的一本厚厚的《顺德县志》交给我，要我请中山大学教授帮助校点、整理出版。我认为这本旧县志是岭南的一部重要的县志，历史文献具有历史意义和学术价值，应该校点、整理出版。于是，我按马以君先生的要求，请中大的老师帮助校点，请大学生帮助抄写。后来，由于顺德县人事变动，本县志出版受挫，但经过双方协商，本县志还是由中山大学出版社出版。

以上志书的编纂、整理、校点、编辑与出版，都是在改革开放之后，在各级人民政府的领导下和各级文化部门的指导下进行的。这些志书的出版，进一步丰富了岭南文献宝库，具有现实与历史意义。

严宽庄谐，各具风范

——说说我在出版社工作时的老领导

杨 权

　　1987年我从中国人民大学硕士毕业，原计划到某省的国家安全机关工作，当时不仅已通过了颇为严格的政审，而且该单位政治部还派人到京与我谈了话。由于不清楚自己将来要干些什么工作，更不清楚自己是否适合将来要干的工作，我在临门一脚时选择了放弃。不管这个决定是否正确，它都造成了一个后果，那就是，我必须重新安排个人的未来。那时学校的毕业生分配已临近尾声，我如果不尽快找到一个新饭碗，那就有些被动。我是南方人，不怎么习惯北方的生活，加上家眷在外地，于是便南下广州，闯入中山大学，毛遂自荐，希望在历史系谋一份教职。可是当时历史系正好满编，系主任陈胜粦教授便把我介绍给了出版社。在一栋古色古香的琉璃瓦顶小楼里——它后来因为要建造那栋丑陋不堪的文科楼而被拆除了——主管行政的陈必胜副社长接待了我。陈先生听说我是人大的研究生就已经满意了三分——那时的研究生可是"珍稀动物"；再看我的材料，获悉我曾当过学报编辑，便更是欢喜不尽了。于是，不到一盏茶的工夫，便谈妥了接收我的所有问题。两个月后，我怀揣着人大的派遣证再度踏进中山大学的大门，已是出版社大家庭的一员。不过，说实话，我当时是抱着机会主义的态度来出版社的，因为陈胜粦教授向我承诺，过一两年，等历史系有编制，便会把我调到系里去。我当时无论如何不会想得到，后来我果真会成为一名职业出版家，并且在出版社待了14年！

杨权，现为我校中文系教授、博导。

中篇　足迹

　　在中山大学出版社工作的14年中，我经历了由编辑到副总编辑到副社长兼副总编辑到总编辑到编审的身份变化，接触过从社内到社外的许多人物，经历过工作与生活上的种种甜酸苦辣，遇到过各式各样的繁复事情，其中不少人不少事给我留下了深刻的印象。今天，且让我借30周年社庆的机会，说说那时的老领导吧！

　　使我与中山大学结缘的陈必胜副社长是澄海人，曾当过兵，是出版社的创社元老之一。在20世纪80年代初受命筹建出版社之前，他是我现在所供职的中文系的党总支书记。长期的党务工作，使他铸就了一种谨严的品格。他对人没有任何坏心，但处事很讲原则。无论是对工作还是对生活，态度都极为认真。与人打交道，一就是一，二就是二，从不含含糊糊，更不拉拉扯扯。你与他关系的亲疏远近，影响不了他对事情之是非曲直的固有判断。你可以说他有些刻板，但这种刻板正是他的可敬可爱之处。事实上正是他与其他老一代社委的以身作则，才使得出版社从开始建立就弥漫着一股正气。他是把我接引到出版社的关键人物，而且后来按承诺解决了我的家眷的调穗问题，按理我是应当通过某种方式向他表达感谢之情的；但我深知庸俗的一套在他那里是没有市场的，因此连节庆都没有去拜访过他。倒是平时不怎么理会"人情世故"的他也有"礼贤下士"的时候。他1991年11月担任第一副社长后，有一天竟自掏腰包，请我和比我稍晚到社的杨晓光先生到江南大道的一家酒楼喝下午茶，我们俩都受宠若惊。不过，他请客的动机并不是想与我们"联络感情"，而是想就出版社的发展"问计"于我们。我们并无"隆中"对策之才，识见不见得有多高拔，但他还是很认真地把我们所说的记录了下来，作为治社的参考。虽然一向主管行政，但是他对编辑业务也经常过问。

　　我印象最深的一件事，是他曾力排众议，给组织出版《周易大词典》的我撑腰。这部书的文化学术价值无可置疑，但篇幅有200万字，因投入较大，对是否上马，当时社里有不同的声音。陈必胜先生退休后身体本来不错，但1998年突然中风，之后健康状况便慢慢地恶化了。近年来他又患上了帕金森综合征与阿尔茨海默病，逐渐失去了独立生活的能力。现在在校园里偶尔还会碰到他坐着轮椅出来"遛弯"，有一次我曾迎上去与他握手，可是他竟认不出我来了，令人不胜唏嘘！

那些年　那些人

前排居中者为副总编张德贞，右一为常务副社长陈必胜

第二位要说的老领导，是在出版社最具德望的前辈刘翰飞先生。刘老师是从军队转业来校的南下干部，曾是中山大学党委书记冯乃超同志的秘书，后任校科研处处长与学报主编。他并非创社元老，却是出版社早期事业的开拓者。1983年9月出版社建立后，他被学校派到社里来担任第一副社长兼第一副总编。因为当时社长与总编均由主管副校长兼任，所以他实际上是社里的第一把手。

我与刘老师初次相见，是在来社差不多一个月之后，那天他从大庆出差回来，与我在社里的楼梯邂逅。那时他已年近花甲，个头不高，但很壮实，国字脸，眉毛粗浓，一头又硬又密的灰白头发往后梳，紧抿着的嘴给人一种刚毅的感觉。我一看到他的模样，就知道他不是一般人等，心里有点紧张，赶紧打招呼说"老师好"。他略带笑问我："你就是刚从人大来的小杨吧？欢迎你！"说的是略带一点东北口音的普通话。

刘老师不怒自威，与他初次相见的人，多半会被他的大气度镇住，但是只要你再加接触，便会修正对他的最初印象，明白他是一个再慈祥和蔼不过的人。这位乍见面时让我有些腿软的老领导，后来成为我的忘年交。他是出版社最大的"官"，可是我从来没有听到过哪位员工当面或在背后

中篇　足迹

离休后的刘翰飞老师始终关心出版社的发展

称过他为"刘社长"或"刘总编",人人都无一例外地叫他"刘老师",因为人人都觉得他就是自己的老师。他学术基础厚实,编辑业务精熟,工作一向细心负责,从不苟且含糊,审稿总带着一对金睛火眼。一部书稿,但凡经他指出有问题,差不多就是坐实了的。在这方面,我对他向来心悦诚服。作为第一副社长兼第一副总编,他在工作上有不少建树,出版社最初的家业,就是他带领老员工们创下的。他组织出版的读物,最令人注目的,大概是那部卷帙浩大的译著——《东印度公司对华贸易编年史》。

在人才培养方面,刘老师很器重杨晓光和我,在离休前即已有意分别把我们作为未来的行政接班人与业务接班人来培养。1991年11月他离休后不久,杨晓光在发行部经理的任上被提拔为副社长,我则于1992年11月由编辑被破格提拔为副总编辑。后来杨晓光成为本社第一位专任社长,我则成为第一位专任总编,晓光和我主政时代,被社内同仁戏称为"两头羊时代"。在这件事上,我觉得刘老师等老领导还是有慧眼的。虽然我本人并没有多大的作为,但是我的拍档杨晓光先生却风头甚盛。他在社长任上被提拔为校长助理,后晋升副校长,再后被省里看中,调到佛山,先后任副市长、市纪委书记、市委副书记,目前仍在佛山市政协主席的职位上为人民服务。

刘老师是哈尔滨人,在伪满时代读的中学,因此懂日文。20多年前,

那些年　那些人

我翻译高罗佩的汉学名著《秘戏图考》，遇到了一个日语对音词"fatan-ari"，虽然从文意上猜得出是指阴阳人，却不懂得怎样还原成汉字。请教了刘老师，才知道应该译作"二形"。刘老师曾告诉我，辽沈战役爆发时，他在东北师范大学读书，被困在长春城内。有一天，他和一些同学利用国共双方战斗的空隙，奇迹般地逃出了城，投奔了林彪的部队。后来他随军南下，一直打到广西的镇南关（今友谊关）。我曾看过他的旧影集，穿戎装的他，端的是英气勃发！我多次劝他把丰富人生经历写下来，以飨后人，可他就是不动笔。作为老革命，刘老师最有本钱摆老资格，但他从不这么做。他65岁那年，是带着"副编审"的头衔离休的，其实以他的水平，当个编审绰绰有余。对名对利，他一向看得很淡，然而也正是这种淡泊的人生态度，使他保持了良好的心态，也赢得了普遍尊敬。我曾对他说过："刘老师，您的人生其实是非常成功的。"他本来是一个可以做学问的人，可是并没有什么述作，所有精力都耗在了替人"作嫁衣"上，这一点真的很难得。没有奉献精神的人，是做不到的。他离休之后，身体一直很好，所以我常请他为出版社做事，有时甚至请他陪我晋京。有一些重要事务，有他老人家在旁边出谋划策，我会踏实很多。我与他出门，通常都不坐飞机，因为坐在火车上与他老人家天南地北地神侃，是一件惬意的事情。老人家今年已经88岁，近年曾罹重病，却恢复得很好，如今身板依旧硬朗，尤为难得的是思维一点不乱，最近还曾帮助我整理古典文献。

第三位是副总编张晋丰先生，像陈必胜先生一样，他也是出版社的创社元老，从化学系调来。他是河南人，在我的印象中似乎曾在河南日报社供过职。在同事中，他在从事新闻出版工作方面最为资深。我来社一年多之后，他就退休了。由于他主管的是理科，而我是文科编辑，因此我向他请益的机会并不多。就感觉而言，他是一个相当严肃的人，平时不苟言笑，理科室的编辑们都有点怕他，在背地里常说他"凶"。我把他们所说的"凶"理解为严格，也许正是这种严格，才练就了他的下属们的认真。

说来令人感慨，虽然我与张先生平常打交道不多，但是在他生命的最后一天，却与他有了一次不寻常的接触！事情是这样，大概是1998年，一天中午，我正在吃饭，校医院的医生突然打电话给我，说你们出版社的张晋丰病得很重，必须转院，可是与他的家人联系不上，你是其单位的领导，我们希望你赶紧拿主意。当时我的拍档徐镜昌社长正出差在外，我遂责无旁贷地出面处理此事。我一边用手机向人了解情况，一边急急忙忙往医院赶。原来，张先生的夫人正在医院做白内障手术，而他们唯一的养女到海南去了。我赶到校医院时，张先生神志尚算清醒，只是说不出话。我便对他说："张老师，您现在病得较重，为了更好地治疗，我打算把您送到外面的医院去。要是您同意，就请您眨几下眼睛。"他果真眨了几下眼睛。我马上叫来一辆120救护车，陪着他到了广医二院，同去的还有办公室的高惠贞，后来理科室的编辑李文也来了。办好住院手续，正想把他推进病房，便出现了紧急情况。医生见状，马上改变主意，把他推进了急救室抢救。遗憾的是，所有措施用尽，都无济于事，到傍晚时他已不能自主呼吸，只是在靠呼吸机维持生命了。凌晨一点钟左右，他的养女终于赶到，在他断气前与他见上了面。过了十来分钟，张先生便离开了这个世界。我和高惠贞、李文一直站在他旁边，给他送了终。

继刘翰飞担任第一副总编的，是张德贞先生，任职时间是1991年11月至1993年11月。在此之前，他已接替张晋丰先生担任副总编，主管科的工作。他是四川人，大学毕业后当过防化兵。张先生有两个显著的特点：一是为人正直，疾恶如仇；二是做事认真，一丝不苟。在他的身上，既有传统知识分子的良善，也有自然科学家的谨严，编辑部的同仁对他都很尊敬。他平时有些脾气，但对我相当信任，曾对来访中山大学的几位教过我的中学老师说感谢你们培养了出色的人才。我被破格提拔为副总编，他是鼎力推举者之一。在我履职前，他曾找我交谈，说小杨我们都知道你底子好，将来想必是会回归学术界的，不过现在社里需要，先"委屈"干几年服务工作吧。领导说到底就是服务。我上任没有几天，他就安排我到广西参加中南地区的总编辑会议（这会原本是该由他出席的），说是让我在同行面前"露露脸"；结果由于我当时太年轻，会上许多人都误以为我是陪领导来开会的。

张先生写有一本关于出版物标准化与规范化问题的小册子，曾在社里不遗余力地推行"国标"，在本省称得上是此领域的急先锋。在版权页上排印图书在版编目数据，我社在广东省各出版社中是最早执行的。可能是文科出身的缘故，我对出版物标准化与规范化问题有些不同看法，曾抱着

那些年 那些人

"吾爱吾师,吾更爱真理"的态度,在编辑业务研讨会上与他商榷。我问他,如果出版物一律禁用市制单位,那么贫农李老汉在"土改"中分到了四亩田,岂不是要写成分到了2666.664平方米土地了么?他听后有些不悦,以为我不支持他。其实张先生不知道,对推行出版物标准化、规范化我是很赞同的,1999年广东人民出版社出版了我的《出版物标点符号规范用法》便是明证,我只是不主张机械地执行"国标"罢了。张先生与时任总编室主任、后任办公室主任的廖潮钦先生都很喜欢抽烟,两位"烟友"常在办公室里你推我让,吞云吐雾,结果二人退休后都患了肺癌。现在两位先生都已仙逝,正在极乐世界接续他们的人间情谊。

还有一位副总编方绪源先生,管文科,比我稍早一点从太原调来,原是《山西大学学报》的副主编。他是我的主管上司,因此与我接触较多。虽是领导,但他在我们面前并没有什么架子,平时很喜欢与我们年轻人混在一起,有时甚至还参加共青团的活动。他个子精瘦,办事干练而有锐气,理论素养也不错,谈论事物常能高屋建瓴。记得在我来社后的次年,他曾代表社委会做过一次年度总结报告,当时他说起话来抑扬顿挫,颇有感染力,那句"坚冰已经打破,航路已经开通,道路已经指明,出版社的航船将乘风破浪驶向前方"的收结语,令大家振奋不已。他曾和我一起到南宁组织过一套"农村改革理论丛书",广东本是改革开放的前沿,可是在改革开放理论总结方面却较为滞后,尤其是对农村问题。由于这个原因,这个选题大受省新闻出版局的青睐,局长周圣英在年度选题会上曾浓墨重彩地表扬了本社一番。不过很遗憾,由于对方的原因,这套本来有价值的出版物后来"流产"了。方先生已退休多年,现在在校内仍常能见到他的身影。

在出版社的历史上,还有过一位来去匆匆的主要领导,他就是于1989年8月接替刘翰飞先生担任第一副社长的庄昭先生。庄昭先生是茂名人,中山大学历史系毕业,调来本社前曾在河南出版界工作多年。他在中山大学出版社主政的时间只有两年多,在此期间,我想他是很希望自己有一番作为的。他对杨晓光和我都很器重。抓选题胆子也较大,不怕冒风险。他曾鼎力支持我经营陈永正主编的《中国方术大词典》,此书于1991年7月推出,成为首届"南国书香节"的第一畅销书(1.5万册在展场内售罄,

马上又加印 2 万册),并引爆了中国的"神秘文化"读物市场。由于某种原因,庄先生后来调到了广东人民出版社任总编。我翻译的那本在文化学术界影响很大的《秘戏图考》,就是由他拍板在该社出版的。庄先生是在广东经济出版社社长的任上退休的。

在出版社的领导班子中,还有一位老先生,叫谢沛礼,南海人,我总是没大没小,与他勾肩搭背称他为"老谢",其实他与我父亲同龄。我刚到社工作时他还不是社委,只是出版科科长,兼任党支部委员,后来升为副社长。我首次与他打交道,是在社里的一次除草劳动中,当时他身穿白色短袖,头戴藤编草帽,手执一把钢铲,样子很像我们当年作为知青下乡时的带队干部。当时他笑吟吟地向我自报家门,说他叫谢沛礼。他的普通话说得很蹩脚,让人惨不忍闻。我听得不清楚,忙问:"什么,'谢谢你'?"我那时刚从北方回来,语音中还带着一点京腔,与他那口"广东普通话"形成鲜明的对照。他又对我说:"你是人大的研究生,那么厉害('厉害'是他的口头禅),怎么会愿意到我们这家小社工作呀?"我笑答:"能在出版社服务,便十分光荣!"他不怎么相信,指着我摇头笑。在我到社工作的第一个中秋,他怕我寂寞,曾代表党支部到我居住的地方——一座旧学生宿舍楼访贫问苦,让我备感组织的温暖。因为他为人很随和,所以我特爱与他开玩笑。我有一次"表扬"他,说:"老谢,你的普通话说得真流利!"他很警惕地问:"系(是)吗?"我说当然是,随即向他解释了之所以流利的原因:"因为你根本就不管字音该怎么发。"他哈哈大笑,说我们广东人,没办法的啦。他的普通话,与当过广州市市长的黎子流真可一比。比如"我和你一起去印刷厂吧"这句话,从他嘴里说出来,竟是"哦同埋礼起印察场啦"(普通话)!你说晕不晕?老谢对出版业务很熟悉,是铅排时代的专家,他不仅自己精通业务,还带出了一个精明能干的徒弟姚明基(姚后来也当上了副社长)。20 多年前,老谢出差河南郑州,突患心肌梗塞,为了革命事业差点"光荣殉职";被抢救过来后,从此非常注意身体保养,成了一名养生家。虽然心脏里装有支架并搭过桥,可一头白发的他现在依旧神清气爽地生活着。"这 20 多年的命,是我捡来的。"他曾对我说。

2001 年,已卸去总编职务的我调离了出版社,按照来社之初的设想,

那些年　那些人

在科研与教学的岗位上过起了另一种方式的生活，如今一转眼，差不多又14年过去了！我虽然离开了出版队伍，社会角色已由编辑家、出版家转变成了学者、教师，但是至今与出版社依然有着千丝万缕的关系，与当时的不少老上级、老同事仍保持着密切的交往。当年在社里的工作经历，仍鲜活地存留在脑海里。今天我把上面的旧事写出来，无非是想寄托对渐行渐远的编辑出版生活的怀念，向那些对出版社的建设与发展曾做出过贡献的前辈表达敬意，向那些爱护、关怀、信任与欣赏我的老领导表示谢意。限于篇幅，在这篇小文中我只写了几位老领导，其实我还很想写写那些曾与我并肩战斗的老同事。不过这个任务，还是留待建社40周年时再去完成吧——我想我能熬得到那时。

中篇 足迹

我与出版社共成长

金明凤

我是 1987 年加入中山大学出版社这个大家庭的。在过去 20 多年的发展中,亲历了出版社改革的转型期,尤其是主导财务管理改革。在与出版社共同成长的过程中,感受到了市场化的冲击和收获。

一、筚路蓝缕的创业路

1987 年我调入中山大学工作时,出版社还是个新办单位,进校报到时,学校希望我能到财务处工作。当时摆在我面前的道路,一是留在学校机关,一是到基层去。那时学校不少教职工的观念是尽量留在系里或机关工作,寻求稳定的保障。当时学校有些基层单位已经实行自负工资的企业化管理,人们对市场的认识不足,总觉得留在机关工作是捧个金饭碗,到基层是拿个瓷饭碗,说打烂就打烂。

金明凤曾经长期担任出版社财务部主任,多次被评为出版社、学校优秀员工

出版社成立初期,所有的职工多是由学校各个部门抽调过来,因为是新单位,有些职工还不愿意来,总觉得从机关或者系里到这个单位来工作,好像被流放了,有人还因此想不通。而我最终选择到出版社工作,恰恰是看到了这个单位面临转型期,充满挑战和希望。

那些年　那些人

作为一个刚从校园出来、只有数年财务工作经历的年轻人，我珍惜这样一个能独立工作的机会。我希望运用我学到的财务知识，通过实践的检验，提高自己的管理能力。

1987年，学校出版社也只是个新成立的机构，归属学校管理，规模不算大，总共就廿几号人，一年也就出版十几种书。因为我们的产品多是教材，所以发行渠道也很单一。新书出版后，除了满足本校需要外，多余书籍委托新华书店销售。新书从印刷厂出来，直接送到新华书店，书店收到书后在送书单上盖个章，我们就可以去书店收款了，完全不用担心销量以及亏本问题。

由于我们所面对的工作是全新的开始，大家对书籍出版还相当陌生。谈不上谁是行家，都在摸索和学习中展开工作。那时社里工作人员少，分工也不是很明确。比如，仓库当时就请了一个合同工，而且是个中年妇女，只要印刷厂有书来，所有的同事，从社长到普通工作人员都很团结，一起去帮忙搬书。无论多累，多么辛苦，大家都是笑呵呵的。因为我们心里很清楚，这个单位就像一条船，只有同舟共济，才能令这艘船躲过风雨，平稳地驶出大海。

创业初期，全社职工真的是讲"心"不讲"金"。例如，当时社里有个规定，全社职工同工同奖，各级管理者不拿额外补贴，所有人的奖金和福利都是一样。当时的社长认为：你的工资已经体现了你的职位和职务，所以奖金福利就不应有什么等级。这种公平性虽然很社会主义味道，但至今回顾起来，还是很热血、很沸腾、很鼓舞人心的。

二、亲历改革转型期

由于我的专业是财务管理，所以一来就分配在财务室从事会计工作。那时我们财务室连我也就三个员工，在管理上说白了也只是学校的一个报销单位，管理方式是实行事业单位的收付实现制的会计核算模式，即学校负责出版社的维持发展费用，创收部分允许计提一个小比例数的奖金，其余全部上缴学校基金，由学校统一调动使用。

出版社处于创办阶段时，规模不大，核算工作比较简单，一年的销售额也就十几万元，也不用向国家缴税，工作相当稳定。加上我们主要是出版教材，销路不成问题，旱涝保收，与校内其他单位比，创收效益好，社里的同事感到相当的满足。出版社稳定的收入也改变了一些人的观念，学校有不少职工希望能进到社里工作。

在20世纪80年代初，国家对教育的投资力度加大，加上经历过十年浩劫，年轻人对知识的向往推动了学校教育的蓬勃发展，为出版社的发展带来了新机。

80年代末90年代初，出版社的业务突飞猛进，我们除了负担起学校的教材出版外，还推出一系列的学术专著，以及通过多种形式的合作，开拓出一条新路子。举例来说，1993年，我们全年共出版了100多种书，创收几十万元，其中有1本书获得国家级图书奖。

出版业务的增长给我们财务工作提出了新的要求。随着国家政策和经济形势的变化，出版社也迈开了改革的第一步，即实行事业单位企业化管理。而财务管理也开始着手从事业单位收付实现制的会计核算模式，转向企业会计的核算方式。

作为财务室的负责人，我将工作重点放在财务管理架构的转型上。因为旧有的财务核算方式，不足以满足企业经营的需要，尤其是成本核算的需要。出版社在转型过程中，需要更真实、更完整的核算资讯，这等同于要求出版社重新建账，并使财务管理提前进入策划图书出版的前沿。举例说，当总编室策划出版一套新书时，财务必须完整提供出版这套新书的成本估算，以及保本点计算，这是决定决策是否能创利的关键。由于我们的工作不可能停止下来等待新账的建立，所以，我们日夜加班，有一段时间，是边经营，边建账，边完善。

三、从单一经营到多种经营

在20世纪90年代初，学校要求出版社实行社长负责制下的事业单位企业化管理，学校对出版社有基本的经济考核指标。那时国家对出版社虽然依旧实行免税的优惠政策，但我们必须向学校缴纳一定的费用，在财务管理上，也必须按费、税、利三方面进行核算，这就增加了我们的工作压力，因为毕竟我们三人组成的财务室难以满足繁重的核算工作。而作为学校改革的试点单位，由于社长的经营自主权加大了，从刺激经济、提升出

版社水准出发,社里开始实行目标责任制,即对编辑和发行两个主要创收部门有了相应的指标,其他部门也有相应的考核指标,分配也不再是"大锅饭"了。这样对财务的核算也提出了更新的要求。从管理出发,社委会要求我们财务管理要跟上改革的步骤,但问题是当时我们对学校出版社的财务核算概念比较模糊,也没有现成的模式可借鉴。

究竟什么是好的核算方法,我们到处去学习和借鉴。为了满足目标责任制的要求,我们最后选择了一条最艰难的路,即在成本核算上按每本书来建账,并分项目来划分。那时我们每年出版的新书有100多种,加上重印书系列,每年的出版品种达到200多种,这等于我们要建立200多个分账,这对财务工作是极大的考验。因为除了一名出纳外,从建账、记账到核算、结算、代扣税等大量工作,均由另外两个人分担,这对我们财务室是个巨大的考验。工作的繁重是可想而知的,20多年来业务量起码增加了30倍,但人员却没有增加,可贵的是我们依旧能高质地肩负起财务经营管理工作。

现在回过头来看,在20世纪90年代,财务室在出版社发展中最大的贡献,是按权责发生制的原则加强了财务成本的核算,为社里落实目标责任制提供了强有力的管理支援。与此同时,我们的产品销售模式也不再仅仅依靠新华书店一个渠道,出版社不单只开始自办发行,有了社本部和南校区东门书店,而且在大沙头还设立了一个批发门市部,并接受邮购、网上订购书籍。

多层次的发行方式,对往来款和图书存货的核算也提出了新的要求,加上我们各个销售点都不仅销售学校出版社的本版书,同时大量代销其他出版社的外版书,销售收入的大幅增加,财务管理在其中起到了很好的促进作用。

四、把握时机更上一层楼

到了90年代末期,国家税收政策收紧,要求大学出版社缴纳增值税和企业所得税,这对大学出版社是个大挑战。因为与大型的出版社相比,大学出版社的发展规模有所局限,不少大学出版社都反映难以生存,好在国家也体谅大学出版社的难处,允许大学出版社试行增值税先征后返还的办法，这对大学出版社的财务管理是个很大的考验。

由于国家对大学出版社实行增值税先征后返还的办法，首要对我们的财务核算、账户设置要求都很高。出版社要获得退税，必须保证财务账目要准确，以及符合税务要求。每年退税前，必须获得财政和税务部门严格的稽查，对于那些账户记录不清楚、单据不完整不真实、资金流动不清晰的单位，要想获得国家退税是件相当困难的事情。

正因为我们从 90 年代中期已经率先实行市场化的财务管理，因此，我们的财务核算和管理多次获得国家财政和税务部门的表扬。在此基础上，我们充分利用退税的优惠政策，前后共退回税金 1500 多万元，这部分资金对出版社后期的发展壮大起到了非同凡响的作用，为出版社的发展提供了有力的资金保证。

2000 年后全国出版业都在走下坡路，但中山大学出版社却是逆流而上，这其中也有财务管理的一份功劳。也由于我们出色的管理，中山大学出版社在全国大学出版社中率先实行单品种核算成本，并顺利通过了全国大学出版社的验收。

进入 21 世纪后，国家对文化产业的要求越来越高，同时也出台了一系列的配套措施，要求出版社由事业单位转制为有限责任公司。

2008 年，由于具备完善的财务管理，以及科学的财务核算，中山大学出版社顺利地通过了教育部对出版社由事业单位向有限责任公司的转制，这是全国大学出版社的第一批，也是广东三家大学出版社中唯一进入第一批转制的单位，我们因此享受到第一批转制出版社的优惠政策，免交 5 年的企业所得税，并获得广东省新闻出版局的表扬。

回顾 20 多年来中山大学出版社的成长历程，以及我们财务室在改革路上所取得的成绩和贡献，真正体现了我们出版社的社训："务实、进取、稳健、和谐"。

也许相对于整个集体而言，一个人的努力是卑微的。但至今我感到骄傲和自豪的是，过去 20 多年来，我从一个刚踏出校门的专业人员开始，白手起家，带领着财务室一路走来，我们为出版社的建设出过力、流过汗。至我离开时，我发自内心的祝福是：我曾经付出，无憾无悔。出版社，加油！

那些年　那些人

忆一场白蚁防治战

徐镜昌

我于1988年5月从化学系调到出版社工作，5月2日报到时，接待我的是第一副社长陈必胜老师（社长由学校领导兼任）。当时，出版社在现文科楼西边入门处一座别致的小楼办公。那是一座岭南大学的旧建筑，楼高两层，上下层各有三个房间，朝北的正门入口处有一楼梯可上二楼。楼顶是绿色的玻璃瓦大房顶。岭南大学遗留的这类小楼于2002年被列为广东省文物保护单位，很可惜，学校为了建文科大楼而把它拆除了。在出版社从东区球场西边一处办公地搬来之前，这座小楼被安排作中山大学员工的宿舍，小楼的南面和西面被住户违章加建了一排低矮的平房，这排平房后来也成了出版社的办公用房。在小楼北面偏西处还加建了一个小房间，当时可能是住户的厨房，后来，出版社把它改作书亭，是出版社对外服务的一个小窗口。出版社十多个部门几十号人就挤在这里办公。

我到了出版社后，先是当办公室主任，当时我手下只有两个人，李淑静（已退休）负责日常管理，朱果红（已离职）负责资料室资料打印等杂务（当时还没有电脑，出版社所有文件资料都由她用手动打字机打印），我协助社领导管理人事及行政事务。那时出版社成立还不到5年，底子较薄，交通工具只有一辆残旧的二手面包车和三辆自行车，面包车买来时就先天不足，经常出故障，使用效率很低，出版、发行以及办公室出外联系工作，常常以自行车代步。

我在办公室工作期间，除处理人事、行政事务外，还常常组织社里较年轻的职工到书库帮忙搬书。那时印刷厂把为我们社印好的图书送到我们的小书库，一般都没带搬运工，需要我们自己卸车，把图书搬进书库。出版部接到印刷厂有书送来的信息，就会告诉我，让我组织人力卸车。我接

中篇　足迹

到通知后，就在社里找一些年轻的员工去干，那时大家都不会计较，不论是发行人员还是编辑，只要被叫到，都会乐意接受。

有点意想不到的是，我竟然还与小小的白蚁较上了劲。记得大概是1990年左右的一个5月份，当时负责书亭的小潘在靠近书亭的一楼楼梯底小书库提书时，发现一包书下压着一群白蚁，她立即用脚又踩又踏，当场踩死了不少白蚁。她把这事告诉了我，让我想想办法。对于白蚁的为害时有所闻，白蚁是一种为害较大的昆虫，它侵入民居，蛀蚀家具、书籍，甚至毁坏房屋，有些白蚁甚至毁坏水利堤坝，给人民生命财产造成重大损失。可是直接面对一群侵入到出版社的白蚁，如何治它，我却没有一点办法。出版社内到处是书，白蚁进入小楼，如果让它蔓延开可不得了。怎么办？我想唯有向白蚁防治的行家请教。

徐镜昌社长（左1）下乡扶贫时和当地农民亲切交谈

我查电话簿，发现我校生物系有一个白蚁防治中心，我拨通了白蚁防治中心的电话，接电话的是一位叫陈振耀的老师。我向他说明情况，他很快就来到出版社。当时陈老师50岁开外，个子不高，腰板挺直，衣着很普通，背着一个帆布挂包，没有一点大学老师的架子。我领陈老师到发现白蚁的地方查看，陈老师从挂包中取出一个手电筒和一把约20厘米长的螺丝刀，弯腰进入狭小的楼梯底下，叫人慢慢搬开里面的图书，在原先还没有搬动过的一些书下发现了白蚁，陈老师从挂包中取出一个喷药瓶，对着白蚁就是一阵喷射，白蚁身上立刻粘满了粉红色的药粉，陈老师轻轻地把书放回原处，然后继续查找。陈老师在墙根及放书的地台板接地处发现了一些白蚁用泥巴裹着的蚁路，他用螺丝刀轻轻挑开蚁路，发现里面有白蚁在爬动，于是又拿起喷药瓶，对着白蚁把药粉喷上去。陈老师检查得很

仔细，就连一些较黑暗的角落都要用手电筒照着查看过。处理完毕，陈老师对我说：看来白蚁的主巢不在室内，很可能就在房屋附近的地下，由于受到踩踏，白蚁受到惊吓，所以大部分白蚁都逃到外面去了。他告诫我们，以后发现白蚁，千万不要惊扰它，要照原样把物品摆放好，并尽快通知他们，由他们对白蚁施药，接触到药粉的白蚁会把药物带回主巢，使其他白蚁也受到感染，这样就可以把整巢白蚁都消灭掉。现在刚喷过药，一周之内用药的地方不要搬动，一周以后再清理。

没过多久，朱果红报告，资料室地上一堆书下也发现了白蚁。由于有了上次的经验，我们没有过多惊扰白蚁，电话通知了陈老师，陈老师立刻到出版社，给白蚁施了药。一周之后，我们分别对资料室及书亭的小书库进行了清理，没再发现有活的白蚁，但受白蚁蛀蚀过的一批图书已经报废了，出版社也因此而受到一定损失。我把此事向陈必胜老师做了汇报，他很重视，他说：图书是出版社的主要财产，一定要注意防范白蚁为害。

这是我第一次参加治理白蚁的活动，我一直跟在陈振耀老师身旁，看着陈老师的操作，我深深地被陈老师平易近人、毫无架子、对工作极端负责的态度所感动。后来我才知道，陈振耀老师是我国著名昆虫学家蒲蛰龙院士的弟子，我校生物系昆虫学教授、白蚁防治专家、广东省白蚁防治协会的常务理事。

在跟随陈老师治理白蚁的过程中，我了解到：中山大学校园树林繁多，气候温湿，很适合白蚁生长繁殖，因此，中山大学是广州市内白蚁为害较为严重的地方，侵入民居为害的这种白蚁叫台湾乳白蚁。每年五六月份，每当大雨过后，夜晚的路灯下总有成群的飞蚁聚集，住户如果此时开窗亮灯，飞蚁就会随着灯光飞入屋内，使人不胜其烦。这些飞蚁就是白蚁，这是白蚁的分飞繁殖现象，当遇到合适的条件，这些飞蚁就会配对繁殖，形成新的蚁群，对人们的木质家具、书籍等造成危害。我想到我们社在中山大学印刷厂旁边的小书库，那是我们社早期为了解决从印刷厂送来的图书的存放问题，由当时的办公室主任廖潮钦同志设计建造的，面积有300～400平方米。书库旁边树林很多，也比较潮湿，书库中的图书极易被白蚁侵蚀。于是我到了书库，向当时负责管理书库的黎焕群同志了解情况，并把陈老师教给我的办法告诉她，要求她发现白蚁，不要惊扰它，及时报告，及时治理。

过了一年左右，黎焕群同志果然在书库的西南角一堆靠墙的书上发现了白蚁，她立即打电话告诉了我，我马上与陈振耀老师联系。陈老师背上他那个装有工具的挂包，很快就来到书库。陈老师认真地察看了一下地形，发现白蚁是从室外沿着靠墙的书爬到书堆上的，沿途还有明显的白蚁泥线路。陈老师叫人慢慢提起书堆上的书，发现一包书下全是白蚁，陈老师熟练地从挂包里拿出喷药瓶，对着白蚁群一阵喷射，白蚁被染成了粉红色，然后陈老师叫人轻轻把那包书放回去，接着又检查其他图书，发现白蚁就给它喷上药粉。陈老师还认真地查看蚁路，用螺丝刀挑开蚁路的泥巴，往蚁路里的白蚁喷上药。陈老师对整个书库都做了认真的检查，发现多处白蚁为害点，处理完后，他对我们说：纸质图书和承放图书的杂木地台板都是白蚁喜欢蛀蚀的，作为存放图书的仓库，使用前都应该做过防白蚁的处理，显然你们这个书库没有做这方面的工作。现在白蚁已经侵入到书库，而且为害不轻，这次处理一周过后，有必要对书库进行一次防治白蚁的彻底治理。在此之前，请你们做好准备。

陈老师给我们开出了一个治理方案：首先把书库整理一下，把通道尤其是靠墙的地方的杂物清理干净；在书库的一头尽量清理出一块空间，再准备一些新的地台板；然后给清理出来的空间地板及新地台板喷洒防白蚁的药物；在喷洒过药物的地方放上已喷药的地台板，接着把其他图书转移到新的地台板上，搬空的地方及地台板再喷上药物，如是整个书库的地台板、地面及墙根都经药物处理，这样才可保书库不再受白蚁的侵扰。我把情况向陈必胜老师作了汇报，他指示我们要全力配合白蚁防治中心老师的工作，把书库的白蚁防治工作做好，做彻底。

书库的黎焕群和储运组的几个年轻人为此做了大量准备，他们清理了书库的通道，在书库靠北处腾出一块近20平方米的空地，还新买了一批地台板，一切准备就绪，就等陈老师他们到来。

一周之后，陈老师如期而至，这次他带来了白蚁防治中心另外4位老师（他们是包为民老师、梁铬球老师、何国锋老师和贾凤龙老师），还带来施药的工具及药品。他们一到书库，便马上投入工作，配好药物，装好喷雾器后，便开始对书库各通道以及已腾空的地方和新地台板喷洒药物。

那些年　那些人

当时是 6 月份，天气已较炎热，书库又密不透风，刚喷上药物，整个书库立刻弥漫着一股浓烈的农药的味道，呛得人难受。几位老师好像已习惯了这种工作，他们戴着口罩，只顾埋头工作。这使我想起当年在农村给农作物喷药杀虫的情景，不过那时是在田野工作，比现在的情形好多了。当他们对腾空的地板及新买的地台板喷洒完药物，我们立即将新地台板在空地上摆放好，便开始把附近的图书往新地台板上转移。从印刷厂送来的图书，每包最少也有二十来斤，一般都有三四十斤，虽然是就近转移，但每一包都要用手来提，而且是在一个充满农药气味的环境中较长时间地干如此重活，其艰苦程度可想而知。这次书库治理白蚁的大调整，由黎焕群负责组织落实，干活的主力是储运组的几位年轻人，他们都是来自农村的务工者。黎焕群是书库管理员，她要记住各种图书的摆放位置，因此她要对各种图书的转移做好安排，同时也参加搬运工作。几位年轻人身强力壮，他们的工作效率很高。但在炎热的天气和充满农药味的仓库里干活，不一会儿就个个汗流浃背了。当新的地台板都摆满图书，也就腾出另一块空地和一些旧的地台板，陈老师等就对这块空地及旧的地台板喷洒药物。如是，搬空一块，喷洒一块，大家密切配合，直到把整个书库的图书都搬移一遍，整个书库的墙根、地板以及承放图书的地台板都喷上防白蚁的药物，书库的防治白蚁工作才告完成。据黎焕群回忆，整个治理过程大约持续了将近一周的时间。在整理书库的过程中，我们把被白蚁蛀蚀过的图书挑出来，这些图书由于受到白蚁的蛀蚀，已不能拿到市场去销售，只能作报废处理。据黎焕群回忆，这些图书连同其他一些报废的图书有好几吨，整整装满一辆大卡车。

我参加了书库白蚁治理的整个过程，从中学到不少白蚁防治的知识。自那次之后，我们的小书库就再也没有遭遇过白蚁的入侵为害。这次白蚁防治战，书库及储运组工作人员的表现十分出色，他们与生物系白蚁防治中心的几位老师密切合作，出色地完成了陈必胜副社长下达的"要把书库的白蚁防治工作做好做彻底"的任务。在这次防治战中，我还与生物系白蚁防治中心几位老师尤其是陈振耀老师结下深厚的友谊，从他们身上学到很多宝贵的东西。后来，陈振耀老师有 3 本教材拿到我们社出版，我担任这 3 本书的责任编辑，分别是：

《白蚁防治教程》，戴自荣、陈振耀主编，广东省白蚁防治协会常务理事集体编写，2002年4月第1版，2004年5月第2版，印数近万册，该书是广东省白蚁防治协会的培训教材。

《昆虫世界与人类社会》，陈振耀编著，2003年10月第1版，2008年9月第2版，该书是中山大学本科公选课教材。

《水利白蚁防治》，陈振耀、姚长达主编，广东省水利厅部分水利白蚁防治专家参加编写，2011年10月第1版，该书是广东省水利厅的培训教材。

那些年　那些人

我与中大出版社的情缘
——《应用写作教材》出版始末

陈少夫

本来,我与中山大学是没有关联的。可是,想不到在数十年后的1980年秋,我的一个学生考上了中山大学中文系,而且毕业后留在了中文系,后来还当上了领导。冥冥之中,我与中山大学似乎有着解不开的纽带,命运之神让我有机会和它再续前缘。

1984年秋,我从阳山中学调来广州。地理上与中山大学距离近了,也使得我对中山大学更产生了亲近感。

1990年夏天,我主编的《应用写作教程》经过一番周折之后,落到了中山大学出版社,那条"冥冥中的纽带"把我们紧紧地维系在一起了。

当时,中山大学出版社接待我的是袁广达老师。他是副编审,有眼光,有见识。他看过我的书稿后对我说:"你的书稿我接了,可以出。""我是副编审,说话算数,可以签订出版合同。"就这样,我们这本《应用写作教程》终于逾越了人为设置的障碍,于1990年9月顺利地出版了。

一本书的出版问世,不是作者对书稿的终结,而恰恰是开始。袁老师也和我们一样,努力做着《应用写作教程》的跟进工作,力促能第二次印刷、第三次印刷……

袁老师退休后,把《应用写作教程》的跟进工作转交给了谭广洪老师。谭老师是一位十分敬业、十分负责任的好编辑。她一接手《应用写作

原载陈少夫编著《桃李芳菲》,中山大学出版社2013年版,本文标题为编者所加。陈少夫为我社作者,所著《应用写作教程》等书为我社畅销教材。

教程》，就将全书看了一遍，对我说："这本书社会上很需要，你要密切注意动态，收集好资料，与时俱进、精益求精。"后来，她帮我完成了第2版的修订，并帮助我出版了《商业服务规范》一书。

为了更好地研究、探索应用写作，我又与中山大学中文系挂上钩了。已经是副教授、中文系党总支书记的丘国新参加了我们的写作，于是我们对应用写作领域的研究注入了新的血液，使它变得生气勃勃。

我们常去机关的办公部门调研、采访、收集资料，有时还下基层，先后去过梅州、兴宁、平远等地。对收集来的资料，我们一起研究，一起分析，得出结论，达成共识。我们的合作道路越走越宽广。

2000年，《应用写作教程》的出版工作转到了邹岚萍老师手上，由她担任责任编辑。邹岚萍老师是硕士研究生出身的编辑，文字功底好，对工作认真负责，对人热情友善。她常常与我们一起研究、探讨相关问题。可以说，这本书的质量提高，邹老师是付出了巨大劳动的。之后，我和邹老师的合作越来越多，经她责编，我的多部著作在中山大学出版社先后问世：

2001年4月，我同丘国新合作的第一本书——《应用写作教程》（第3版）出版；

2002年6月，《〈应用写作教程〉教与学参考书》出版；

2003年9月，我与丘国新合作的第三本书《会议文书写作》出版；

另外，我与其他人合作的《办公设备操作技能》、《技能人才创业精萃》也分别于2002年7月和9月出版。

我与中山大学出版社的情缘更浓厚了。

《应用写作教程》前后在中山大学出版社出版、发行达22年之久，一再修订，已是第6版。其中，第6版在2009年度被评为"全行业优秀畅销品种"，这是邹老师和出版社的同志们（包括袁广达老师、谭广洪老师等）多年辛勤劳动的结果。我作为其中的一位作者，也沾了不少光。所以，我始终心存感激：感谢中山大学出版社，感谢上述几位同志。

现在，记述我教师生涯的《桃李芳菲》又将由中山大学出版社出版。

我觉得，中山大学总是在我人生的每一个关键时刻，激发、引导着我，一次一次、一步一步地推动我前进，这就是我与它深厚的情缘。

那些年　那些人

甘苦自知　乐此不疲

（五则短文）

钟永源

甘苦自知；夜阑的电话；错，都是你；
指令与胆识；大奖下的悲欢。

笔者按：

说起编辑、校对工作，30年所走的心路，酸甜苦辣味味俱有。五则短文，说明不了什么，只是对工作中的某个侧面有感而发，记载工作的辛辣。"为他人做嫁衣"者，要懂得"苦"与"乐"，要驾驭好"苦·乐"的意义，探索人生路。

忘记过去就意味着背叛。30年的出版心路不断在探索，如《西游记》主题歌那样："一番番春秋冬夏，一场场酸甜苦辣，敢问路在何方，路在脚下。"在当今的市场经济与图书质量的大潮流中，如何摆正位置，在前行的路上提升正能量，是每一位出版人思之再三的大事。

甘 苦 自 知

我干校对、编辑行当，屈指一算，已有30个年头。想当年，血气方刚，一身用不尽的劲；如今，头顶光秃了，对校对、编辑这个行当，可说甘苦自知。

常言道，编辑为人"做嫁衣"。同编辑相比，校对做的是"缝缝补补"，个中滋味行外人难以体会。

干一行爱一行，全心投入是干校对的先决条件。像佛家的和尚、尼

中篇　足迹

钟永源老师在工作中

姑,如不抛开红尘潜心修炼,是很难"成佛"的。干校对,要干到落下吹毛求疵的怪癖,才能把工作做好。如今,我已是"怪癖"成性,不能自已。比如,看书看报,不去读奇闻趣事,却专门"侦缉"错别字;上街逛商店逛公园,目不斜视,昂着鼻孔,看似瞧人(靓女),其实眼睛还是在捕捉错别字;及至深夜梦中,发现了错别字竟会高兴得大叫,吓得妻子不知所以,大概是日有所思夜有所梦吧。

　　白天伏案校对,一边是原稿,一边是校样,眼球随着视线转动,几个小时下来,眼睛酸涩难忍,近视是校对的职业病。由于人手少,任务重,夜晚还得孤灯只影搜索几个小时。满脑子全是"顶格"、"接排"、"另行"、"移下页",瞳孔中都是"红与黑"。若是撞上天书般的原稿,越看心里越"发毛",又不得不硬着头皮去猜测,那滋味就像钝刀子割肉一般。漏行漏段,漏注码、注释,错字错词错句错标点,所有校对符号"倾巢"而出,待到校对完毕,校样上天头地脚、订口切口,横七竖八,布满红色字符,成了诸葛孔明的"八卦图阵"。最要命的是,碰上作者随意画符,或编辑把校样当原稿修改加工,手写草字如"鬼画符",难以辨认,真叫

那些年　那些人

人不知如何是好！

记得有一次外出到作者家拿稿，回来路上遇到"飞车党"，把稿件抢劫一空，"钱财"不见事小，向作者赔礼、道歉、写检讨事大。

成年累月和校样原稿纠缠，悟出一条绝对真理：校对人员需具备和尚"坐禅"的功夫，耐得寂寞，坚韧不拔。

当今，校对这个行当，开始行时了。上至新闻出版广电总局，下至出版社，层层抓编校质量。中国版协和广东省版协，也把校对工作提到议事日程，成立校对机构，研究校对理论，培训校对人才。上上下下，体恤校对人员，多年解决不了的高级校对职称也终于有了希望，历来默默无闻的校对员也走上"百佳出版工作者"的领奖台，优秀图书的授奖名单中也有了校对员的名字。这一切，令我们无比振奋，忘却了往日的酸辣苦痛。

为校对、编辑事业苦干了30个春秋，献出整个青春岁月，无悔无怨。我深知校对工作大有学问，并非人们所说"是字对字的简单劳动"。要炼成发现差错的"火眼金睛"，不但要有韧性，更要有学识，尤其是要掌握祖国语言文字的使用规范，还要掌握校对工作的规律。真正做到这些，绝非易事，30年是不够的。一位同行在全国校对理论研讨会上说："校对知识是有限的，又是无限的。"这话是对的。校对既是工作，也是学习；既有苦恼，又有乐趣。所以，我说：甘苦自知，乐此不疲。

夜阑的电话

记得20世纪90年代初的某一天，已经是凌晨2点多，静静的康乐园里，大多数人都熟睡了，突然间，我家里的电话铃清脆地响了。虽说是"不做亏心事，不怕鬼敲门"，但胆战心惊的我急忙从床上"跳"起，心想，这次可"坏"了，因忙于工作，已有一段时间没回老家看望八九十岁的两老，父母会不会"出事"？

当我抖着手接电话时，是杨晓光在说话："韶关厂来书了，车已经在书库门口，卸书去吧！"这时，我的心才平静下来，黎焕群也穿好衣服，我俩冒着突如其来的倾盆大雨急促地往书库跑去。停靠在书库门前的车灯一闪一闪离我们越来越近，我俩是首先赶到的。随后，晓光、明基、张松、金华等也赶来了。

十八吨的货车满满都是书，从凌晨2：30搬到4点多，终于把书全部卸下。经检查，书没有湿，而大家全身上下都湿透了。这时候，我看你，你看我，头发、眉毛还在滴着"水"，是"汗水"、"雨水"，还是"泪水"？谁都不知道，知道的是像个"落汤鸡"样子，我们面对面笑着。

这时，杨晓光擦一擦手上的汗水，手里拿着笔在一张白纸上草写了我们几个人的名字，然后特别醒目地写上"深夜加班搬书，每人50元"。条子递了给我。我一看，名单上没有"杨晓光"的名字。当我想说话时，车上传来："三分命注定，七分靠打拼，爱拼才会赢……"的歌声，我对着杨晓光摇摇头，并当着大家的面把"条子"撕烂了。我在想，出版社在崛起，正在发展中，靠打拼、出大汗是必须的，不要动不动就"计酬"。"天快亮了，回去冲凉吧，还要上班。"我对大家说，然后关灯。这时，雨还在下着……

有人会问，50元算什么，美食一餐也不止这个数。但在计划经济年代，出版社奋斗一年的年终奖金，每人才发50元；也有人会说，工厂半夜三更送书来，是在捉弄人吧，白天送不就行啦！要知道，当时公路不发达，广东省交通部门规定，货车晚上10点钟前不给"进城"，早上7点钟前必须"离城"。所以，晚上卸书是常有的事。

如今，时世变了，向"钱"看，动辄就讲钱！也难怪，年轻一辈，生儿育女，供孩子上学、供房、供车，加上物价飞涨，样样都要钱，单位的凝聚力，也看钱多钱少的份上，没钱，做人做事都难，做"鬼"也不风流！

错，都是你

1994年11月12日，是中山大学70周年大庆日，为迎接校庆，我社急赶一批"校庆丛书"。11月8日上午，韶关厂送书来了，把×××书送给×××作者，一目十行翻阅本书的作者，脸上从微笑、发黄、发青，到脸红、怒骂、指手画脚像要"动武"的样子，对着编辑大喊大叫："我错，都是你错！你当责任编辑干什么的？"

这时候，陈必胜（常务副社长）手拿着一本书走到我面前问："你校对过这本书吗？"

那些年　那些人

"没有！"我说。

"作者有意见不肯收书，怎么办？"陈必胜说。

"谁错、谁对，一时难以分辨清楚，重新审校挖改，再印吧！"我对陈必胜说。

于是，陈必胜走去拉开作者，我也去拉开气头上的编辑，"错与对现在都不是争论的时候了，如何补救才是唯一办法！"我对编辑说……

紧急会议有陈必胜、刘翰飞、杨晓光、杨权和我五人，你一言、我一语，很快作出决定：把30万多字的书分拆成5份，各人拿1份重新审读，要求当天下午4时前审读完，集中再议补救办法，散会。

集中精神看6～7万字的书，时间一分一秒过得特别快，转眼间又到集中讨论的时间了，摆问题还是你一言、我一语，最后决定连夜赶到天河排版部，把该挖改的统统改好。于是，我和施国胜、姚明基在天河排版部挨通宵，反复审校、改正，把全书改好的样张交给姚明基赶早班火车，直奔韶关印刷厂。11月11日上午，把重新印刷的样书交给作者，作者拿着新书一页一页快速翻阅，"黑色的脸"慢慢地露出一丝笑容。

话又说回本文"错，都是你"的主题，本书作者稿件中繁体字、简体字、异体字混合，增加编校难度，书中错误绝大多数都是稿件上的笔误，例如：

仿佛——彷彿（fǎngfú），指似乎，好像。但繁体字版的仿草、仿古、仿冒、仿效、仿造、仿照、仿宋、仿制、模仿等，不能用"彷"，而是用"仿"。

"佛"读（fó）音，繁、简体是一样的，而书的原稿却把"佛（fó）音"误作"佛（fú）音"，导致了佛山、佛寺、佛门、佛塔、佛祖、佛法等变成"彿"，在误读音诱因下，该书行文中无疑是"彿"（fú）、"佛"（fó）混淆不清，从而产生用字上的错误。

又如，"画"与"划"："画"的繁体字为"畫"，读音为 huà，指用笔或类似笔的东西做出线条或作为标记的文字，如：画线、画押、画十字，指组成汉字的横、竖、撇、点、折等的"笔画"；而"划"，繁体写为"劃"，指划分、划界、划定范围，也用于划拨、划账、筹划、策划，等等。

笔画的"画"字，首选字"画"，简化字版用"划"也不会产生歧义，但从规范用字来说，"笔画"用"划"，属异体字。所以，以笔画顺序排列，用"划"，是不恰当的。

当然，在查核书稿比照中，还发现了一些繁简混用字，如：宪—憲、才—纔、群—羣、体—體、系—繫（係）等，可说是"作者笔误与编辑没纠正"并存。因此，"我错，都是你错"这句话，站在作者立场似乎有它的"道理"，但站在编辑的立场上，作者如此自大、口出狂言，把所有责任都推到他人身上，在"文责自负"的今天去对簿公堂，自然会有公论。

俗语说："退一步，海阔天空"，为人"做嫁衣"的编辑，往往有一种酸甜苦辣俱全的感应冲动。是悲？是喜？是抑之所发？是豪之勃兴？谁也说不清楚。为人"做嫁衣"的个中滋味，行外人是难以理解、体会的。

30年的编辑、校对生涯，我悟出一条绝对真理：作者就是皇帝。没有作者，这个编辑就失去存在的意义。反之，没有编辑，出版社编辑部也就不成其为编辑部。所以，编辑与作者之关系，犹如一辆车的两个轮子，缺了哪一个都不行。可见这一对基本关系范畴所具有的分量。工作中，编辑与作者辩论、争拗是常有的，但动辄就"兴师问罪"，不为太过？！

指令与胆识

事情发生在2014年1月27日（农历十二月廿七）下午5时许，周建华总编辑打电话给我说："国家出版总局抽了我社×××教辅书，省出版局查核该书已申报了书号，但查无样书，要求我社必须在2014年1月28日下午4时前把样书送达省局检查，如果不送或迟送样书，则本书编校质量定为不合格，通报批评，从严处罚。"

面对突如其来的上级"指令"，关乎出版社的声誉、信誉的大事，我们能说"不"吗？

我问："书稿进展程度如何？"

周总答："在电脑软盘里，还没打出校样。"

我问："外语室有谁还在？"

周总答："只有熊锡源在，但他已买好回老家过年的火车票，晚上9

点前必须要离开，赶坐火车。"

我说："好，先由熊锡源审校，能看多少算多少，下来再找其他人接班。"

"好，就这么定了。"周总答。

于是，一场既严肃又紧张的"会战"打响了。

紧接着，我打电话给总编办小高进一步了解情况，又电告陈文杰询问："小潘在哪里？"

陈文杰答："已经回老家开平。"

我想，本书电脑软盘主要操作在潘汉民手上，这一主力不在场，本书修改难以完成。"叫小潘马上赶回来"，我对陈说。

"好的，我马上电话通知他。"陈答。

"林彩云还在吗？"我问。

"已经买好车票上车了。"陈答。

"施兰娟还在吗？"我问。

"在广州亲戚家里，明早才走。"陈答。

"好，请你与施兰娟联系，接熊锡源的班，连夜审校，该挖改的由小潘在电脑上改正，争取在明天（1月28日）上午8点前改好，打出一份清样给我印前审读把关。"我说。

当天晚上，陈文杰、施兰娟、潘汉民三人通宵达旦，终于在1月28日上午8时赶出清样给我印前审读。

与此同时，陈文杰说："9点钟工厂来拿书稿，超过10点钟，所有印刷厂都停机关门'大吉'，给多少钱印刷厂都没人肯干了，工人要赶回家过年。"

于是，我使出工作30年磨练的"快速阅读"真功夫，从头到尾严肃认真地看完11万字书稿，时间刚好9点，但是仍有30多处要挖改。这时，工厂来人要拿书稿了，怎么办？我对师傅说："改完马上给你，请稍等一等。"本书虽然是小册子，但"麻雀虽小，五脏俱全"，其封面、扉页、版权页、前言等不能缺少，且目录与正文的标题又多，不可留有差错。书名对了，但漏了书名的汉语拼音，重新设计封面会耽误时间，那就在封底补上吧！不然，缺书名汉语拼音是不规范的，检查时要扣分的。当工人师傅将要拿走书稿清样的一瞬间,又发现本书装订与其他书是不同的,书脊是在"天头"上装订,书脊连书名、编著者和出版单位都没有,属于严重缺失,不符合国家出版规范标准,必须补上。在如此紧张严肃、争分夺秒的工作中,一不小心某项"缺失"就会在"眼皮"下滑过去,差错留在书上,给专家质检本书时增添了加倍"扣分"的机会。

10点的钟声敲响了,师傅急急忙忙把书的清样拿走了。这时,我才抬头深深地吸了一口空气;中午12时,师傅又匆匆忙忙把3本样书送来,经粗略翻阅检查,没发现大问题,我才长长地吐了一口气。之后,我对陈文杰说:"下午2时,你开车去省出版局,亲手把书交给郭处,不要等到4点。"愉悦之下,我屈指一算,从1月27日下午6时至1月28日中午12时,用了18个小时把11万字书本赶制出来,在我社是一个出版奇迹,在我国出版史上也是罕见的。事后,该书经过上级机关编校质检专家"三审"检查后裁定为优良出版物产品,"掌声之下"我们又怎能忘记昼夜"奋战"的苦痛呢!

话又回到本文主题"指令与胆识",《现代汉语词典》释"指令"为"指示,命令","上级给下级的指示或命令"。取决于"执行"与"不执行"的抉择,既然选择了"执行",就要奋斗、拼搏,这一胆识是出版人应具有的素养。所谓"胆识",就是胆量和学识。敢于去面对,善于去应战突如其来的"指令",容不得犹犹豫豫,该做的马上去做。所以,胆与识是紧密联系在一起的。无胆,首先是因为无识。清人叶燮在《原诗》中对胆、识做了精辟的论述:"大约才、识、胆、力四者交相为济。……四者无缓急,而要在先之以识;使无识,则三者俱无所托。无识而有胆,则为妄、为卤莽、为无知,其言背理、逆道,蔑如也。"(《原诗·内篇下》)这是对胆、识规律的揭示:识在前,胆在后,要想有胆,先要有识;如果违反这一规律,所谓胆,那就是一种妄为,绝不可取。

所以,当编辑的要注意学识修养,提高马列主义水平,提高业务能力。为人做"嫁衣裳"者,在市场经济与出版物产品质量的浪潮中,更应提升自身素质的正能量,胆识相济。

那些年　那些人

大奖下的悲欢

　　30年来，我社获奖图书不少，获奖项目也林林总总，但真正获国家级大奖的图书却少之又少，屈指数来寥寥无几，比如，《中国文化概论》1989年荣获中国图书奖，同时获第三届全国优秀图书奖；又如，《碳纤维及其复合材料显微图象》，1992年荣获第六届中国图书奖，同时获国家教委科技进步奖。得奖后的喜悦，我是体会不深的。因为我不是责任编辑，没资格登上领奖台，奖状、奖金也没我的份，更谈不上宴席"干杯"、酒后"KTV"的欢乐氛围；有的是工作上埋头苦干，因为我是校对室主任，他人称谓的"教头"（"校"与"教"同音），是大奖书的责任校对。作为出版社"三等公民"的我，深深懂得自身价值和所处的位置，可说是"甘苦自知，乐此不疲"。

　　记得1988年国庆节前后，我独自一人在广东韶关新华印刷厂检字车间与工人师傅一起检字排版，对《中国文化概论》进行最后的改版付印工作（责任编辑由社领导分配了更重要的工作，不能参加付印）。那时，印刷排版是铅排，很落后，不像今天的汉字激光照排系统那样先进、方便、轻松；一个木制字盘装有4版，每版784个字符，4版共3136个铅字符，有25～30斤重。铅字符是由铅铸造而成的，大32开本是28行×28字符，784个字符是由一个一个铅的小字符拼版后，上下左右用4条铝片固定，再用补皮鞋的麻绳捆扎牢固，字符涂刷油墨，放上白纸打印出来校对。如有错要改，就要小心翼翼地松开捆扎牢固的字版，揪出错字符，插入正确字符后再重新捆扎好。

　　捡排拼版的师傅多数是四五十岁的妇女，她们成年累月地干活，把字盘搬上搬下，每一盘二三十斤重，够累的。例如，《中国文化概论》共12.625印张，404版共用101盘铅字木版，堆放起来像一座小山，316736个铅字符一个一个拣出来拼合好，其工作量之大可想而知，其小心谨慎、丝毫不敢有半点疏忽的工作态度令人敬佩。几天几夜的排版、改版、合版及校对工作，《中国文化概论》已经改好、拼好96盘（384版）了，还差5盘（20版）就完工了，可说胜利在望。当搬动第98盘时，发现有3个版的铅字符散开，铅字粒东歪西斜，地板上也有十几粒铅字符，不妙，是老鼠把麻绳咬断了，而且好像是猫与老鼠在搏斗一样，字盘成了"战场"，字粒成了战斗"兵器"，横七竖八，东一堆西一堆，之前工人师傅捡好的字盘付诸东流，功亏一篑。无奈之下只好从头来，把3版字按校样重新捡字拼版，打出版样一字一句重新审读校对。本来，我计划上午把工作做完，下午赶火车回广州的，但因老鼠的捣乱、搞破坏，只能在招待所多过了一夜。

社领导下厂视察，住宾馆是必然的，工厂领导作陪"吃大餐"不在话下；出版科长、责任编辑下厂检查工作进度，副厂长或印刷科长（或车间主任）作陪"吃喝"是少不了的，生意上的客户（米饭班主）哪敢怠慢！校对人员下厂对红付印，管你主任或科长，属于"三等公民"，工作在车间，吃饭在饭堂，住厂招待所碌架床，洗手间、冲凉房在本楼的东头或西侧，其礼遇是潮州佬拉二胡"自己顾自己"，往返车船"自便"。其实，"三等公民"这样踏实工作、平淡生活，少了许多"客套"，多了走自己艰苦奋斗之人生路，却显得更自然，更自在，心安理得。

又如，《碳纤维及其复合材料显微图象》一书，作者是刚卸任中山大学校长职务的曾汉民教授。本书是作者从他们多年研究拍摄的大量的碳纤维及其复合材料的显微图像资料中精选出700多幅具有典型意义的照片，辅以简明的文字和模型示意图加以科学的解释；16开本，22印张，中、英文版本，鸿篇巨制，图文并茂，操作有一定难度。

本书是在中大印刷厂铅字排版的，照片由广州彩色印务有限公司"晒版"拼装，坐标图线条、说明文字等由我社编务室刘叔伦等同志绘制，字符是"一帖一帖"裁剪粘贴而成，校对是郑伟贞和我两人，责任编辑由张德贞副总编亲自担纲。因工作量大，操作难度高，时间紧，任务重，要把握好鸿篇巨制必须要靠资深的出版行家来驾驭，于是，特邀刘翰飞总编直接参与审定工作，确保本书出版高质量。

中大印刷厂在康乐园内，不存在"出差"问题，而是回家一吃完饭就赶去车间工作，夜以继日加班加点，一个个字符、一张张图片、一帖帖字粒反复校对，连续"作战"三个多月。因长时间一吃完饭就伏案赶工，造成消化不良、胃部疼痛难忍。白天伏案校对，夜晚又孤灯只影一边是原稿，一边是校样，眼球随着视线转动，搜索几个小时，不挨出病来才怪；

好在我身体质地好，又是公费医疗，离校医院较近，吃点药又继续"战斗"。人，不是钢铁，如此不要命地工作，留下来的是胃病、坐骨神经、腰椎间盘突出、近视眼等职业病。

《碳纤维及其复合材料显微图象》在"三审"、"三校一读"中有一段小插曲：书名"图象"的"象"，用"象"还是"像"？张总坚持用"象"，我认为用"像"；作者同意责编意见，本书责校的我，最后删掉自己的署名，保留自我的看法和做法，让时间去检验"象"、"像"的正确用字法。从1991年7月至今，事隔23年，"象"与"像"的小争论，正确答案已凸显：

根据现在已恢复的历来用法，"象"的使用有三种情况：

（1）用作单音词，哺乳动物大象的象；

（2）作为名词性词素，表示形状、样子，如：景象、天象、气象、印象、万象更新；

（3）作为动词词素，表示仿效、摹拟，如：象形、象声、象征、象限、象棋，等等。

那么，"像"字也有五种用法：

（1）比照人物制成的形象，如：画像、肖像、塑像；

（2）从物体发出的光线经平面镜、球面镜、透镜、棱镜等反射或折射后所形成的与原物相似的图景，分为实像和虚像。如：图像、录像、音像；

（3）在形象上相同或有某些共同点，如：他的身材、面貌很像他的哥哥；

（4）表示相似、好像，如：共产党像太阳；又如：天好像下雨了；

（5）表示比如、比方，如：像雷锋同志那样；像大熊猫这样的珍稀动物，要加以保护。

所以，《碳纤维及其复合材料显微图象》的"象"，其正确用字应该是"像"；当时，我的意见虽然没有被采纳，但是，我的坚持是对的。责任校对我不署名，并不等于我不做或不参与本书的校对工作；张总是搞生物化学的，而我是读无机化学、有机化学和高分子化学的。碳纤维及其复合材料是高分子化学与物理的一类重要高技术关键性新材料，其碳基、树

中篇　足迹

脂基、金属基等复合材料的结构和特征、烧蚀行为特征、损伤和断裂破坏行为特征等，都是国防工业的尖端。因此，本专著的出版，获国家图书奖是必然的。

 那些年　那些人

在中大出版社的日子里感谢有你

张礼凤

我是1992年5月加入中山大学出版社这个大家庭的，直到2013年9月由于工作调动离开出版社，作为出版人，共经历了21个春秋。21年来，我和出版社一同成长，经历了出版社的10周年、20周年，以及30周年。刚到出版社时，我正值青春年华；离开出版社时，头上已开始长出白发。可以说，人生最美好的岁月是在中山大学出版社度过的，也是最值得回忆的。在21年风风雨雨的日子里，我更要感谢出版社陪我一起走过的你们。

阿钟（即钟永源），亦师亦兄。初入中山大学出版社，我就有幸认识了你，从此我的人生路上就又有了一位良师和兄长。工作上，你不仅将自己的所有全部教给我们，更重要的是，你对出版业的敬业、对工作的一丝不苟深深影响了我，使得我在以后的出版工作中丝毫不敢懈怠。作为校对室主任，你为新入行的我们争取每一个外出业务学习的机会，无论是技能培训还是业务交流，这使得我们的业务能力迅速提高，工作起来得心应手。生活上，你像一位兄长，给予我们照顾。记得1992年我刚到出版社的时候，曾经额外帮一位姓袁的老编辑对胶片，胶片中有几处错了，袁老师让我帮他处理下，我便照做了，弄完后便交给了出版科，不曾想，却被出版科的同事说了一通，从小未曾受过委屈的我，回到校对室顿时就伤心地流下了眼泪，是你宽慰了我，让我感到温暖，不再感到孤单。是啊，生活中什么样的人都有，只要自己没做错，何必为某一人某一事伤心呢！

杨捷，1998年来到中山大学出版社。性格的相近，让我们走得很近。工作上，我们常常相互切磋；生活中，我们是朋友。多少年来，出版社集

张礼凤，目前在中科院西双版纳热带植物园工作，一级实验师，实验室主管。

体到外地考察或学习的时候，我们都是住在同一个房间，那时我们常常一聊就到深夜了。更记得1999年的夏天，在下班的途中突然刮起了很大的台风，就在那一瞬间我被岭南学院围起修房的板砸中，直接导致我的右脚在两三个月内不能走路，是你经常在下午下班后买好菜来给我做饭。每每想到这儿，我的心里总是暖暖的。我坚信，这辈子，无论我们身在何处，平时是否联系，我们永远是朋友。

刘姐（刘叔伦），尽管你比我的母亲大不了几岁，可在我的心里，一直将你看作我们的大姐。你常常将自己亲手做的泡菜等带到出版社，让我们品尝。我想，当时出版社的人应该都吃过你的泡菜。偶尔在周末或节假日，你会买上很多很多的菜，亲自下厨，做好一桌地道的川菜，让我们在你的家里大吃一顿。刘姐，你的泡菜我们从没有忘记；现在，虽然你已去了天堂，但你永远是我们的大姐。

丽华，你是2011年3月才来出版社的。虽然年龄上你比我小了15岁，可初见你就让我觉得与你很投缘。你虽然是"80后"，可你比同龄人能吃苦，有主见。作为编辑，你敬业。干我们这一行，为了保证图书的按时出版，常常需要加班加点，而你常常熬夜看稿，看到你第二天早上上班时疲惫的身体，我很心痛，却无可奈何，毕竟工作还是要做啊！而且，你为作者服务周到。作者看完书稿或是约稿，一个电话，你不论在干什么，都立即赶过去；也有的时候，个别作者态度差点，你被气得哭笑不得。更记得，在下班后或周末，我们常常一起去逛街、看电影、吃饭，或者去骑车、爬山。还有，2012年9月我做了手术后，你第二天就提了果篮到病房来看我；2013年9月我离开广州时，你坚持一直送我到白云机场。丽华，今生与你有缘，是我的骄傲。

我也常常想起你们，刘学谦、嵇春霞、高惠贞，谢谢你们陪我走过的每一个春夏秋冬。作为同龄人，我们对人生、对工作、对生活等的思考更为接近；是你们，才让我觉得在出版社生活得真实，生活得精彩。离开出版社的日子里，我常常想起我们的每一次聊天，清楚记得我们的每一次聚会，特别是在白云山桃花谷我们的欢声笑语，好像就发生在昨天。离别前，你们一次又一次的送行，让我感动万分！学谦、春霞、惠贞，我们是永远的朋友，记得。

那些年　那些人

编辑畅游白云山，右2为张礼凤

还有你们，理科室的同事们——李文、海东、佳慧、丽云、育林，还有新来的周玢。虽然理科室的人员经常在变动，但和谐的人际关系始终没有变过。理科室的同仁们，永远是那么默契；谁有任何需要，其他人都是主动帮助。从不记得有过一次争执。在前几年出版社人心浮躁的日子里，我常常觉得，这里应该是出版社最温暖、最安静的地方。谢谢你们！

当然，还有许许多多的中山大学出版社人我想感谢，有了你们，我在中山大学出版社的日子，才觉得是那么美好，才让我觉得那么温暖。

中篇 足迹

忆往昔峥嵘岁月稠

陈必胜

中山大学出版社于1983年8月23日由文化部、教育部批准成立。全体职工在社委的带领下，迎着开放改革的大潮，在崎岖不平的道路上奋力攀登，胜利地走过了极不平凡的10年！往事如烟，随着时间的流逝，人们也许会逐渐地忘却，但职工们用血汗铸成的业绩，仍会深深地镌刻在光荣的史册上。

一

中山大学出版社的建立，历经了一个反复曲折的过程。

1981年1月26日，校领导为适应教学科研工作的需要，打报告向原教育部申请成立出版社。2月25日，原教育部的批复是：由于当前国家正处于国民经济调整时期，暂时以不发展和扩大新的出版机构为宜。但是，学校领导认为，学校成立出版社，对于学校的教学和科研工作，有着推动的作用，应当积极争取。所以，在1981年9月23日，再次打报告向教育部申请；并抽调张晋丰副教授、陈必胜两人负责具体的筹建工作。

张、陈接受任务之后，专程赴上海、武汉等地，了解复旦大学、华东师大、华中理工大学、武汉大学等成立大学出版社的情况，学习他们的建社经验，并结合我校的实际，提出了如何办社的建议，向校领导做了详细的汇报。

1982年4月，教育部一司司长季啸风在武汉教材审编会议期间，曾和我校主管文科的副校长刘嵘同志面谈，提出有关落实中央整理古籍指示和

本文是中山大学出版社前社长陈必胜为庆祝出版社成立10周年而写作的。

那些年　那些人

中间者为出版社前社长陈必胜

筹建高等教育文科出版社广州分社的一些设想，要我校提出具体规划。筹备组在调查研究、广泛听取各有关部门意见的基础上，结合我校的具体情况，写出了《关于筹建高等教育文科出版社广州分社的设想》，主张"高等教育文科出版社广州分社由教育部领导，中山大学负责管理。分社的领导机构以中山大学为主，吸引暨南大学、华南师范学院和广州外语学院部分人员组成，地点设在中山大学校内"。由于后来情况变化，计划未能实现。

　　1982年8月，筹备组再次赴京，向有关领导汇报，并写了《关于请求批准成立中山大学出版社》的第四次报告，提出"成立出版社是客观形势发展的迫切需要，也是广大教师的强烈要求"。认为学校已具备了成立出版社的条件：每年教工能编著70～80部著作；学校有印刷厂，有一定的设备和生产能力；校领导对此工作比较重视，曾专门研究并已建立筹备组；各系领导和教师对成立出版社有强烈的要求，并寄以极大的期望；全国成立的高校出版社北京已有5间，上海3间，武汉2间，而华南地区还没有一间高校有出版社。中山大学是全国重点大学之一，地处广东，毗邻港澳，对外学术交流极其频繁，更显出成立出版社的迫切性和重要性。其时，成立出版社的审批权已归文化部，所以，教育部的答复是：需取得所在省出版部门的同意，再由教育部报请中央出版事业管理局批准。为此，我们又亲自向省委宣传部做了汇报，得到他们的支持，并向省出版事业管理局写了报告。

1983年3月22日，我们又向教育部、文化部、国家出版事业管理局写了第五次申请报告，提出建立中山大学出版社，"既是发展我校科研、提高教学质量、培养人才和调动知识分子积极性的迫切需要，又是国际学术交流的迫切需要。中山大学在国际上有一定的影响，国外大学和研究机构都要求中山大学出版社出版的书刊，作为学术交流或交换书刊的一个条件。再者，我校成立出版社的基本条件已具备：①我校成立出版社完全是根据学校的教学和科研发展的需要，以发展科学研究工作，抢救古籍，提高教学质量作为办社的指导方针；②我校自己可以解决编辑力量，我们准备结合'五定'，从各系调整部分教师担任专职或兼职编辑；③经费问题，可以从科研经费和基金中先拨出一定的经费作为筹备基金，今后逐步做到收支平衡；④印刷问题，除继续发挥我校印刷厂的潜力外，我省和广州市均有一定的印刷力量，能承担印刷任务。"

我们的决心和所具有的条件，得到省宣传部、省出版事业管理局的认可和支持，也得到教育部有关领导的支持，终于在1983年8月23日，由文化部、教育部联合发文批准成立，社号为339。

学校接到通知之后，正式进入了筹建工作。校领导决定调科研处副处长兼学报主编刘翰飞任第一副社长兼第一副总编辑，任命陈必胜为副社长、张晋丰为副总编辑，从教务处调谢沛礼同志任办公室主任兼出版发行科长，这就是出版社的第一任领导班子。1983年11月5日，经过较长时间酝酿后的第一次社务会议正式召开，出版社的工作正式走上轨道，所以，我们把社庆的日期，定为11月5日。

二

出版社是以学校拨给的2万元开办费起家的。

建社初期，我们碰到的困难是人员、资金、办公用房三大问题。

人是生产力中最积极的因素。如何组织队伍，这是摆在我们面前的首要问题，也是关系到出版社能否办好的关键所在。

那些年　那些人

　　在学校人事处的大力支持下，我们通过三方面招募人员、组织队伍：

　　一是从本校的教师和干部队伍中抽调。我们从电子系调来吴伟凡讲师，从化学系调来张德贞讲师，而后又从计算中心调来吴相辉副研究员，从外语系调入温庚林副教授，从科研处转来骆益祥讲师，从海南大学调入黎国器讲师。他们虽然过去从未接触过编辑工作，但有一颗"为他人作嫁"的红心，有较扎实的专业基础，所以，到出版社之后，较快就能胜任本职工作，在编辑工作中起骨干作用。

　　二是从历届毕业的研究生、本科生中选留下来的。如从中文系选留硕士研究生王家声，从中国人民大学分配来硕士研究生杨权，从辽宁科学院调来研究生杨晓光，从本校物理系选留硕士研究生罗以琳、哲学系研究生史然、外语系研究生袁哲，复旦大学分配来的博士研究生章伟，等等。他们都是自愿而来的。由于他们比较年轻，有较高的文化水平，有革命朝气，肯学习，虽缺乏出版工作经验，但经过一段时间的实践，也较快胜任了编辑工作。

　　三是从校内外出版部门调进一批骨干力量。比如，从广西人民出版社调入袁广达编辑，从山西大学学报调入方绪源主编，从广东科技报调入徐希扬编辑，从湖南人民出版社调入谭广洪编辑，从中科院海洋研究所《海洋科学》杂志调入蔡浩然副编审，等等，他们从事编辑工作多年，有较好的实践经验，所以，来到出版社之后，很快就能适应工作的需要。

　　除了编辑队伍之外，我们还根据工作需要，从各方面招集出版、发行、行政、财务等人员，使之配套成龙，保证了全社整体工作的正常运转。

　　为了提高队伍的整体素质，多年来，我们采取积极措施，努力创造条件，使他们能尽快提高业务，适应工作的需要。我们每年均派出2～3名专业人员到北京参加科技版协举办的专业培训班；支持职工读"五大"，提高文化水平，先后有11人取得了大专毕业文凭；支持有条件的职工读在职研究生；鼓励有关人员走出校门，参加各种学术活动和社会调查，先后有4批8人到过香港考察；开展经常性的业务学习活动，领导带头讲课。前任第一副总编刘翰飞、第一副社长庄昭、副总编辑方绪源都讲过课，尤其是现任第一副总编辑张德贞，对于如何提高图书质量、如何贯彻

落实国家规定的标准等问题,多次为大家作了详细的讲解,对编辑人员业务水平的提高起着积极的作用。我们还采用以老带新、能者为师的办法,请出版科长姚明基、校对室主任钟永源,根据他们在实践过程中的体会,为大家讲清图书成本的计算和校对规范工作的有关问题,既讲理论,又能结合实际工作中碰到的问题进行解答,受到大家的欢迎。

经过多年的努力,整个队伍的素质有了较大的提高。全社现有正式职工45人,已有各类职称的占43人。在25名编辑人员中,有高级职称11人,中级职称10人,初级4人。编辑人员均是大学本科以上的文化程度,其中有研究生6人。为了适应工作的需要,去年以来,在校内外聘任了41位专家、教授担任我社的社外编辑、14位业务校对员、8位业余装帧设计人员。这样,无论在编辑、校对业务方面,或者在出版、发行方面,已经逐步建立了一支基本上能适应我们出版工作需要的队伍。

10年来,我们已出书900多种,1.8亿多字,总印数1200多万册;总码洋4300万元,不仅创造了良好的社会效益,为提高学校的学术地位,为促进我校的教学科研工作,为培养人才作出了贡献;也创造了良好的经济效益,为出版社的发展提供了可靠的物质基础。

出版社早期办公楼

那些年　那些人

自出版社成立以来，出版社所需的用具、一切费用均为自己提供。我们已购买了一部运输汽车、两部摩托，修建了两间书库和一间书店，还购买了电脑和复印机、空调机，投资参加中国教育图书进出口公司、南方图书公司、粤西图书公司、中南地区大学出版社书店等的经营活动。

10年来，我们为校内教师出版教材、专著近400种，为学校教师补贴教材、专著出版费200多万元（其中130万元为国家教委补贴）。这是由于广东的物价如纸张的价格和印刷费比内陆昂贵；而为教师出版的一些较高学术价值的著作，由于读者面较窄，印数少，成本高，所以要贴钱。如《车王府曲本菁华》全套6本260万字，但印数不满千册，能售出的也不过三百多册，收回的钱也不到十之一二。其他如《中山大学教授选集》、《中山大学学术丛书》等，多数是要贴进很多钱的。

出版社成立以来，可以说是从无到有、由小到大的发展过程。经过10年的苦心经营，我们在经济上已基本做到收支平衡，略有盈余，且有一定数量的流动资金，从而能够保证全社工作的正常运转。

三

出版社的任务是出好书，向广大读者提供更多更好的精神食粮。

建社初期，由于缺乏经验，对于如何出书，心中无数。出的第一本书叫《高分子化学与物理专论》，是著名科学家冯新德、唐敖庆、林尚安等教授的论文集。第二本书是蒲蛰龙先生主编的《苏云金杆菌以色列变种防治蚊幼虫研究》，也是论文集。接着，出版了戴永隆教授的《随机点过程》，这是一部学术性很强的专著，出版后受到学术界的好评。但这些书发行量都不大，所以经济效益也很一般。但它们是我社成立以后，在毫无基础、缺乏经验，且人手不足的情况下编印出来的处女作，所以，尽管有许多缺陷，却也难能可贵。

接着，我们为中文系刊授中心出版了刘孟宇教授主编的教材《写作大要》，一炮打响。这是一部由中山大学牵头，由10多间高校的写作教师参加编写，经过多次修改，比较成熟的教材，因适合广大群众阅读，深受欢迎。第一次即印了17000册，接着又加印了50000册，几年来一印再印，到现在已重印了12次，印数接近40万册。该书被全国近百所大专院校采用为教材,多次受奖,1992年还被评为全国性的"金钥匙"奖,既为我社争取了荣誉,也创造了良好的经济效益。

　　从零开始,从少到多,从低档到高品位,这是我社10年来出书的发展过程。今天,我们已能够出版具有多种文字、多种装帧,达到国内外先进水平的图书了。如《碳纤维及其复合材料显微图象》(每册200元),台湾"中国材料科学学会"理事长认为:该书"内容之完善,工程之浩大,也为国内外所仅见"。德国凯泽斯劳滕大学材料科学研究所所长K.费里德里希教授指出:"该书精选的图片十分出色,有重大的学术价值","是一本不可估价的资料。无论定价多高,都是物有所值"。我们能够出版高难度、大分量的《中国方术大辞典》(116.5万字,每册28元)、《周易大辞典》(160万字,每册42元);出版大型丛书、套书《车王府曲本菁华》(全套6卷,260万字)、《东印度公司对华贸易编年史》(全套5卷,150多万字),这些书面世,在社会上产生了巨大的影响。

　　由于我们的编辑人员有自甘"为他人作嫁"的红心,所以能够在浩如烟海的书稿中,奋力挖掘,精心陶冶,使许多凝结着专家、教授多年心血的著作得以问世。

　　10年来,我社出版的图书,之所以能得到社会上的认可,获得广大读者的赞扬,是因为我们所出的图书,能够体现出大学出版社的优势和特色。

　　我社地处广东,毗邻港澳。广东,在我国近现代的革命史上,有其光荣的革命传统;党的十一届三中全会以来,它又是改革开放的前沿阵地。因此,我们出版的《孙中山与辛亥革命》、《林则徐与鸦片战争论稿》、《辛亥革命运动史》;《港澳研究丛书》、《珠江三角洲研究丛书》、《珠江三角洲经济发展的回顾和前瞻》,以及有关开放改革和经济特区的研究,《岭南丛书》,等等,都富有浓郁的地方特色。

　　出版工作是党的整个事业的一个组成部分。因此,出版物要很好地坚持党的基本路线,坚持四项基本原则,坚持为社会主义经济建设服务,坚持对人民群众进行爱国主义、社会主义、集体主义教育,坚决抵制资产阶级自由化干扰。几年来,我们没有出过一本思想倾向不好、格调低下的书。前几年,当资产阶级自由化思潮一度在出版界泛滥时,有人曾把《赌

约》、《女酋长》等书稿送来我社,且以每本2万元管理费要我社给书号,我们审读后认为是坏书,坚决予以拒绝。相反,在马列主义理论教育和政治思想工作普遍放松的情况下,我们仍然面向教学,及时出版了《马克思主义哲学概论》、《现代资本主义简明教程》、《社会主义经济学简明教程》、《中国社会主义建设》、《中国革命史》、《大学生思想修养》等公共政治课教材,向学生宣传党的基本路线和四项基本原则。我们还出版了《职业道德读本》、《建筑业道德讲话》、《石油工人职业道德》等书,印数达40多万册;出版了《党的基本知识讲话》、《中国近代史爱国主义讲话》、《基本国情与基本路线简明教程》等书,深受读者的欢迎。

随着改革开放的深化,为适应培养人才的需要,我们陆续出版了计算机方面的书30多种,其中,《微型计算机 BASIC 语言》重印了10多次,印数达20多万册,《微型计算机 IBM PC/XT 常用软件上机操作与实践》,几年来重印12次,印数达34.75万册。这些书,不仅有良好的社会效益,也有较好的经济效益。

我社出书的另一个特色是品位高、质量好,因而越来越受到社会上广大读者的好评,尤其是受到学术界的重视。我们已有数百种书参加过第一、二、三、四届北京国际图书博览会以及中国香港地区、日本、加拿大等国家和地区的图书展览会,有近百种图书受到国家级、地区、省级的各种奖励。如《中国文化概论》于1989年同获"1988年中国图书奖"(全国最高奖,该年只评出9种)和"第三届全国优秀图书奖";《中国现代哲学史稿》、《论藏族文化的起源形成与周围民族的关系》获"光明杯"奖。《碳纤维及其复合材料显微图象》获"第六届中国图书奖";《写作大要》获"金钥匙奖";《力学简明教程》等2种教材获国家教委"优秀教材奖";《价值和价格论》等2种书获国家教委评定的"优秀专著奖";《好书献给您》、《雷锋在我们当中》等4种书被团中央、团广东省委向全国、全省青少年推荐为优秀读物。

四

建社10年来,如果说我们已取得了一点成绩,那是由于坚持开放改革、不断加强管理的结果。

中篇　足迹

　　我们是在"一穷二白"的情况下发展起来的。出第一部书时只有七八个职工，连办公地方都没有，只能借学报的资料室开会，后来找到了一间不满30平方米的危房，地点是东南区15号楼下。当时，整个社的职工都挤在一起办公：不管是社长、总编、财务、发行人员，虽有分工，但不分家，有事大家做，有福大家享。那时，大家有一股劲，不管有多大困难，不论待遇如何，统统没有计较。大家扭成一股绳，团结协作，齐心协力地克服困难。第一年出了11种书，印数63.7万册，平均每种书印数57909册，总码洋92.6万元。当时，学校容许按利润3∶7分成，即所得的利润，30%留作职工的资金福利，70%留作发展资金。不用返纳工资，还拿学校每月发给的12元资金。一年后，为了出版社更有效地积累资金，改为8∶1∶1分成，即把80%的利润作为发展资金，10%上缴学校，10%留作职工的资金福利。全社职工识大体，顾大局，不因分配少而灰心，不因困难多而丧气。大家仍然一心一意，苦干实干，致力于求生存、求发展，把全部的心血倾注于这种崇高的事业上。

　　这时，领导的主要力量，多用于搜罗人才，找房子，整天为资金奇缺而奔波，为出书没地方放而发愁，这时的管理工作，靠的是行政手段。

　　第二年，出书的数量翻一番，达24种，可每种书的平均印数只有33350册，比头年下降了42.4%；第三年，出书总数又翻番，达47种，可印数只有77.31万册，每种书的平均印数只有13329册，又比上年下降了60.03%。

　　当时，出版界出现了一股资产阶级自由化的歪风，表现在思想政治上反对四项基本原则和一切向钱看。有些单位，为了追求经济效益，出了一些宣扬淫秽色情、低级庸俗的书。社委面对这种情况，能够保持清醒的头脑，正确处理两个效益的关系。大家认为，我们是大学出版社，决不能见利忘义。这时，教委在内蒙古召开第一次大学出版社社长会议，在武汉召开了总编辑会议。两次会议，对于大学出版社的性质任务等根本性问题，都有了比较明确的规定。我们借助这股东风，认真组织了传达贯彻，并结合总结我社建社以来的经验教训，肯定成绩，找出差距，确定努力方向。

　　我们觉得，建社3年多来，取得了很大的成绩，但仍然存在人员不足、资金缺乏、办公条件极差等问题；更主要的是在选题上统得过死，在

经营管理上放不开、搞不活。要改变这种状态,除了积极争取学校领导给予支持之外,更重要的是加强自身的建设,集中到一点:向管理要效益。于是,我们着手制订了各种规章制度,规定了《各部门的职责范围》,提出《有关人员的工作职责》,提出了《关于财务管理若干问题的规定》、《关于对外活动中经济问题的规定》。这些措施的制定,使各部门明确了自己所担负的职责,从管理的科学性来说,是有着它的作用的。

这时候,整个出版界正处于最低谷,形势十分严峻,纸价的不断上涨,印刷费用的急剧上升,按成本定价的办法已开始实行,出现了书价提高、印数下降的局面。如果不很好地采取措施以适应新形势发展的要求,出版社就很难生存下去。于是,我们提出了以改革统揽全局,为适应改革的需要,在思想上要树立三种意识:经营意识,竞争意识,外向意识;要提高三种能力:敢于竞争,勇于开拓,自我发展;更好地实现三个转变:变生产型为生产经营型,变封闭型为开放型,变单一依靠新华书店为实行多层次、多形式、多渠道的发行体制。

我们觉得,在出版社中,编辑是中心环节,编辑工作抓好了,两个效益就能上去。所以,我们在编辑人员中试行关于工作量的办法。规定有高级职称的编辑,每年必须完成 70 万字的工作量,中级职称 60 万字,初级职称 50 万字,并规定了各种奖惩办法。

工作量提出之后,编辑人员的积极性得到了较好的调动,出书的数量有了较大的增加,1989 年达到 131 种,印数 237 万册。但数量上去了,质量和经济效益都没有明显的提高。我们觉得,出版社"转型",不仅要有经营观念,还要有企业单位的管理手段。要使每个职工都有一种效益意识,都有一种责任感。譬如编辑人员,不仅要组好稿,编好书,而且要会经营,要对两个效益负责。于是,我们从 1988 年开始,又在编辑、发行等部门,试行经营目标责任制。

实行这种制度,就是把每个人所必须完成的工作量、所必须达到的质量要求,及其所获得的经济效益和分配有机地结合起来,使其能更有效地体现责、权、利相一致和按劳分配的原则,更好地运用经济手段调动职工的积极性,加强管理,以达到提高效率、提高质量、提高经济效益的目的。

经过几年来的实践证明，这种制度是比较适合大学出版社的管理的。①实行这种制度，能够有效地增强全社职工的经济观念和经营意识；②能更有效地调动全社职工的积极性和主动性，因为有了指标，就有了明确的奋斗目标，也就有了权衡工作优劣的依据；③实行这种制度以后，全社的经济效益逐年有所提高，从而为保证我社在经济上完全独立打下了可靠的基础，我们还在发行科试行"经营承包责任制"，有效地提高了发行量和经济效益。

改革就是解放生产力，由于我们坚持改革，所以，我们能够克服困难，开创顺利的新局面。1991年底，社的领导成员有所变动，接着进行了调整。由副校长张荣芳兼任社长；原副社长陈必胜接任第一副社长，谢沛礼、杨晓光任副社长；原副总编辑张德贞接任第一副总编辑，蔡浩然、杨权任副总编辑。新的领导班子成立之后，认真贯彻开放改革精神，继续完善经营目标责任制，并采取有效措施，打破许多影响职工积极性的条条框框，有效地调动了广大职工的积极性和创造性。1992年，出书量达到146种，印数133万册，总码洋794万元。在编辑人员比上年少两人的情况下，编辑、发排书种186种，字数4212.6万字，比1991年多发排了43种，增加了30%；多编了992.1万字，增加了30.8%。经济上也比上一年有较明显的提高。这一年还得到了七项奖。其中，《碳纤维及其复合材料显微图象》获"第六届中国图书奖"，《写作大要》获"金钥匙奖"。

五

建社以来，我们已经取得了很大的成绩，但也存在着许多值得注意和亟须改进的问题。

首先是社的领导班子的思想观念和管理水平未能适应形势发展的需要。尽管历届的领导成员都有较高的文化素养（都有高中级职称），也有一定的工作能力和工作经验，但由于多数人是从学校的教师或行政领导岗位转来的，缺少经营思想和经营经验，多数人习惯于在计划经济指导下工作，习惯于事业单位的领导方法，因此，在改革开放的大潮中，在新的形势下所面临的竞争与挑战面前，思想不适应，认识不太一致，因而在一定的时间中出现了不太协调的现象，给工作带来不应有的损失。

其次，在办社过程中，由于资金的缺乏和返纳工资在经济上给我们造成的强大压力，逼使我们要加强管理，千方百计提高经济效益。我们实行经营目标责任制的目的，是要在保证图书质量的前提下，控制数量；在保证社会效益的情况下，提高经济效益。但由于我们提出的数量指标和利润目标是具体的，而质量指标是抽象的，有较大的弹性，加上我们抓质量的措施未能及时跟上去，致使一些人质量意识淡化，在一定程度上影响了图书整体质量的提高。

再次，我社的工作环境和工作条件差的问题一直没有得到解决，在一定程度上也影响着我们工作的顺利进行。

在党的"十四大"报告提出的市场经济理论的指引下，开放改革的进程正在逐步深化。当前，出版界又呈现着新的形势，正面临着新的挑战。出版社已从生产型向生产经营型转变。图书是商品，经营者既是出版家、又是出版商的认识已经得到世人所认可。于是，运用经济手段、按照企业化的管理方法，力图从现在的事业型向企业型转化，这又是当前出版界所出现的一个新特点。一业为主，多种经营，从专业型向综合型发展正随着改革进程的深化而出现。面对这种形势，我们必须抓好几项工作。

（一）进一步解放思想，更新观念

能否深化改革的关键在于能否解放思想，更新观念。思想不解放，观念不更新，就不能正确地认识形势，就没有勇气去冲破计划经济所遗留下来的许多条条框框，克服旧的习惯势力，改革也不可能得到深化。

更新观念，对我们来说，主要有三种。

一是树立经营观念。出版社的重要任务是出书。图书是商品，但有它特殊的属性：既是精神产品，也是物质产品。既是商品，就必然要进入流通领域，参加市场竞争，通过经营，提高效益，否则它就不可能生存，更不可能发展。这是我们要深刻认识的。

二是树立开放意识。这一方面要解放思想，从事业单位、计划经济指导下所形成的许多条条框框中解放出来；另一方面，又要从更高的角度来认识出版社的服务方向。我们是大学出版社，应当为本校出版教材、专著，为教学、科研服务；但作为出版社，它更为社会服务，为社会主义经济建设、为培养人才服务。因此，我们要"立足本校，面向社会，走向世界"，应当加强对外交流，在交流与竞争中增强实力，提高经济地位，提高知名度。

三是提高竞争意识。现在，全国出版社有500多家，仅大学出版社就有94家。在市场经济理论的指引下，在开放改革的大潮中，竞争是十分激烈的。我们要敢于竞争，善于竞争，要充分地发挥大学出版社的优势和特色，以高质量的出版物去占领市场，提高效益。

(二) 进一步完善经营目标责任制

经过多年的实践，我们认为，我社现在所实行的经营目标责任制，是用企业化方法管理出版社的一种好措施。

经营目标责任制的核心是利润指标的提出，大学出版社是否提利润指标，我们的回答是肯定的。

(1) 从出版社的性质看，出版社虽是事业单位，但它有极其明显的企业性质。因此，它必须用企业的方法进行管理。由于它在经济上实行独立核算，全社人员的工资、资金福利，以及一切费用，都要由自身支付。有许多教材、专著及亏本书的出版需要补贴，这就必然要实行"以书养书"的办法，靠经营所得的利润来调节。如果不核算利润，不计算盈亏，盲目出书，那就很难生存，更谈不上自身的发展。

(2) 从图书的本质看，图书既然是商品，就必须放到流通领域去交换，生产者必须具有经济观念，而且要有经营意识。作为生产单位的管理者，就要运用经济手段进行管理，才能更有效地提高各个生产部门和生产者的经济观念，增强他们的经济意识。

(3) 从管理的角度看，有了利润目标，整个社就有了总目标，每个单位和每个人，也就有了努力的目标，这样，就能提高自觉性，减少盲目性。

(4) 从分配方面看，有利于贯彻按劳分配的原则，因为结算时，谁多劳就多得，多做贡献多报酬。这有利于打破平均主义，在分配上也就增强了透明度和合理性。

关于经营目标责任制，我们还要在实践过程中不断加以完善，并创造

条件，在一些部门实行承包性经营。

（三）抓质量、抓"重点书"和"双效书"，提高知名度，提高两个效益

图书质量是出版社的生命，没有质量，就不可能在强手如林的竞争中立于不败之地，也不可能创造好的社会效益和经济效益。

抓效益，首先要提高全体职工的质量意识，应当从图书的整体来衡量。一本图书，不仅内容要好，形式要美，且各方面都要符合标准要求。

抓质量，要从选题抓起，所以要坚持"三级定苗"；另一方面，要把好编审关，所以要严格执行"三审发稿"制度。

抓质量既要有制度，也要有可行的措施，还要有组织保证。这方面，制定了关于提高图书质量问题的具体措施，坚决落实。

要认真抓好重点书，才能使我社办出特色，才能提高我社的地位和声誉。

我们要充分发挥我社地处广东，毗邻港澳，是改革开放的前沿地区的特点；还要充分利用我校是综合性重点大学，有着许多重点学科和人才集中的优势，认真组织好重点书和"双效书"。过去几年，我们已出版了一批在国内外有影响的重点书，我们已有5种书列入国家"八五"重点出版项目，要把它抓好。

要把出版社搞好，要做的事情很多。如要抓好队伍的建设，要加强思想政治工作，要加强领导班子的思想建设、组织建设，要加强对外交流，要关心职工的生活，要改善我们的工作条件，等等。我们觉得，在前进的道路上还存在许多困难，但我们相信，在上级部门的关心支持下，在学校领导的关心帮助下，在全体职工的共同努力下，一定能够把我们的工作推向一个新的台阶。

更好些，更靓些

廖为建

提起中山大学出版社，我感到既亲切又自豪。因为在我近10年的著述中，发行量最大的一本书就是在中山大学出版社出版的。《公共关系学简明教程》一书自1989年出版至今，已14次重印，共发行36万册。在国内同类教科书中是发行量最大的一种，1994年被评为粤版畅销书。这里面，凝聚着责任编辑，出版科、发行科工作人员，以及出版社全体同志的无数心血。没有他们的辛勤劳动和努力，这本书就不可能取得如此骄人的成绩，就很难赢得这么多读者的欢迎。

一本书是否受读者欢迎，除了取决于它的内在质量之外，还受若干外在因素的影响。一本书的外观形象，不仅作者会关心，读者会关心，书商会关心，出版社更会关心，因为它关系到出版社的整体形象。作者、读者和书商在很大程度上会从一本书的外观设计、印刷质量去认知出版社的形象。每一本书，都是出版社的形象载体。因此，出版社应该充分利用它去树立自己的良好形象。在普遍重视形象竞争的今天，确实有必要在完善书的外观形象方面多下一些功夫。我们很高兴地看到，中山大学出版社在这方面是不断进步的。

当然，一本书的外观形象除了包装设计、印刷装订质量之外，适当的传播也很重要。现在是"酒香也怕巷子深"的年代。没有适当的传播，精神产品的信息难以迅速、准确地到达消费者那里，一本书的价值和特色也难以广泛地为社会所了解。特别是出版社精心经营的书目，选择适当的媒

本文发表于《中山大学学报》1995年9月23日。作者时为中山大学政治学与行政学系副教授、公共关系教研室主任。

介和适当的方法进行必要的宣传，不仅可以提高书的社会知名度、促进书的销售，还可以借一本好书进一步扩大出版社的整体社会影响力。这种形象投资是值得的。我们相信中山大学出版社在这方面也会越做越好。

无论作为作者还是读者，我都期待着中山大学出版社今后出版的图书会更好一些，更靓一些。

我编辑《大学物理实验》与《微波技术》

骆益祥

《大学物理实验》和《微波技术》是校内教材。确定这两种教材在我社出版后，社领导十分重视，立即找我研究如何出版好这两种教材的问题。为了按时完成出版任务，保证满足学校的教学需要，社里决定聘请社外编辑吴伟凡同志担任《微波技术》的责任编辑，负责初审书稿，复审工作由我来负责；而《大学物理实验》的责任编辑则由我来担任，吴伟凡同志负责复审。我们两人的工作交叉进行。这两部书稿不仅篇幅大，而且内容复杂。《大学物理实验》近50万字，插图350幅，其中包括图形复杂的测量图、分析图、实验示范图、流程图、仪器结构图等等。图中的图注文字亦相当繁琐，有定位图注、量变图注、解释图注、说明图注等等。书内文字，涉及许多量和单位，而表示量或单位的外文字母，均有大小写、正斜体、上下标的区别。如英文字母"E"，用于静电场表示电场强度，是个矢量，要用黑斜体表示；用于电磁感应理论表示电动势，要用小写正体表示；用于热学测量表示热能，是个标量，要用白斜体表示。显然，要按照规范化、标准化的要求编辑好这部书稿，难度是比较大的。至于《微波技术》一书，理论性强，涉及许多微观计算方面的数学问题，极其复杂繁琐，编辑难度很大。编辑这样的书除了要求编辑有较好的数理基础知识外，还要求有认真细致的工作态度。为了编辑好这两部书，我们在初审和复审的过程中对书稿中的理论推导文字进行了认真的识辨验证，查对了大量的资料、书籍，并就审稿中发现的问题与作者进行了多次磋商。经过几个月的艰辛劳动，我们终于完成了两部书稿的编辑任务。现在《大学物理

本文发表于《中山大学学报》1995年9月23日。

实验》已经出版,《微波技术》下月亦将面世。编辑工作辛苦而无名无利,但是能为学校的教学科研工作出些微力,我心里还是感到很快慰的。

中篇　足迹

中大出版社校对工作经验曾在全国会议上介绍

蔡浩然

1996年10月15—20日，第二届全国校对理论研讨会在上海召开。

会议由国家新闻出版总署、中国出版工作者协会和上海市人民政府联合举办，国家新闻出版总署、中国出版工作者协会和上海市人民政府有关领导出席了会议。全国500多家出版社的代表在会上分组对校对理论进行了研讨；有10家出版社在会上介绍了各自校对工作经验。时任中山大学出版社分管出版、校对工作的副社长蔡浩然应邀指定在大会上介绍了中山大学出版社校对工作的经验。

中山大学出版社校对工作的经验主要有如下方面。

一、树立校对工作责任重大的观点

图书出版的价值，在于以作者的原创作品为对象，在作者劳动成果的基础上进行编辑、校对和出版，将图书负载的信息准确地传递给读者。图书是通过文字、符号记载、传递贮存信息的，信息的准确有赖于用字用词乃至标点符号使用的准确。校对在图书出版生产流程中，处在编辑后、印刷前的关键环节，是图书质量保障的最后防线。编辑工作的疏漏可以由校对来弥补，而校对工作的失检，则无可挽回地成为图书差错，造成图书信息"失真"，成为质量不合格图书。

中山大学出版社领导正是基于对上述校对理论的认识，与本社出版工作的实际，深刻认识到校对工作责任重大，从而在出版工作中把校对工作摆在重要位置。

由于中山大学出版社重视校对工作，认识到位，措施得当，在历次全国及省图书质检中，中山大学出版社图书质量在中南地区、广东出版界名

列前茅，受到有关部门的表彰。

二、建立健全校对机构

建立健全校对机构是现代出版生产的客观需要。中山大学出版社从建社开始就有校对机构建制。

20世纪90年代中期，随着计算机技术的普及，作者来稿从手写变为磁盘来稿。在原稿磁盘化的情况下，出版界有人认为，可以取消专职校对，实行"编校合一"。当时确有一些出版社取消了原有校对机构，把专职校对人员归到别的部门。中山大学出版社领导认为，校对是编辑工作的组成部分，即使在原稿磁盘化，编辑、校对工作可以在电脑上进行的情况下，仍然需要专职校对人员以国家有关标准及规范作为对照物来"校是非"，发现和消灭磁盘稿上的差错。中山大学出版社一如既往地健全了校对室的建制。为了有效推行这一建制，出版社校对室由副社长直接领导，由校对室主任钟永源统一安排日常校对事务。为了消除校对人员不安心工作的情绪，对校对人员实行与编辑人员一样的待遇；为了提高校对人员的业务水平及把好质量关的意识，经常组织校对人员参加业务培训及到先进

出版社校对室早期校对队伍

单位进行业务学习、取经,从而造就了一支业务过硬的校对队伍,保证了全社图书编校质量。

三、合理配置校对人员

出版社校对人员配置参照编辑发稿量决定,并按照编辑人员数量推算,编辑人员、校对人员配置比例大致为3∶1。但实际情况是,定编的专职校对人员不可能配置这么多。中山大学出版社的做法是,聘请社外校对人员作为补充,对固定的社外校对人员进行校对业务培训后才上岗。由于专职校对人员配置合理,文、理、工、医、外语各类校对人员都有,使各类书稿各校次均有恰当人选按时校对,确保了图书质量及出版周期。

四、坚持"三校一读"校对制度

中山大学出版社严格落实"三校一读"校对制度,认为"三校一读"是校对次数的下限,校对管理人员可以根据书稿的性质、难易程度和排版质量,适当增加校对次数。"三校一读"除作者、编辑对书稿自校外,必须由专职校对人员参与两个校次以上,并担任责任校对。实践证明,落实好"三校一读"制度是确保校对质量的基本方法。

五、坚持校对定额管理

定额管理是建立校对质量保障体系的重要手段,其特点是将校对工序加以量化。中山大学出版社校对定额管理掌握以下原则:一是不能超过人的视力、大脑反应速度和持续承受时限;二是采取平均先进定额数;三是按书稿的性质、难易程度规定数量定额。我们在执行过程中结合实际情况,适当采取灵活措施,对中级、初级校对员的定额定到合理程度。为了防止校对员重数量、轻质量的倾向,实行严格的质量检查,对校对差错率超过标准的加以处罚,并问责到校对室主任及主管领导。这样做的结果,既保证了校对质量,又调动了校对人员的积极性。

中山大学出版社上述校对工作经验在第二届全国校对理论研讨会上介绍后,与会代表甚感兴趣,会后纷纷围上来提问,到会的有些媒体记者也对蔡浩然做专访,对中山大学出版社校对工作经验进行了报道。在会议总

结大会上，中国出版工作者协会校对委员会主任周奇对中山大学出版社校对工作的经验表示肯定。事后，周奇主任从北京专程来中山大学出版社考察，与编辑、校对座谈，指导我社图书出版工作。

时任中山大学出版社社长的杨晓光幽默地说：中山大学出版社还没有别的工作可与先进出版社比试的，这次校对工作经验在全国会议上介绍，真为中山大学出版社长脸。

中篇　足迹

那些年，咱们的美好集体

谭广洪

　　三十而立四十不惑五十知天命。在出版社的而立之年，我个人生命早就步入知天命之大门了。回望来路，最大的慨叹，是当年出版社那个集体，可真是一个人生难遇的好集体。在这个集体里，尽管，不可能没有矛盾，不可能没有不愉快，不可能没有纠结、挣扎，不可能没有不满意，但是，因为文化环境的相对纯净，因为人与人之间相处得相对真诚，矛盾、不愉快都化解于工作之中，纠结和挣扎也随着时间的逝去而变得烟消云

青年时代的谭广洪

谭广洪，现担任广东省幸福家庭促进会副秘书长。

散，不留痕迹；不满意总是存在的，旧的不满解决了，又会有新的不满，但也许正因为这样才有进步。我在中山大学出版社工作17年，这个集体带给我的美好记忆，如刀刻斧凿，已深深地刻入脑海。

一、友爱

1984年8月我到出版社的时候，出版社成立还不久，坐落于梁銶琚堂对面的两层小红楼里。楼下是办公室、财务室、出版科和发行科，编辑部和编务室在二楼，社长室设在一楼后面的临建房里。这个小细节，已然反映出社领导的平易近人和先人后己。

那时社会风清气正，我由湖南人民出版社调入中山大学出版社，别说请客吃饭送礼，就连一根烟都没有请领导抽过，完全是走正常调动程序，顺顺利利、妥妥当当、快快速速地就办好了。新来乍到，两眼一抹黑，谁也不认识，心下不免忐忑，但很快地，同事之间相处的随意和相互之间的关爱，就让我感觉跟他们似乎相识很久了。

报到后不到三个月，我时常反胃，吃不下东西，还有点咳嗽和低烧，躺床上起不来，以为是感冒加老毛病胃病犯了，便胡乱吃了点感冒药。想不到，发行科的陈金玉大姐和另两位同事专门到家来看我。大姐是过来人，一看我的症状，马上说：你这哪是感冒啊，怕不是有喜了吧？那时的我们是如此的单纯，尽管已经结婚半年多，但对有关知识却几乎是一张白纸。闻听此言我吃了一惊，马上到校医院检查。果不出大姐所料。第二年8月我生下女儿，生产后不到半个月，女儿感冒了，我没有多少"坐月子"的概念，竟然就自己出门去校医院想给孩子开些药，在半路上遇到一帮正准备去家里看我的同事，她们将我好一顿数落，把我赶回家，责成我老老实实"坐月子"，有事找她们帮忙。这顿数落让我心头一阵阵暖和。

怀孕期间，我一直在工作，即使是暑假期间，即使是生产的前一天，也还在看稿子，并坚持把一部哲学书稿初审完毕。但这部书稿的所有后续工作，包括复审、终审的送审工作，排版、校对的一系列流程工作，都是同事们帮我完成的。那时没有实行数量指标和利润指标这档子事，同事之间的互帮互助蔚然成风，让初来乍到的我感觉到这个集体真好。

转年的春天，出版社领导组织了一套跟香港合作的图书。书出版后，需要打包寄出。发行科人员少,任务急,便全员上阵。具体什么时间、什么书我已经完全忘记了,但那个劳动的场面和轻松的氛围却想忘也忘不掉。记得是连续几个晚上,在发行科那间不大的房子里,堆积如山的书,书山下是一个个汗流浃背的人。尽管是计件付酬的,但竞争并没有造成较劲的、默默干活的环境,大伙儿边做边说笑,边做边调侃。明亮的灯光下,时不时会爆发出一阵阵哄堂大笑。一整晚的劳动结束,身体是疲惫的,心情却是轻松愉悦的。

1993年,大学为解决教职员工的住房问题,开始实行集资建房政策。尽管每平方米只要600元,总房价不过5万多元,尽管出版社可以给每位参加集资的职工借款1万元,但那时的我还是拿不出全部余款。我的编辑室主任袁广达老师,平常总是一副笑眯眯的模样,但并不苟言笑,我与他也没有什么私交。但不知他从哪儿知道我缺钱集资的事情,主动跟我说可以借款给我,让我大感意外也甚为感动。美术编辑方楚娟,是我的好友,平时见面总掐架,这时也主动解囊。两位同事的帮助,再加上校外一位朋友的帮助,使我顺利完成了住房的升级换代——从一房一厅跃升三房两厅。住上了宽敞的房子,心里豁亮,深知友情之可贵,同事缘分之难得,心下始终念念不忘这份情谊。在这样一个友爱的集体里,心情自然是轻松快活的,工作即使累点苦点,也就无所谓了。

二、欢乐

过去,各出版社都有一个约定俗成:每年一度的年度选题论证会必离开纷扰的工作地,离开喧嚣的大都市,到外地去,到农村去,到风景优美的旅游胜地去,开一天到两天会,顺带"游山玩水",怡乐心情。我们中山大学出版社不像一些大社那样出省开会,一般就在省内。每次出外开选题会,对员工们来说,就像过节,大家紧张地准备年度选题之余,都在憧憬着选题会的轻松与欢乐。

每一年的选题会都会有不同的快乐主题。开会时,大家畅所欲言,酣畅淋漓;会后,是完全放松的状态,一点儿小事都会让众人乐不可支。中山会议的"妙龄乳鸽"事件,珠海会议的"你怎么那么黑"口头禅,去乳源开会路上的一路高歌,去南雄开会回来车上的小品演出,都印象深

那些年 那些人

刻。那时出版社的人不多，一部大巴就装下了全部员工，包括社长、总编辑，所有社领导都与员工们同坐一部车。大约是1998年去乳源开选题会，车程五个多小时，在阿钟（钟永源）、朱智澄两位大佬的指挥下，众人或起哄、或拉歌、或合唱，配合默契有序，把新中国成立五十年的红歌几乎唱了个遍，"向前进，向前进，我们干劲足……"那真是车一路歌一路，车不停歌不停。去南雄开选题会是1997年，回来的路上，车厢里上演了一出出幽默小品。小品开涮的对象瞄准了总编辑杨权，起因是南雄方面负责接待的小姑娘长得有几分像杨总编的夫人，且貌似对他有特别好感，而杨总平和幽默，能开得起玩笑。以国内某著名高校毕业生"王媚人"为首，在最典雅的历史系研究生"邹美人"和最有文艺范儿的经济系高材生"舒才女"的紧密配合下，小品爆笑全车厢。只见"王媚人"收敛媚态，戴上"邹美人"的灰色贝雷帽，装出汉子形象，扮演杨总编；"邹美人"嗲着声音，做出媚态，扮演总编"绯闻女友"。两人一唱一和，"舒才女"在旁又当导演又敲边鼓。车厢里的笑声、掌声、欢呼声一浪高过一浪，几乎要把车顶给掀翻。

　　选题会后的晚上，也是欢乐的时光，打牌是必不可少的，打上劲后可以忘记吃饭睡眠，常常是黎明前才鸣锣收兵，躺不了一两个小时，又该起床，吃早点继续开会或游玩。记得那年在中山，由于已经连续"战斗"两个晚上，临走前的那个早晨，几个牌友起不来床，迟到了，影响了退房。我作为几个人里最年长、职务最高者（副总编辑），被平素温文尔雅的杨权总编辑当众训斥了一番，好没面子，但也没得脾气。当然，也许杨总也知道，这帮家伙戒牌瘾之难，难于上青天；他更知道，这帮人从来不赌，打牌既为怡情，又联络感情，还放松了紧张的工作情绪。所以，小伙伴们乐此不疲，领导们也眼睁眼闭，甚至偶会"与民同乐"、参加"战斗"。

　　那些年，出版社的小伙伴们还有个习惯：轮流到各家做饭聚餐，有时还带上孩子。大家都很默契，自觉主动做东。轮到哪一家，参加者就都带上拿手好菜，有的是在自家做好的现成菜，更多的是自带原料现做。杨总编的家传扣肉、酱牛腩，裴叔叔的云南回锅肉，舒宝宝的广式酸黄瓜酸萝卜，邹美人的江西腊肉、糯米汤圆，陈大状的新疆美食，刘姐姐的四川泡菜……每次都令众人舌根留香，赞不绝口。餐毕，刘MM、郑MM两人一定是抢着洗碗的一对儿。有一年轮到我家,我做的一大锅卤鸡翅,让几个小孩子风卷残云般一扫而光,令我超有成就感。

能处身一个让你感觉到快乐、欢乐的集体,乃人生一大幸事。

三、和谐

我在中山大学出版社工作的17年,如果以出版社的经营管理方式来划分的话,可以分成两个阶段:第一个阶段大约从我到出版社工作的1984年至1992年改革前后,第二个阶段从1992年到我2001年离开出版社。

1992年以前,出版社的管理方式是传统的事业单位模式,编辑只对图书质量负责,不承担经营责任;大约是在1992年前后,出版社进行改革,实行经营目标责任制,编辑的收入跟图书的经济效益挂钩。管理模式的改变,带来了一系列的变化,除了在一定意义上提高了大家的工作积极性外,经济利益的分立,强化了编辑工作的个体性和独立性,强化了竞争关系,弱化了合作性和团队精神。但即便是在这种市场运行规则下,在咱们中山大学出版社,竞争必然导致的残酷性并不明显,编辑对经济效益的追求,一般都自觉建立在不损害他人、互惠互利的德性原则基础上。

这种基本共识,使大家在竞争关系下保持着基本的和谐。领导分配的书稿,不管是否有利润,不管利润多少,编辑们都服从安排;为了帮助新编辑成长,老编辑组来的稿子,会有意分一些给新编辑;有明显利益的稿子,需要其他编辑进行文字处理和跟踪时,组稿编辑会自觉把部分利润算给文字编辑;他人组稿的书稿,交由同事责编,责任编辑会自觉把部分利润算给组稿编辑……诸如此类,这样既竞争又合作的状态,形成出版社整体上和谐的文化氛围,以及职工心情的基本愉悦感和工作状态的基本稳定性。在这样一种企业文化环境下,个别编辑收受作者特别是合作书商的好处,在社内就形不成气候,被大伙儿鄙视就是顺理成章的事情。

市场体制的改革,虽然没有太大改变出版社的人文环境,却对社里的经营管理提出了极大的、前所未有的挑战,管理的观念、制度,经营的手段、模式,都随着市场经济的逐步深入而提出了适应的问题。但受大学社先天所具有的学术性质影响,大学社领导大多由学者或行政出身者担任,在市场大潮中,难免左冲右撞、左支右绌,出版事业的发展放缓了脚步。

那些年 那些人

我们中山大学出版社也不出其右。这种状况令职工们无比着急。在各种场合、利用各种机会，给社领导提建议，出主意，想办法。但情况并没有太大改观，社长也着急上火。大伙儿看在眼里急在心上，觉得应该给社长鼓鼓劲。

大家在寻找着合适的机会。1999年的最后一天，20世纪即将过去，21世纪即将来临，几位平时来往较多的同事，记得的有王国颖、夏华、李海东、欧燕华、周建华、李文、我，约好下班后不回家，集中待在社里一起迎接新世纪曙光。20世纪最后一天的那个夜晚，在中山大学东北区那栋两层的小红楼里，二楼的灯光彻夜未息。大家吃了快餐后，将办公桌归置归置，摆开了牌局。由于人多，我们玩"找朋友"。大家边出牌边聊天，除了互相调侃、打趣、"攻击"外，话题广泛，出版社的工作、出版社的前途照例是议论的主题。在新世纪到来之际，大家觉得是给社长鼓劲的最好时机。当新年的钟声就要敲响时，不知是谁提议：给社长打电话，每人给社长说一句话，祝新年快乐，愿新世纪我们在社长带领下有大的发展。好像是由我先拨通徐镜昌社长家里的电话，然后大家轮流接过话筒，"祝社长新年快乐！我们爱你！我们支持你！"含笑带泪地，每一个人都喊出了自己心底的话，划破长长的夜幕，响到21世纪。这一夜，对于我们，是一个激动的不眠之夜；徐社长，是不是也是久久不能入眠呢？我不敢妄猜，但这个集体的团结与真诚、活泼与严谨、宽松与超强凝聚力在这个晚上袒露无遗；我相信，对于这个集体的和谐、不搞是搞非，那个时期的中大社人都是不能忘怀的。

四、开明

我在出版社工作时的几任社领导，或由学者转任，或由编辑提升，抑或由行政提拔，但不管是谁，都与人为善，十分开明、大度。

第一任主持工作的副社长陈必胜，有着那个时期老干部的典型风范。他十分朴实低调，言语不多，工作却抓得有条不紊，也很善于调动每个员工，尤其是年轻人的工作积极性。有一次全社职工会议，他总结工作，竟然表扬我是开拓性人才。现在我已不记得是因为什么事情了，但由于当时回家后学说给了先生听，结果让先生哂笑了我20多年，所以记忆深刻。

尽管我自知开拓性并非我所长，我只知脚踏实地、勤勉认真地做事，但领导的这个评价，却给了我很大的鼓舞，激励我不断努力开拓工作。后来，我真的也开拓出一些专业以外的图书出版领域。

讲到陈必胜社长，就马上令我想起当时实际行使总编辑职责的刘翰飞老师。刘老师是典型的学者型编辑，善良、儒雅，对历史颇有研究，对每一部书稿，大到体系、框架、结构，中至观点、论据、材料，小到每一个字词、每一个标点，都严格把关，仔细推敲。即使是写字，也是一丝不苟。从他身上，我学到了工作的认真与严谨，学会了心境的平和与宁静，学习了生活态度的淡泊与淡定，受益终身。

继任陈必胜社长的是庄昭。庄社长身材敦实，一副菩萨般的笑脸，看上去性格绵软。可实际上，庄社长搞起改革来，大刀阔斧，敢于打破常规陋习。印象最深刻的，是他主导的出版社中层岗位竞聘上岗，这在当时是走在全国前面的。竞聘的结果，是中山大学出版社开创了一个全国大学社第一：第一位硕士担任发行部主任。当时的硕士可不像今天这样不稀罕，那可是含金量很高的专业人才。正是由于这一举措，中山大学出版社在全国大学社发行工作中，一举跃登到领头羊地位，后来也造就了一位广东地级市的副市长。

当年竞聘成功发行部主任的，就是哲学硕士杨晓光。后来他当上社长，团结全社员工励精图治，但也一改原来任发行部主任时风趣幽默的风格，变得严肃起来。有一位跟他熟稔的同事曾经问他：你当上社长，我们是叫你社长呢，还是叫你名字呢？他毫不犹豫地回答：在社里称社长，私下里可以叫名字。这也许是他鉴于过去社内上下之间太过随便、领导威望未能树立而重树威权以利管理的一个小小方式吧！每次全社大会，只要他在讲话但下面有人说小话，他一定停下来，静静等待，会场里听不到领导的声音，顿时就安静下来。这样的场景不出几次，很快就扭转了会风。威权树立了，开会严肃了，但并不意味着他不要民主，搞"一言堂"。那时每年都要召开出版社发展战略研讨会。会上每个人，不管是社领导，还是"小萝卜头"，都可以畅所欲言。有的人言辞激烈，有时甚至吹胡子瞪眼睛拍桌子，但都没关系，会后大家还是好同事，社领导包括杨社长都不会给他们穿"小鞋"，领导权威也没有丝毫受影响，甚至更有威望。

那些年　那些人

　　徐镜昌继任社长后，战略研讨会的惯例延续了下来。徐社长的宽厚，让大家的发言更加肆无忌惮，1999年2月初番禺小瀛洲那次会议，讨论、争论的激烈程度简直达到了白热化。与会者有十来人，人人抱着忧患意识，个个为出版社的发展献计献策，社长、总编积极听取大家的意见和建议。写此文时，我找出了当时的会议记录，一边看，脑海里一边放映着讨论的一幕幕，心潮澎湃。我们员工私底下都十分敬佩社长、总编的大度、宽容，员工对社里问题用了再激烈的言辞，甚至明显地是对着社领导来的，他们都虚怀若谷，和善的笑意一直挂在脸上。听完发言，他俩会以不疾不徐的语言，谈出自己的看法，事后也绝不会对任何人打击报复。

　　对于我个人来说，至今一直感激莫名的，是1996年被评上"十佳"（首届广东省优秀出版工作者）。当时，社里推举我参评，被评上，我都没啥感觉。但参加表彰大会，且被中共广东省委宣传部指定代表获奖者在大会上发言时，我才猛然发现，10名获奖者中，我是唯一在编辑一线工作的普通编辑，其余9人不是社长就是总编辑。这时，我由衷地感谢社领导，他们没有自己上，而是推荐了我这名埋头做事的普通编辑，杨晓光社长和杨权总编辑的形象顿时"高大上"起来。这件事让我在各种场合总是碎碎念，社领导的无私及对我的关爱，我永远记挂在心头。

　　有趣的是，出版社成就了我成为"十佳"，"十佳"却又导致我几年后离开出版社。就是在表彰大会上，我认识了当时也是"十佳"之一的家庭杂志社总编辑，之后跟她约稿，在中山大学出版社出版了一套《〈家庭〉精粹丛书》。正是这一工作性合作，她对我的了解加深了，导致了以后几年她对我的三番五次游说，最终于2001年6月，在我成为中山大学出版社总编辑一年多之后，调到了家庭杂志社，创办《孩子》杂志，并筹办家庭出版社。由此，我真的进入了一个全新的、极具"开拓性"的工作，冥冥中似乎在验证陈必胜社长的评价。当然，我很清楚，开拓性工作非我所长，也非我所好，我只是一名热爱编辑工作、脚踏实地苦干实干的编辑。

　　回想自己经历过的职业生涯，在最美好的青春年华、中年岁月里，有幸在中山大学出版社这个友爱、欢乐、和谐，有着开明领导的美好集体里工作和成长，是我一生的幸运！我很自足和感恩。

中篇 足迹

我为书而豪饮

陈 红

光阴似箭,转眼离开中山大学出版社已有14年了,回想在出版社的点点滴滴,心中满是欢喜、满是美好。

厌倦了每日朝九晚五的上下班,更为了逃避每日骑车上下班的奔波劳顿,我离开了检察院,一头扎进了自以为轻松、不用每天坐班的出版业。踏入该行,才发现之前对出版编辑工作的认识太过肤浅,做一名合格的尤其是优秀的编辑实属不易。合格的编辑要能静能动,静则每日静坐书桌前埋头看几万字的书稿,动则组织选题、跑市场、跑作者、跑发行;编辑是全能型的,远没有我想象中的容易。

当调动手续办妥,到出版社报到后,杨晓光社长把我分配到法商编辑室,编辑室主任是谭广洪。谭广洪是资深老编辑、广东出版界的百十千人才,素以认真、严谨、眼光独到著称。当初在她手下,我怀着百般的仔细、拿出十二万分的认真,认真审读书稿的每一字、每一句、每一段、每一章节,认真审视全书的篇章结构,自以为编辑工作做得很不错了,谁知书稿到了谭广洪手里,经由她复审后,恍然发现书稿依然存在许多问题。看着谭主任亲手写的几十页的审稿记录,看着被她细致编辑、润色的、满眼红色的书稿,我备受打击,甚至有些怀疑自己的能力,心中对她的佩服亦是油然而生。以后每看一本书稿,得知需交由她复审,我都是胆战心惊、如履薄冰,不敢有丝毫怠慢。不过严师出高徒,在她全心传帮带下,我快速掌握了编辑应具备的基本技能。说实在的,现在的编辑业乃至其他行业如律师业缺少的恰恰是这种无私的传帮带。

陈红,现为广东岭南律师事务所合伙人律师。

那些年 那些人

在编辑几本小册子后,谭主任交给我一本书,由我全权负责编辑出版。这本书我一辈子也忘不了,是中山大学法学院谢石松老师的《票据法的理论与实务》。该书是谢老师的博士论文,其不同于一般的法学类书籍,行文全是外文翻译的句式,晦涩难懂。本人虽是

1998年12月摄于海南。自左至右:刘学谦、邹岚萍、陈红、夏华

中山大学法学院本科毕业生,但对票据法完全陌生,编辑该书实感力不从心。谢老师对该书的出版时间有严格的要求,基于谭主任对我的信任、基于刚入行新编辑对出版业的热爱、基于不服输的劲头,我发扬"一不怕苦、二不怕牺牲"的精神,加班加点,硬是把它啃了下来,并通过了谭主任的复审、蔡浩然总编的终审。稿子经过一校、二校、三校,终于出了胶片,等待印刷。

该书在印刷前不记得是哪个环节出了点问题,要想快出书,编辑必须去印刷厂现场跟进。为了降低印刷成本,20世纪90年代中山大学出版社的书多在韶关乳源印刷厂印刷。为了保证该书按期出版,我随同出版科姚科长一大早坐车赶往乳源印刷厂。经过六七个小时的颠簸劳顿,终于到了乳源,我们顾不上休息,直奔印刷厂。那是我第一次去印刷厂,姚科长和厂长带我参观了印刷厂,详细介绍了图书印刷的整个流程和每道工序。记得当时我诚恳地对厂长说:"厂长,这本书很急,需赶时间,能否7天印好发货?"厂长说:"不可能,最快也要10天以上,一本书要打版、印刷、还要装订、切割等,工序很多,很多工序需要工人手工完成。"听到此,我的心拔凉拔凉的,心想完了,书无法按时出版了。晚上和厂长一起吃饭时,我再次说好话、恳求厂长。或许是厂长为我的敬业精神所感动,或许

是厂长认为一个姑娘喝不了多少酒，厂长说："你想书早日出可以，但要喝酒。你喝一杯酒，就早出一天；你喝几杯酒，就早出几天。"说着，把一个大酒杯放在了桌上。我的天！那个杯可不是普通的小酒杯，而是大大的茶杯，那个茶杯瞬间在我眼前变成了大饭碗，仿佛冲着我直乐，缴械投降吧！这不是要我的命吗？不喝，书不能按时出；喝了，人吃不消；但喝一杯，书早出一天，多有诱惑力。年轻人的倔劲上来了，我暗暗对自己说："只要书能早日出，豁出去了，大不了一醉方休，不省人事。"

那时的我天真且单纯，完全相信厂长的话，为了工作，豁出去了！！！酒桌上的我，如同打了鸡血，顿时豪气冲天，与厂长、厂里干部、姚科长等频频碰杯，豪饮不已。为了书，我放胆饮；为了书，我超量饮；为了书，我成了酒桌上的女汉子，惊呆了在场的小伙伴们；为了书，我竟然"千杯不倒"。厂长一言九鼎，果然信守承诺，第二天就开机印刷《票据法的理论与实务》一书，工人们加班加点，我如愿以偿，书终于提前两天出版。俗话说："酒逢知己千杯少"，而我为了工作竟然"酒逢书香千杯少"。或许正是这份青春年少时的认真和忘我，伴随着我一步一个脚印走到了今天。

那些年　那些人

我与《社会审计》

蔡浩然

何为精品图书？概括地说，精品图书是指导向正确、内容与形式精良、具显著的社会效益和经济效益的书籍。

要出版精品图书，必须抓好选题质量、内容质量、编辑质量和出版质量。中山大学出版社1997年6月出版的《社会审计》一书，被列为"九五"国家重点教材，并定为审计署全国审计专业教材。下面仅就本人参与组稿及编辑的《社会审计》一书，谈谈抓精品图书质量的一些粗浅体会。

蔡浩然副社长发言

一、注意收集、判断选题信息，联系有学术造诣的作者，争取上级主管部门的支持，是出版精品图书的前提

"社会审计"亦称"民间审计"，是审计学的一门分支学科，在西方国家早已普遍应用。在我国，由于新中国成立以来长期实行计划经济体

本文原名为《抓好精品图书质量的几点体会》，发表于《出版探索论集》，广东高等教育出版社1998年版，第63～67页。

制,"社会审计"的教材系列一直没有完整地建立起来,社会生活更没有很规范地开展这方面的活动。随着我国社会主义市场经济的逐步建立,社会审计活动也迅速开展。因此,编写一本符合社会审计发展规律、切合我国国情并吸收国外先进经验的《社会审计》教材已是当务之急。在这方面,国家审计署培训中心是教材编写的指导机构。

1996年初,当我参加一次会议时了解到国家审计署培训中心正组织有关学者编写《社会审计》教材,便立即觉察到必须重视这个全国统编教材的选题信息,继而考虑有能力编写这方面教材的在全国较有学术造诣的作者可能在中山大学,我便找有关作者联系。果然不出所料,主编说已经接下编写任务,正在组织编写《社会审计》大纲。我向社委会汇报了此事,社委会让我全力以赴,争取把《社会审计》一书由我社出版。为此,我经常找作者联系,也参与了《社会审计》大纲的讨论并提供必要的协助。同时,与国家审计署培训中心加强沟通联系,就方便作者与出版书稿往返的修改校核、有利于提高编校质量及缩短出版周期等问题,向国家审计署培训中心汇报,希望该书交中山大学出版社出版。由于作者多方面的努力及我们良好的服务意识,国家审计署培训中心的领导同意把《社会审计》交由我社出版,希望我们一定要保证该书的编校、印制质量,并表示到时会发文向全国有关高等院校及审计单位推荐使用《社会审计》一书。

二、确定高质量的编写目标,是保证精品图书选题质量的基础

精品图书内容除导向正确外,其特点是内容新颖、丰富,具科学性与先进性。《社会审计》编委会反复讨论编写大纲,决定把书稿的质量目标定在"国内先进水平"上,并对编写大纲的具体要求如下:

(1) 内容上,要求阐明社会审计的基本理论;编写应依据审计法、会计法、现代企业制度、国际审计准则和我国注册会计师独立审计准则,与国际惯例联系,体现中国社会审计的本质特征;要求本教材既有理论高度,又要偏重实务,以中国社会审计实务为主。全书的内容要贯彻:写中国,学世界;写现实,向前瞻;讲规范,论不足;讲实务,有理论;写新事,详记述等原则。确保《社会审计》教材质量具有系统性、理论性、可

那些年　那些人

操作性和超前性，用较高水平的理论指导社会审计的实务。

（2）取材上，要求在全书体系符合完整性的前提下，应与其他审计系列教材相匹配，避免内容重复；与注册会计师考试大纲相联系，但又不受考试大纲的限制。

（3）表述上，要求简明扼要，深入浅出；力求与循环审计相结合，对符合性审计按循环体系编写，实质性审计按项目体系编写；全书按篇、章、节编写，使之结构更合理更明晰。

由于《社会审计》编写大纲按高质量的目标要求编写，大纲出来后，国家审计署培训中心组织全国有关专家教授开会论证，专家们一致对编写大纲高水平的质量作了肯定，同时也对大纲的部分内容提出了修改意见。编写组根据专家的建议，对编写大纲又作了修改，使之更科学更合理。

我们体会到，这些具体目标的确立，对编写高水平的《社会审计》一书起到选题质量控制作用。

三、坚持"编、纂、审、定"的程序，是确保精品图书内容质量和编辑质量的关键

《社会审计》编写大纲确定后，编写组按篇、章、节进行具体分工，要求撰稿人员按时交稿并确保编写质量。

我们知道，书稿内容质量的高低决定成书内在质量的优劣，它主要取决于作者交稿到出版社之前。交稿后的编辑加工，则偏重于对书稿进行精雕细刻，使之符合出版要求。对于精品图书来说，单靠"编、审"两个程序来把握整体质量是不够的。我们本着从严要求原则，坚持了"编、纂、审、定"四个程序，对稿件质量不断进行"磨合"。

（1）"编"，即编写阶段。这段工作主要是依据编写大纲要求，分章撰写书稿。由于作者队伍有十多人，写出的初稿难免在内容、体例上与编写大纲有差距。主编与责编一起在编写过程中定期召集撰稿人开会，拿出一些"达标"的篇章书稿作讲解示范。这样做的结果，对统一全书的编写标准起到重要作用。

（2）"纂"，即统稿阶段。此阶段是把作者撰写的初稿经过主编协调统一，统纂成一部完整的书稿。此时，我作为责任编辑也参与了全书的统

纂工作。我体会这是编写工作的延续，也是对书稿的初审；此段工作除删改了一些交叉重复的内容外，主要是检查书稿是否达到编写大纲及编辑体例的要求。

（3）"审"，即审稿阶段。此段工作是对书稿进行一次全面的质量审查。国家审计署培训中心于1996年底再次召集全国有关的专家、教授对《社会审计》书稿进行审稿，我作为责任编辑也参加了审稿会。会上，专家们逐章审阅了书稿，重点审查是否符合科学性、先进性，以及技术手段、计算公式等是否准确。此次审稿会上作出了会议纪要，通过了《社会审计》全书的质量审查，对有些内容也提出了修改意见。

（4）"定"，即定稿阶段。主编根据审稿会的修改建议，对全书再次进行修改，重点是解决专家们提出要修改的问题。我作为责任编辑，也与主编一起逐篇逐章对稿件进行加工整理，使之达到出版要求。我认为，在定稿阶段，责任编辑要更多介入进去，与作者一起审读，进行编辑加工，以便把出版要求贯彻到定稿的各个环节之中。

"编、纂、审、定"这四道程序，既是书稿质量不断"磨合"的过程，又是对书稿深加工的编辑过程。这个过程是对书稿能否达到编写大纲目标的验证，必须一丝不苟。凡对书稿内容没能达到大纲要求和不符合专家审稿要求的，必须下决心进行修改甚至要推倒重来。尽管由于有些初稿多次反复修改，个别作者容易产生烦躁情绪，但只要及时做工作，使之明白只有从严才能出精品的道理，就能较好克服厌烦情绪。事实证明，经过"编、纂、审、定"四个程序的不断"磨合"，责任编辑也学到不少新知识，避免了因自身知识不足而造成的缺陷，书稿的编辑质量也有明显提高。

我体会到，经过上述工作，可以说比较好地把握住精品图书的选题质量关、内容质量关和编辑质量关。

《社会审计》一书发稿后，由于校对、出版各部门员工提高了质量意识，从封面设计、校对到印制部门都把该书作为精品书来认真对待，因而全书编校质量精良、装帧印刷精美。《社会审计》出版后受到国家审计署培训中心的肯定和作者、读者的好评。

上面就抓好精品图书质量谈了一些粗浅的体会，以此来请教广大编辑

同行。改革开放的新形势,要求出版社工作由数量增长型向质量效益型转移;社会责任感也要求我们必须树立精品意识,下大力气抓好精品图书,为繁荣出版事业做出自己的贡献。

中篇　足迹

此情可待成追忆

邹岚萍

1997年9月，出版社成立音像社，我从中山大学理论部（现社会科学教育学院）应聘调入。因工作需要，次年6月转到编辑部从事文字编辑工作。而此前，我在校对室实习了3个多月。

东北区345号的两层红楼，楼上就是编辑部的大本营。20多位编辑，男女各占半壁江山，其中40岁以下的又占多数。编辑部划分为三个业务部门：文科室、外语室和理科室。以楼梯为界，左右对称分布，左边，驻扎着文科室和外语室，右边，由理科室占据。当时的编辑室是打通的（2001年左右改造成现在的格局）。文科室和外语室，8张桌子分成两排，每排4张，桌子之间"无缝对接"，成员工作时"亲密无间"。理科室同样布局。室与室之间就是这样地"近"相呼应。

那时的通讯远远不及后来那么发达，手机尚未进入寻常百姓家，QQ也还没有普及，编辑部2部电话机，共用一个电话号码84111996；一台电脑，旁边连着一台打印机；电话上网，网速极慢。常见的场景是，一人接打电话，举座洗耳恭听。开放型的办公环境，编辑们"阳光下"作业，这一方面造成了工作中的一些干扰，另一方面也有利于编辑之间人际沟通，而后者恰恰是大家更注重的。

我所在的文科室，室主任由王国颖担任，同室成员有施国胜、葛洪、陈红、舒宝明。荣升副总编不久的谭广洪负责编辑部的具体业务，总编杨权宏观管理。相比于教师授课的独立性，编辑工作中的合作性更强，而这一点无疑密切了编辑们的关系，也加速了我对同事们的认识与了解。接触最多的几位更令我印象深刻：杨权的博学，谭广洪的严谨，章伟的直率，舒宝明的随性，王国颖的活跃，陈红的认真，刘学谦的踏实，夏华的冷静

那些年　那些人

……个性分明。虽然每个人都有自己的标签，但又有共同点——真性情，这一点我和她们很投契。

在出版社，没有哪个部门像编辑部这样"人多势众"，就是这样一个和谐向上的团队，就是这样一群知足常乐的人，每一次出场都显得那么真实可爱。而1999年9月长沙之行他们的集体亮相，为这次较大规模的公务活动增添了不少亮色。

这年的9月24—30日，第十届全国书市在湖南长沙召开全国图书展销会。编辑们几乎倾巢出动，22日傍晚，施国胜、章伟、王国颖、夏华、舒宝明、周建华、葛洪、邹岚萍、刘学谦、阮继、葛洪、裴大泉、熊锡源，在前社长徐镜昌、书记吴伟凡、副社长蔡浩然、副总编谭广洪的带领下，浩浩荡荡开赴长沙。广州—长沙的朝夕列车卧铺车厢因我们十几号人的到来而变得热闹非凡。8个超级扑克迷：周建华、夏华、章伟、谭广洪、阮继、刘学谦、熊锡源、葛洪，动用2个行李箱拼成台面，拉开了架势，4副牌，每个人手上摊成一把扇形。剩下的各位分阵营观战，打牌的和旁观的，情绪一样亢奋，声音此起彼伏。牌技好的算牌出牌，一出一个准，牌技差些的屡屡犯错，险象环生，急得旁观者抓耳挠腮，有的干脆代劳，引得对手侧目。就拿谭广洪来说，这位选题策划的高手在牌桌上的表现显然不如编辑工作那样得心应手，用她的话来说，打牌纯属消遣、放松，无须费太多脑筋，出错牌、臭牌的也就不足为奇了。观牌观人，较真的、娱乐的，反应激烈的、表现平静的，不时激起阵阵"硝烟"，看得旁观者"惊心动魄"。

抵达长沙的第二天，书市开幕。场外气球高悬，彩旗飘扬，横幅舞动，气势宏大，让人油然而生行业自豪感。我们一行人簇拥着人群涌入场馆。偌大的场馆内人头攒动，熙熙攘攘，气氛热烈，每一个摊位前都挤满了人，很多人还提着印有出版社名称的纸袋。这是我第一次参加书市，那时的图书市场方兴未艾，书市规模大，参展单位多，图书品种丰富多样，吸引了大批业内外人士。按照社里要求，每一个参加书市的编辑回来后要提交调研报告，出发前，在社里的动员会上，我们根据自己选题策划和图书编辑的方向确定了调研对象，因此，进入会场不久，大家即分头寻找相关的出版社。

我选择的是心理读物，于是直奔轻工业出版社、华东师范大学出版社、北京大学出版社、北京师范大学出版社等摊位，翻阅书目、图书，和这些出版社的发行人员交谈……

中午1点半钟，当我们拖着疲惫的脚步，在预定的地点汇合时，个个饥肠辘辘。大家急切地在附近找到一家小饭馆。那是一家很不起眼的两层小楼。楼下早已客满，我们争先恐后地冲向2楼大厅，说是大厅，其实就是一个大房间，面积有20多平方米，木质的楼面，被我们十来个人踩得咚咚作响，似乎难以承受我们的重量。大伙儿全然不计较这种简易，"挤挤"一堂，嘻嘻哈哈落座，

参加1999年第10届长沙全国书市的部分编辑在岳麓山爱晚亭留影

高声朗朗点菜，风卷残云进食，巾帼不让须眉。服务员被我们上菜上饭的催促声弄得措手不及，十来个菜、四盆米饭就在服务员从饭桌上的几次转身中被消灭了，而我们的胃口也向她们传达出了我们对湘菜的热爱、对这家厨师的敬意。饥饿感、色香味俱全、平民价格共同铸就了我们对这顿午餐长久的集体记忆。不求贵的只求对的，我们认的就是这个理。次日晚，发行科王辉在著名的火宫殿宴请社里与会的诸位同仁，舌尖上的比拼，"屌丝"级别的小饭馆胜出。

那年的书市撞上中秋节。中秋当晚，长沙籍的发行科长黄砥平大姐为尽地主之谊，盛情邀请与会的全体同仁在其弟开办的夜总会欢度节日，黄科长精神矍铄的老母亲、年富力强的弟弟亲自作陪。丰盛的酒席上，大家把酒言欢，其乐融融。但也闹了一出小小的乌龙，记得席间我们和黄家母

那些年　那些人

子互相敬酒之后，不善饮酒的我脱口而出："这白酒很烧（心）。"由于我这个南方人发音有误，s、sh不分，被西安出身的美女编辑夏华误以为是"骚"，还煞有介事地做了另一番解读，让一桌子人笑喷。

晚餐之后的例牌活动是卡拉OK，卡拉OK重在参与、自娱自乐的精神那一晚在我们当中的不少人中间得到了实实在在的体现，无论是找不着调的、不时卡壳的，还是擅自改曲的、唱歌"要人命"的，歌者酣畅淋漓，听者拍手击节，要的就是一个热闹，图的就是一个开心！

令人感动的一幕也接踵而至。趁中场休息时，善解人意的徐镜昌社长为了一解我们佳节思亲之情，提议在场的每一位用他的手机给家人打电话，祝贺节日。我不知道那一晚每人几分钟的长途通话增加了老社长多少话费，但我们的愉悦也是成倍滋生的。虽然团圆之夜我们离家在外，但有如此善解人意的领导，如此默契友好的同事，欢聚时刻，广州—长沙，同样的月亮，同样又大又圆。

接下来的橘子洲头赏月，那份惬意无以复加……在场的每一位都发出共同的感慨：和同事们在异地共度中秋，可遇不可求，此生也许只有这一次。

……

之后的几年间，一些编辑先后离开出版社，有的改弦更张（王国颖改行做了大学老师），有的远渡重阳（夏华举家移民美国），有的重操旧业（陈红做了律师），有的改换门庭（谭广洪去了《家庭》杂志社），有的另谋高就（舒宝明去了中大校友会）……这些人曾经因为共同的爱好走到一起，又因个人的原因各奔前程，如今，她们对出版的热情也许不再，但她们对中山大学出版社的感激犹存。

过去，从来就不是一个空泛的时间概念，它刻录下了过往的人、曾经的事，而我们亲历过、付出过，唯其如此，对它，我永远长情。

"碉楼"与"刁人"

姚明基

2008年,烟花三月,江南本该是细雨霏霏烟雨朦胧的季节,大概是老天爷这一年的算盘珠子拨错了位,把大量的雨雪降落了南方,"五十年一遇"的"雪灾"使南粤大地在春天来临之前狠狠地发了一回狂,促使人们对环保、供电、铁路和政府的应急预案等方面必须重新设计、评估。在冰雪肆虐之余,本应阴雨连绵的3月份却水分明显不足。

适逢"三八",对以爱花、爱水、爱美、爱自然为天性的女士们,又多一次出门踏青的好机会。出版社部门工会的适时组织,女士们独特的回应方式和热情的相邀,使我们这些大老爷们也乐呵呵地做了回名副其实的"护花使者",陪女士们去拥抱大自然,参观成为世界文化遗产的广东开平碉楼。

碉楼,是旧时主要用于防守和瞭望的较高建筑物。在广东开平起源于明朝后期,至20世纪之初达到鼎盛,旨在防匪和防水,也用于居住。用我们现代人的眼光来看,开平的碉楼至少融合了两样东西:一方面是侨居海外的华人思念乡土、恪守着叶落归根的传统,在祖居之地盖上高楼大厦,光宗耀祖,达到心愿满足;另一方面,正是由于这些海外华侨,开眼看世界,把其他国家和民族的先进文化,特别是建筑文化和风格,带进了开平,并与防匪防水结合,造就了今天这样一种独树一帜、风格各异的民居群。

开平马降龙碉楼群,背靠百足山,面临潭江水,村中至今完好无缺的

本文原载姚明基著《跬步集》,云南大学出版社2012年版。姚明基,现为中山大学档案馆副馆长。

那些年 那些人

7座碉楼和8座西式别墅交相辉映，周边的杨桃林和竹海把这些建筑掩藏，使人仿佛置身于世外桃源。女士们身临其中，对清新的空气、迷人的景致赞不绝口。所有参观碉楼的人，都不禁被碉楼为了防匪生患的"刁钻"设计所折服。但如果让我们现代城市人居住，却大多数不愿意。

开平碉楼

先祖们大概没有想到，大半个世纪以前，自认为运用了世界先进技术与材料而建成的碉楼，在今天却被我们这些作为庆祝节日的喜庆之旅仅供参观、游玩；更可恼的是当年应是有相当背景和经济实力的人家才能建楼和居住的安身之所，却不能令我们的女士们倾心，这些似乎好像是现代女性心存"刁难"之意。

从字面上看，虽然"碉"与"刁"仅音相似而已，但从"防患于未然"的方面理解，也有相同之处。今日的参观游玩，我们在充分地享受大自然的同时，禁不住与自身的工作性质与特点相联系。

出版社这些年的稳健发展，与我们眼前这群"刁蛮"的女士是息息相关的。今天，作为大老爷们，虽然有些人有些事不敢多说，但细数一下，出版社女士的"刁"功夫，我想，也不失为展示一下她们风貌的机会。

"刁难"是出版社女士们的第一大特点。出版社这些年在图书出版方面，不论是品种还是字数，都有较大幅度的增长。但很多书的出版，都离不开校对室多位女士的辛勤把关。"己"与"已"、"象"与"像"、"哀"与"衷"谁是谁，没搞清楚决不签名放行。女编辑更是"刁难"重重，从初稿把关，到排版的版式和对校对人员提出问题的讨论等等，"刁难"迹象明显。这些"刁难"使得我们社的图书质量越来越好却是不争的事实。财务科的女士们的"刁难"功夫，显示在严格把关方面，把我们社很多不符要求的报销手续拒之门外。

"刁钻"是出版社女士们的另一大特点。业务上的"刁钻"是显而易见的。很多时候，我们可以看到女编辑为了说服作者修改某处稿件，甚至全稿退改润色，与作者争得面红耳赤。我们也看到有的女编辑坚持"刁钻"的原则，在保持作者书稿风貌的前提下，不断提炼书稿，使其达到出版水平。发行部多位姑娘更是为了给出版社增码洋、多回款，想了很多"刁钻"的办法，使得出版社发行业务在行业中"逆市飘红"。出版社女士们的"刁钻"还显示在社会活动组织方面，众多的人才使我们不管组织什么活动，都会想出很多"刁钻"的办法去达到良好的效果。

"刁顽"则是出版社女士们风格的又一个很好的描述。我想这方面最好的展示，莫过于女士们对出版社企业文化的认同和参与，集体的荣誉与集体的精神，都已被我们的女士们和大老爷们所顽强地承接。

当然，不管到哪里，总是会碰到一些"刁悍"之人，不说也罢。但愿随着文化和修养的积淀，这等风格尽早"凋零"和"凋谢"。

沐浴着和煦的春风，穿梭于恍如仙境的世外桃源，满眼里尽是似"紫貂"般矜贵的女士，开春后紧张的工作压力自然已到九霄云外。牵强的联想，但愿不要引起"三八"主角们的怒骂，足矣。

中流击水 浪遏飞舟

——中山大学出版社 2009 迎新漂流记

刘丽丽

  时间：2009 年 8 月 8 日
  地点：从化响水峡
  关键词：漂流——玩的就是心跳
      戏水——泼你没商量

  2009 年 8 月 8 日是我们进入中山大学出版社大家庭满一个月的日子，社领导特意组织 10 名老员工带领我们 8 个新人去从化响水峡漂流。一路上欢歌笑语，很快就到达风景秀丽的响水峡。于是，大家迫不及待地更衣下水，开始享受漂流之乐。

  漂流之初的响水峡是温柔的、静谧的。流水潺潺，山愈高愈显得响水峡狭窄清幽。两人一组乘着皮划艇顺流而下，水底的石头像是在欢迎远方的来客，未让我们感到丝毫颠簸之苦，因此，我们可以悠然地欣赏蓝天白云和两岸的青山。当一只小艇独自前行时，一种地老天荒的感觉油然而生，仿佛从前世起便一直在这山清水秀的峡谷中摇橹穿行，倾听不绝于耳的猿啼。或许为了打破这种静谧，不知是谁带头唱起了《闪闪的红星》主题曲："小小竹排江中游，巍巍青山两岸走……"

  然而，这样悠然的时刻毕竟是短暂的。水流急处，便见百舸争流，笑声、歌声、尖叫声不断。落差高达 6 米的一处急流更成为大家的冒险乐园。流水如瀑布般泻下，白浪翻滚，水声滔天，一只只小艇顺流而下，一泻千丈。看到前面的朋友如此勇敢，我们也只好咬咬牙，狠狠心，用力抓住小艇两侧的绳子，闭上眼睛，一任湍急的流水将我们冲下去。那一瞬间，感觉心跳了出去，人飘了起来，小艇好像正在冲向深不可测的水底，尖叫声自然而然地脱口而出。片刻之后，小艇终于落下水面，继续在波涛中起伏，不止一次感觉船就要被打翻了。此时此刻，同坐一只船的同事都有一种相依为命的感觉，彼此对望时，眼中的默契一览无余。

泼你没商量

漂流自然充满刺激，戏水也是一大乐事。小艇一路飘飘荡荡，人人玩得不亦乐乎。然而，新的一轮泼水高潮又到来了，帆板和头盔是最佳的泼水工具，远的、近的，男的、女的，认识的、不认识的，管你是谁，只要能泼到便泼你没商量。那边几只小艇正在混战，完全分不出敌我、胜负，所有的人满头满脸都是水，眼睛也睁不开，只有手中的头盔一刻不停地乱泼一气；这边两人刚刚冲出急流，便被人兜头一桶水浇了过来，十分痛快；还有两位老兄守株待兔，专门趁别人毫无防备时偷袭，可怜众位靓女成了重点偷袭对象。若想在戏水大战中获胜，最重要的便是团队精神，需要一人掌舵，避免小船触礁，万一不小心翻船，周围的人可就有了痛打"落水狗"的机会；另外一人则要看准对手，努力泼水，争取在混战中泼

出一片天地。当然，某些同志在没有对手袭击时将同船伙伴泼得不亦乐乎就另当别论了。

　　欢乐的时光总是短暂易逝，漂流结束了，大家意犹未尽，在返回的路上畅谈漂流的刺激、交流戏水的经验。我不禁想到，向往已久的出版社工作、生活是否同样一时舒缓悠扬，一时紧张刺激？在叶侨健社长的领导下，我社实施"务实、进取、稳健、和谐"的八字方针，迎着改制的春风大干快上，营造出团队合作的欢乐氛围。

　　最后，感谢出版社工会为我们创造这样的机会，感谢潘帅的组织、曹社助的身先士卒，更感谢孙大师用精湛的摄影技术，为我们留下欢乐的瞬间、青春的永恒！

中篇　足迹

非序之序

杨　权

在中国这个讲"德望"的社会，人们出书往往爱问序于长者。因此，当明基提出要我为他的《跬步集》作序时，我就揣摩，这是不是意味着在他的心目中，我已经"老"得够可以了。

当年姚明基是出版社公认的帅哥

但我不知道在他看来，我之"老"是指年龄，还是指资历。若是指年龄，我的确比他年长几岁，但马齿徒增，学无寸进，说明不了什么问题；若是论资历，他从事出版工作的时间比我还要早两三年——1987年，当我来中山大学出版社服务的时候，他已是社里出版科的老员工！后来我学

本文原载姚明基著《跬步集》，云南大学出版社 2012 年版。

剑不成，便离开火热的革命出版队伍到门可罗雀的古文献研究机构坐冷板凳锻炼屁股去了，而他时至今日，依旧雄赳赳、气昂昂地战斗在出版工作的第一线。

这么看来，说到出版，其实并不该由我为他作序，倒是该由他为我作序。当年蒋百里撰成《欧洲文艺复兴史》，请梁任公作序，任公满腹经纶，才气纵横，下笔便收刹不住，结果写出来的"序"篇幅几与原著相埒，连他自己也觉得好笑——"天下古今，固无此等序文！"最后只好把这篇超级序文单独出版，而反问序于蒋百里。可惜我才疏学浅，在出版领域又不用心，从前固未能写出一部像《跬步集》这般有模有样的论著，现在也没有能力把这篇小文演绎成巨制，只好先记着明基的一笔文债。

曾子说："士不可以不弘毅，任重而道远。"在明基身上，适有一股弘毅之气，这种"气"，应当是他当年在部队里涵养出来的。兵士出身的他，在生活上、工作中，时时都那么精神抖擞，干起活来雷厉风行，连走路也是大步流星的，与我这类缚鸡无力的散软文人大不相同。与明基共事这么些年，我就觉得他这个人有两个明显的特点：一是头脑清楚，信心坚定。他非常懂得自己应该朝什么方向前进，一旦明确了奋斗的目标，他就会义无反顾地朝前迈进，无论遇到什么困难也不气馁停步，就像电视剧《士兵突击》里所说的："不抛弃，不放弃！"二是爱岗敬业，工作勤奋。多年来，不管组织上安排他从事何种工作，他都会用心琢磨工作，快速熟悉业务，使自己很快成为该领域的专家。正是依凭着上述的良好素质，他从部队复员来中山大学出版社工作后，从一个工人编制的普通人员干起，然后任出版科副科长、科长、办公室主任、党支部书记，一步一个脚印，最后位至副社长，并兼印刷公司总经理，其人生轨迹，颇为亮丽可称。用"文革"的语言来说："真是进步很大！"须知他破茧化蝶，是在一个很特殊的环境里实现的。有一句给人打气的话说："是锥子总会冒出头来。"其实锥子冒头要讲条件：在布袋里要冒头固然不难，在铁皮袋里要冒头就难上加难——除非它足够坚硬尖锐。明基就是一把在铁皮袋子里冒出了头的锥子，他作为一名复员士兵，在中山大学这所"博士满校走，硕士不如狗"的老牌学府里闯荡，既无学历，也无人脉，只靠一根等腰哨棒，便打出了一片江山，真是不简单！要论"成功系数"，那是很高的。现在军队里都

中篇 足迹

说要培养"军地两用人才",明基便是"军地两用人才"的典型。我很纳闷,怎么到了现在,他当年所在那个驻扎在罗浮山的部队,为何还不敲锣打鼓把他请回去,给正在服役的兵士们"传经送宝"?

《跬步集》是明基第一部出版文集,汇聚了作者近年来在此领域的研究心得。其中的文章有的在《出版与印刷》、《大学出版》等杂志发表过,有的则是首次面世。它们以出版为中心,旁及相关的问题,有研究图书定价的,有研究成本控制的,有研究印刷质量的,有研究人力资源管理的,不管研究什么,都融入了明基个人对问题的独特思考。他是个有心人,唯其有心,故能写出有价值的文章来。我想这些论文,对出版界同仁一定富有启迪意义。毕竟是当过兵的,他的文风,也显露着军人的色彩,何以见之?一是语言尖锐凌厉,句子干净利索,有如利剑出鞘,没有丝毫的拖泥带水;二是结构严整细密,条理清楚分明,就像兵营里的床铺,每件物品都合理整齐地摆放在应在的位置。人们常爱把"文"、"武"对举,似乎两者互不兼容,而在明基的这部文集里,我们却看到了二者的相辅相成。

明基把他的这本著作定名为《跬步集》,当出自《大戴礼记·劝学》的"不积跬步,无以至千里;不积小流,无以成江海"。"跬步",是指行进中迈出了一脚。以明基的性格,迈出了一脚,就会有第二脚、第三脚,他是不会轻易停下步来;而且其行进速度通常会很快,就像《水浒传》里的"天速星神行太保"戴宗,脚上安了"甲马"。我可以预见,在《跬步集》之后,明基在此领域很快又会有新的作品问世。为了省却他起名的麻烦,我姑且越俎代庖,为他起几个备用的书名吧:《更步集》、《健步集》、《动步集》、《天步集》、《正步集》、《信步集》……

有人说作书序比写书评难,因为作书评是附骥尾,可以旁逸斜出,肆无忌惮,而写书序是著佛头,必须敛息屏气,正襟危坐。我颇有同感。但明基是我的老同事、老朋友,他问序于我,我不能有叩无应,只好信笔写了这篇文字来交差。因为文章无"敛息屏气,正襟危坐"的面目,加上自觉没有替人作序的资格,故定名为"非序之序",明基海涵了!

那些年　那些人

红楼343号

徐　劲

2012年11月上旬，广东省外事办通知中山大学国际合作与交流处，内容是朝鲜教育委员会委员长率领代表团要访问中山大学。我按惯例看了看代表团人员名单和行程安排，旋即按程序上报学校并启动相关接待安排。这次接待比较特殊的是参观单位还包括中山大学出版社，我在国际合作与交流处工作七年，与出版社有关的外事活动，这还是头一次遇到，这也让我有机会第一次踏入马岗顶红楼343号。

代表团从南草坪步行到出版社，道路两边巨木葱茏，浓荫蔽日，踏着斑驳的树影，听着啁啾的鸟声，确让人平添一份宁静和惬意。接待安排在出版社一楼小会议室，过程很简短，但也很顺利。期间我还环视了一下周边，陪同访问的省教育厅外事处同事悄声对我说："这里依山望亭，让人心境澄明，有底蕴，有灵气，是个读书的好地方。"我也很有同感。红楼坐落在马岗顶山边，树木森森，满眼苍翠，虽然已届深秋，但春天的气息似乎还迟迟没有退去。

中山大学南校区其实是当年岭南大学的校址。回望百年沧桑，我们不得不感叹：当年的主人选中这块宝

徐劲社长

地，确实独具慧眼。站在出版社 343 号楼前，能看到不远处的"方亭"，宝蓝琉璃瓦顶，雅致而飞动。据说方亭承载了许多当年发生的故事，或旖旎，或悲怆，但历历俱往矣。只有落寞的方亭倔强地屹立在此，无声地诉说着悠悠岁月。这也让我忽然明白，何以在气化谐和的自然氛围中，红楼 343 号显得有些沧桑——那种让人眷怀不已的沧桑。也真是机缘巧合，事隔半年，我竟然被委派到出版社任职。记得报到的第一天，我站在二楼办公室，推窗远望，山岗边伟岸的紫荆树和满地翻飞的落叶，触动了我心中莫名的思绪，像听到时空轻轻的召唤，又像听到历史细细的诉说。大约正是因着这样一种思绪，我在忙碌的出版社工作之余，总忍不住要去追寻红楼逝去的往事。半年后的一天，我请社办公室高惠贞主任找些与办公楼相关的历史资料给我，期待从文字、图像的记录中，读出那些尘封已久的故事。

"红楼"是中国文化的一种基本意象，因为古人往往喜欢用红砖砌墙，红色带着天然的亲切、喜庆和端庄。学校档案馆提供资料显示，红楼 343 号主体建筑建于 1916 年，总建筑面积 242.73 平方米，首层建筑面积 121.37 平方米。2000 年，红楼被广州市城市规划局列入近代、现代优秀建筑群体保护名录，2002 年被广东省文化厅批准列为广东省文物保护单位。旧门牌是东北区 21 号，原门牌是 46 号建筑，现门牌是东北区 343 号，这三个门牌号记录了三段不同的历史：岭南大学附属小学、中山大学历史系和中山大学出版社。

现今东北区 339~346 号共 8 栋楼和方亭组成了原岭南大学附属小学建筑群，它们于 1915—1930 年间先后落成。附属小学早期是 7 年制，后按《壬戌学制》自 1925 年改用 6 年制，1948 年时学生人数曾达 379 名。一个年级一个班一栋红楼，读书食宿皆在内；一楼一般为课室和膳堂，一端是女生宿舍、教员室；二楼主要是男生宿舍，一端是保姆和教员室，另一端为浴室和卫生间；另有小地窖，约占半层面积。据档案记载："附属小学地方宽广，自成一范围，内有方亭、假山、水池、花架、石台和石凳，布置甚佳。水池颇大，其中金鱼颇多。花草之间有两个大鸟笼，幺凤、花莺、白燕和黄鹂于一笼，朱顶鹤、鸳鸯、水鸟和鱼鸟于另一笼，最为小学生爱好，课余赏玩，乐趣殊多。"可以想象，那是何等清雅的地方，

那些年　那些人

又是何等欢快的场景。说起这批红楼建筑群，当然不能遗忘那些崇尚"教育为立国之本，兴学乃国民天职"的先辈。1917年，陈辑五先生赴新加坡为附小募捐，丘亭、刘振芳、黄焕南、黄在扬捐建了当时小学校舍第四栋，即今天的红楼343号；还有一批闽粤的实业家、教育家包括陈嘉庚先生为附小捐资建校，1919年6月18日，陈嘉庚先生还来到附小参观并参加开幕典礼。为纪念陈嘉庚先生对教育事业所作的贡献，遂将小学礼堂命名为陈嘉庚先生堂，现在堂前石匾所刻"陈嘉庚纪念堂"是商承祚老先生后来题写的。

1952年，全国高校院系大调整，岭南大学文理科并入中山大学，岭南大学校址便成为今天中山大学南校区所在地。1982年前后，红楼343号落成64年后成为中山大学历史系的办公场所，也翻开了老楼新的篇章。

中山大学历史系初名史学系，是中山大学前身广东大学最早建立的院系之一，1935年改为历史系。陈寅恪、傅斯年、顾颉刚、岑仲勉、梁方仲、刘节等多位中国现代史学的奠基人和史学名家曾任教于此，学术根基扎实深厚。1982年，历史系迁入红楼343号时，魏晋南北朝史研究名家胡守为教授任系主任。当时的历史系聚集了一批史学名流，如以研究敦煌史和敦煌文书驰名的姜伯勤教授，在近代史、世界史与专门史等领域取得不凡业绩的陈胜粦教授和蔡鸿生教授等，此外，还有汤明檖、张荣芳、吴机鹏、林家有、曾庆鉴等知名学者，可谓集一时人才之盛。

大师辈出，才俊云集，红楼343号由此平添了厚重的历史底蕴。如今，我伏案凝思，仿佛听见胡守为教授清澈如泉的讲解、姜伯勤教授激情飞扬的辩说。究天人之际，通古今之变，成一家之言，当年红楼343号的主人们，完美阐释着司马迁垂范的学术精神和学术气魄。我任职出版社后，专门找来姜伯勤、岑仲勉、梁方仲等教授的文集，它们是中山大学出版社为建校80周年出版的系列文集之部分，还有林家有教授主编的"孙中山研究"系列，一一拜读。这些深邃而鲜活的学术思想仿佛一直弥漫在红楼343号周围，令我油然而生敬畏之心。

我们的出版社红楼就是承载了这样广博而丰厚的历史。

2013年11月，我专程拜访了中山大学出版社首任总编、89岁高龄的

中篇　足迹

刘翰飞老师。刘老身体健朗、思维敏捷，虽然离休多年，依然心系出版社的发展，他如话家常般细说出版社的发展历史，特别是1992年搬入红楼后日新月异的变化。春去秋来，年复一年，中山大学出版社在此度过建社10周年、20周年和30周年，书里书外同时演绎了许许多多"编辑部的故事"，积累了丰厚的文化遗产。前辈们的奋斗，文化的积淀，留给我们后来者去继承。承载文化教育、文化传承的使命，红楼343号今天依然。

历史照亮他人，也照亮自己。我时常站在红楼343号楼前凝神静思："无可奈何花落去，似曾相识燕归来"，了解历史让我产生敬畏，因为敬畏，也让我备感珍惜。我们的今天会成为将来的历史，而为后人留下怎样的历史印迹才不辜负这种使命，这个念头就这样时常在我脑海萦绕，挥之不去。

 那些年 那些人

下篇 文 萃

论文精选 实践出真知。多年以来,各部门员工不断进行理论探索,这种动力源自他们对岗位的热爱和坚守——且行且思,知行合一

那些年　那些人

大学出版社图书定位问题之我见

谭广洪

出版社的图书定位，取决于其自身优势，又决定着其市场位置；反过来，出版社良好的企业形象又靠图书定位来支持，市场位置也靠图书定位来实现。企业形象树立、图书定位、市场位置构成了出版社的个性特色。在这里，图书定位在出版社的运作中处于关键环节。大学出版社与其他出版社之间，既有共性，又有其个性。大学出版社的图书应如何定位？本文拟就这一问题谈谈个人的看法。

一、大学出版社图书定位的根据

大学出版社的图书定位，并不是主观随意的，它受到主客观条件的制约，其根据可以从内外两方面进行分析。

大学出版社图书定位的内在根据：首先，大学出版社具有其他出版社不同的个性特征。大学出版社与其他出版社一样，在社会主义市场经济条件下，既是精神文化产品的生产部门，必须具有鲜明的政治性、思想性，要坚持社会效益第一；又必须遵循市场经济的一般规律和图书生产的内在规律，注重经济效益。但是，与其他出版社明显不同的是，大学出版社的办社宗旨具有其独特性，这就是为我国教育事业的发展服务，为大学的教学、科研服务。这个办社宗旨，决定了大学出版社应具有不同于其他出版社的独特的个性特征。

其次，在大学出版社的编辑队伍中，不少编辑由教师转行而来，或由毕业生留校，或是大学教师、干部的家属，他们与大学的教师队伍有着千

本文发表于《出版探索论集》，广东高等教育出版社1998年版，第13～20页。

丝万缕的联系，对大学的学科设置、学科优势和人才、科研状况有较外界相对多的了解，对教材和专著的编写、出版要求有较正确的认识；发行部门相对于其他出版社，具有发行教材、专著的广泛而固定的网络，它们与全国各高校教材代办站、大中专学校有行业上的接近和实际工作的联系。这是大学出版社独具的编辑优势和发行优势。

大学出版社图书定位的外在根据：大学出版社具有许多得天独厚的条件。首先，大学出版社一般地处校园，大学的学术优势、学科优势和人才优势是出版社肥沃的出版资源。其次，大学出版社和校园内外的作者队伍有着比较密切的天然关系，他们写的教材、专著，一般会考虑到大学出版社出版，甚至在其他出版社的出书条件相对较为优越的情况下，仍会选择大学出版社。这是大学出版社独具的作者优势。再次，在读者的接受心理上，大学出版社出版的教材、专著较能获得读者的认同，他们购买教材、专著，一般会选择大学版的图书。这是大学出版社独具的读者优势或叫市场优势。

只有合理地认识大学出版社的内部和外部条件与优势，才能准确地实现其图书定位，促进大学出版社形成其鲜明的企业形象，并确定其市场位置和市场份额。

二、大学出版社应以教材和专著的出版作为其图书定位

依据上述关于图书定位内外根据的分析，我认为，大学出版社的图书定位应放在教材和专著的出版上。大学出版社如果盲目地向其他出版社看齐，致力于一般图书的出版和发行，这也许会取得一些眼前之利，甚至能获得较大的经济效益，但却背离了大学出版社的办社宗旨，不能够充分发挥己之优势，会丧失其个性特色。这是一种扬短避长、舍本逐末的做法，不值得提倡。

然而，鉴于目前不少大学出版社经营困难，发展不快，动摇了一些大学社以教材、专著为其图书定位的信念，而认为大学出版社也应该像其他出版社一样，走向市场，面向社会，多出版普及读物和一般图书，以争取获得高的发行码洋，使出版社发展上一个新的台阶。

这种看法走入了一种误区。因为首先，大学出版社以教材和专著为其图书定位，并非是要远离市场、脱离社会，教材和专著在一定意义上只是

那些年 那些人

出版物的形式，就它们的内容来说，依然要面向社会、走向市场；教材和专著的出版，也只能以市场的取向、社会的需求为其选题的标准，按市场经济的要求进行运作，才能获得生存和发展。其次，普及读物和一般图书并非是出版社生存和发展的唯一支柱；如果不能很好地面向市场，它们不仅不能成为出版社的经济增长点，而且可能成为出版社发展的包袱。可见，面向社会、走向市场是所有出版社图书定位的共同基础。在这个前提下，无论是大学出版社，还是其他出版社，如果能遵循其办社宗旨，根据其个性特征，确定其准确的图书定位，就能够取得成功。这方面有不少典型的例子，它们通过确定并实现其图书定位，取得了良好的社会效益和经济效益，树立起其独特的企业形象。例如，中国人民大学出版社（以下简称"人大出版社"）把自己定位在经国家教委确认的"全国高校文科教材出版中心"上，立足于本校学科门类齐全、作者队伍实力雄厚的基础，把出好高校文科教材和人文科学、社会科学、管理科学的学术著作，作为该社的优势和工作重点。相应地，他们把教材的宣传促销、配套发行放在首位，以教材带动学术著作和一般图书的发行，从而在读者心目中树立了人大出版社是"全国高校文科教材出版中心"的出版社形象和市场形象（参见《大学出版》1996年第1期，第10～20页）。又如，上海交通大学出版社确立以大学教材和学术著作为主体、以科技图书和工具书为两翼的图书出版构想，并取得了成效，在该校第六届优秀教材评奖活动中，各院系推荐的61种优秀教材候选书目，有44种是上海交通大学出版社出版的。这为出版社赢得了声誉，教师们纷纷称赞该校出版社是反映学校教学和科研成果的重要窗口，是学校事业发展不可缺少的组成部分（参见《中华读书报》1997年7月16日）。

　　大学出版社以教材、专著的出版作为其图书定位，除了在树立企业形象方面起了关键的作用外，在创造经济效益方面也是一般的普及读物所难以比肩的。许多大学出版社的教材占了重版重印书的较大比重；一些大学出版社的教材、专著纷纷打入海外市场，例如，南京大学出版社的《中国法律史教程》、《现代几何光学》等400余种图书走向了海外。从单种教材来说，对外经济贸易大学出版社的《国际贸易实务》连续印刷15次，印数达60多万册；复旦大学出版社的《中国文学史》首次印刷就达5.5

万套,现已发行 8 万余套,并在全国产生了极大的影响;中山大学出版社的《公共关系学简明教程》一印再印,至今已发行 49 万册,《写作大要》已重版重印 19 次,印数达 40 万册,它们均成为该社的拳头产品。1997 年 3 月举办的第九届全国大学出版社图书订货会订货总码洋超过亿元,在 98 家大学社中,有 41 家出版社的订货码洋过百万元,而这些社大多靠有特色的优秀教材和学术专著取胜。如外研社的教材和工具书,清华大学出版社和电子科技大学出版社的电子科技类读物,天津大学出版社的建工类图书,中国人民大学出版社和高等教育出版社的各类教材等,都具有鲜明的特色(参见《大学出版》1997 年第 1 期,第 47 页)。

大学出版社以教材、专著的出版作为其图书定位,之所以能取得良好的社会效益和经济效益,这主要是因为:一方面,大学出版社依托高校,具有很高的社会认可度和读者信任度;另一方面,随着我国社会主义市场经济的发展,各种各类、各级各层次的教材,尤其是岗位培训教材具有广阔的市场。大学出版社以教材和专著的出版为图书定位,并非只限于出版本校的教材和专著。除了以本校为重点外,眼光应该放得远些,为全国大教育服务。可以说,这是大学出版社为教学、科研服务和走向市场的结合点之一。许多大学出版社已成功地实践了这一点。如人大出版社既以本校为依托,又面向全国的大科技、大教育,组织出版了为我国高等教育服务的各级各类教材,取得了良好的效益,年发行码洋已过亿元。东北财经大学出版社确立"以本校为依托,面向全国高等财经教育,'扬长、支重、扶新、优效'的发展战略"。"这一发展战略在坚持专业分工、形成发展优势方面发挥了至关重要的作用",也使该社取得了令人瞩目的成绩(参见《大学出版》1997 年第 1 期,第 9 页)。在面向全国大教育这一图书市场中,大学出版社具有其他出版社难以匹敌的优势。

当然,大学出版社以教材、专著为其图书定位,并不是说不能够搞社会普及读物和一般图书,恰恰相反,大学出版社也是社会的出版企业之一,它们与社会生活也息息相关,有好的社会读物选题当然要做,也应该主动去策划组织一些双效益的一般图书,特别是能够上大码洋的图书。问题在于:第一,经营一般社会读物,一定要取得双效益,不能失去大学社的高品位,做自砸牌子的事;第二,一般社会读物不应成为大学出版社出版物的主体,大学出版社仍应以为教学、科研服务为办社的第一要义。

三、大学出版社应如何有效地实现其图书定位

大学出版社以教材、专著为其图书定位,最终会体现在其图书选题和出书品种上。教材、专著的出版,必须注意以下几个方面。

1. 形成优势板块

在一定意义上说,教材、专著只是出版物的形式,在这个形式下,可以容纳不同的内容,可以是人文、经济,也可以是法律、外语;可以是金属、建筑,也可以是计算机、航天航空。一个大学出版社不可能将什么内容的图书都出得好,它必须根据以下几方面,进行综合分析,确定某一方面或某几方面作为其出版重点,形成优势板块,造就出版特色:第一,所处高校的学术、学科、人才优势;第二,所处地区的地域优势;第三,本社编辑队伍的知识优势;第四,所处时代的环境优势。这四个方面的分析缺一不可。四者构成了组稿、编辑、发行的全过程。不少大学出版社在这方面取得了成功的经验,也有一些社的道路颇为曲折。我们中山大学出版社早些年就制订了以教材、专著的出版为其图书定位的方针,并通过分析图书市场,确定以财经、外语、计算机为图书出版的三大优势板块,且依此对编辑室进行了调整。在实践中,取得了一些成效,发行码洋年年上升,但是,上升的幅度不大,计算机、外语两个板块的优势未显现出来。分析其原因,主要是编辑队伍的力量不够和素质所限,计算机室的编辑大多不精通计算机,外语室的编辑几乎都是新人,缺乏经验。这就难免在选题开发上,或者看不准,或者点子不多,或者缺乏作者网,从而难以开发出好的选题。

2. 选准主体性特色

一个出版社的出书结构应有主有次。对出版社全局来说,优势板块是主,非优势板块为次;在优势板块内部,也应有主次之分。电子科技大学出版社以计算机、家用电器、英语和经管人文类图书为其优势板块,其中又以计算机和家用电器类图书为重点,形成了气候,赢得了市场的认可(参见《大学出版》1997年第2期,第7页)。天津大学出版社形成建筑、计算机、外文三足鼎立的出书格局,其中又以建筑类特别是建筑装饰类图

书为其重点，开始逐步实现"搞建筑设计的人的书架上，不能没有天大出版社的书"的宏愿（参见《大学出版》1996年第4期，第7页）。主体性特色是形成出版社形象的重要支柱，它应该是相对稳定的，但随着主客观形势的变化，又应该对主体性特色作相应的调整或改变。

3. 图书系列化

系列化是形成规模效益的前提。在确定了出版社的优势板块以后，一方面，应围绕这个板块，使新选题呈现系列化；另一方面，可以将出版社现有的同类选题进行分类整理，在重版重印时，重新进行包装设计，造成系列化的形象，以有利于读者尤其是大、中专学校在订购教材时配套选用，扩大经营效果。

4. 出书层次化

层次化的出书是扩大图书效益的保证。作为优势板块的教材系列，应该覆盖各个层次，纵向上，有从研究生、本科生用书，到大专、中专、中技、职高的教材、教参；横向上，既有全日制的教材，又有成人教育、自学考试、在职培训的教材、教参，还有系列的教学辅导用书，从而呈现多层次、立体化结构，扩大市场占有率。

5. 引进出版国外先进的系列教材和专著

"他山之石，可以攻玉。"引进系统总结先进理念和方法的国外大学教材和专著，是我国大学教育与国际接轨所必需的。这些教材、专著的出版，必将有利于我国现代化建设事业的发展，它是大学出版社取得双效益的良好出版形式。华夏出版社推出的《哈佛商学经典译丛·名著系列》，中国人民大学出版社推出的《工商管理经典译丛》、《经济科学译丛》，均为其赢得了广泛的声誉和良好的经济效益。大学出版社完全可以利用高校的人才优势，结合出版人的智慧和经营头脑，在这方面有所作为。

大学出版社坚持其教材、专著的图书定位，在其图书结构中坚持优势板块，选准主体性特色，形成系列化、层次化、立体化的出书格局，这一切的前提，就是面向市场，并且下功夫营造市场，不断满足社会的精神需求。这样，就可以确立大学出版社的市场位置和树立良好的企业形象，成为独具个性的"这一个"，更好地为教学、科研服务，为社会主义经济建设和两个文明建设服务。

略谈出版行业的职业道德

李海东

1992年,邓小平同志在南方谈话中,高瞻远瞩地提出必须坚持"两手抓,两手都要硬"。改革开放以来,党的工作重心转向经济建设,建立和发展社会主义市场经济体制。在此转型期间,作为反映社会经济基础的观念形态,道德受到剧烈的震荡,各种思潮乃至不正之风趁机泛滥;人们刚从长年旧体制的过多束缚中解放出来,而新的规范又未能及时建立,道德价值观难免出现混乱,各种道德观念互相冲突,引发不少的道德困惑。因此,当前迫切需要加强社会主义精神文明建设,使人们的道德水平达到更高境界,才能保证物质文明建设、保证社会发展不偏离社会主义轨道。

道德,尤其是职业道德,是社会主义精神文明建设的重要内容,其建设的好坏,对社会主义建设的成败有着极其重要的作用。本文先简述道德、职业道德的概念,然后从本职工作出发,论述出版行业的职业道德及其建设问题。

一、道德与职业道德

道德是调整人们之间及个人与社会之间关系的行为规范。

道德既具有历史继承性,又具有时代性。也就是说,道德是一种历史范畴,其内涵和评判标准随时代、社会的不同而异。对传统的道德观要有扬弃地继承,而新的道德观又不断涌现。道德建设对社会主义市场经济有巨大的能动作用,只有物质文明、精神文明齐发展,才是真正的社会主义。因此,道德建设不能只是被动地去适应市场经济的发展,还应适时发

本文发表于《出版探索论集》,广东高等教育出版社1998年版,第43～48页。

挥对市场经济的导向作用。

职业道德是在各种职业活动中所形成的人际关系的道德习惯与职业心理，是人们的经济特质和道德特质的内在统一。职业道德是道德的三个主要组成部分之一（其他两个是社会公德和婚姻家庭道德）。各行业、各职业的职业道德既有许多共通性，又有基于职业特性的特殊性。由于职业活动是现代社会赖以存在和发展的支柱（相对而言，家庭活动、社会活动为基础），具有经济性、社会性、技术性和伦理性等特性，因此，可以说，职业道德建设是道德建设中最重要的一环。

二、出版行业的职业道德

出版行业的职业道德所必须遵循的基本原则是：必须坚持为人民服务、为社会主义服务的根本方针，宣传马列主义、毛泽东思想、邓小平理论，传播一切有益于经济和社会发展的科学技术和文化意识，丰富人民的精神文化生活，担负起"以科学的理论武装人，以正确的舆论引导人，以高尚的精神塑造人，以优秀的作品鼓舞人"的崇高使命。因此，出版行业必须以社会效益为第一。如果我们只考虑商业利益的得失（因为出版社是一个企业），仅以经济效益为导向，便容易促进各种错误的、不健康的思潮泛滥，给国外各种反动势力的"和平演变"以可乘之机，从而造成不良的甚至是灾难性的后果。

但是，市场经济是以利益为驱动力的。必须承认，并非讲利益人们就会变得非理性、非礼义了。利益是人们自身生存和发展的需要（包括物质的和精神的）的满足，是社会发展的根本动因。利益本身是不存在善恶之分的。关键在于人们在追求利益时的行为，不要"见利忘义"，不要忘记自己应承担的义务与责任，不要危害国家、集体及他人。也就是说，讲职业道德不必讳言利。出版社从经营管理方面看，实际上是一个企业，合理追求经济利益是正当的、应该的、必需的。

同时，市场经济是规范化的，它要求有规范的职业道德。发展市场经济与坚持职业道德是没有基本矛盾的，即利益和道德是可以统一的；单纯地讲道德或单纯地追求利益，都是不符合当今时代的要求的。要注意，职业道德乃至道德，必须由社会成员共同认可，才能得到他们的遵守奉行；

那些年　那些人

因此，职业道德必须根据现阶段社会成员普遍的觉悟程度、平均素质来约定。出版行业的职业道德也不例外，但由于本行业的特殊性（党的宣传喉舌之一），对它的要求应当更高、更严格。《中国出版工作者职业道德准则》中的前4条突出了出版行业的特殊性，后4条的要求则与其他行业类似。下面具体谈谈编辑的职业道德。

编辑的职业道德（以下简称"编德"）首先是出版行业职业道德的组成部分，它应服从出版行业职业道德的一般要求。由于编辑工作的独特性，编德也具有较鲜明的个性。编辑工作的独立性、个体性较强，而且是"为他人作嫁衣"的工作，需要编辑能任劳任怨，甘由寂寞。我认为这是编德最基本的内涵。

编辑的工作对象是各种专业的书稿（手稿、打印稿、磁盘稿），必须不断努力学习专业（指编辑原先所学专业）知识，并扩大知识面，变专才为通才，同时掌握各种新的编辑手段（如利用电脑编辑、设计版式），从而不断提高编辑业务水平，这是"案头编辑"所应做到的；关注本学科发展动态和市场走向，策划精品，或促进好的选题得以出版，做到文化积累、社会效益、经济效益三丰收，这是"策划编辑"所应做到的。

编辑日常接触的主要有三类人：①社内其他部门的同事。应充分发挥编辑之间，编辑与校对、出版、发行等部门人员之间的协作，提高书籍质量，降低成本，缩短出书周期，促进图书的流通。②作者。编辑应尊重作者及其劳动成果，对书稿的较重要的修改增删之处应与作者商讨，也要使作者对书稿处理的合理要求和建议能落到实处，齐心协力提高书稿质量；同时编辑应引导、配合作者进行深度、广度开发，策划出更多的好选题。③读者。编辑工作的最终效果是使读者读之有用，从书中得到裨益；因此，编辑需要不断自问，"读者需要的是什么"，并虚心接纳读者所提出的批评和建议，改进工作中的不足。

出版工作是政治性、政策性、原则性极强的工作，编辑应不断加强自己的政治、思想素养，才能在工作中把好质量关，才能出好书。

以上种种，既是对编辑工作的基本要求，也是编德的重要内涵。

职业道德水准的高低，是做好本职工作的根本保证。有人认为，书出得好不好，主要看编辑水平。其实不然。没有较高的编辑水平，要出本高质量的书固然不容易；但是较高的编辑水平能否运用、体现在编辑工作过程中，这就跟编德有密切的关联了。有较高的编辑水平，才能正确处理好书稿中存在的问题和不足；有了较高的编德，才能全身心地投入到编辑工作中去，并搞好与其他出版环节的协作。两者相比，后者更为重要。在相近的编辑水平和工作环境下，编德的高低，对编辑工作质量的影响会是很明显的。

三、出版行业职业道德的建设

目前社会对职业道德的建设重视不够，一般单位只有业务（岗位）培训，缺乏专门的职业道德教育。职业道德是非量化标准，其建设属软件层面，有相当的难度；但有难度并不等于不要做，或暂时可以不做，职业道德的建设一定要做好，而且已刻不容缓。

由于我国出版业是党领导的社会主义事业的一个组成部分，是宣传党和国家的方针政策，进行思想教育工作的重要媒介，而出版工作者既是普通公民，又是作为精神产品的出版物的直接生产者，因此，出版工作者不仅要具有优良的政治、文化、业务素质，而且应该具有更高的思想道德素质。这就是说，出版工作是项政治性、政策性很强的工作，必须使从业人员朴素的"凭良心工作"的职业道德观上升到自觉地、时刻不忘自己是在为党和国家做宣传、教育工作的高度上。因此，加强出版行业职业道德建设十分重要，必须深入持续地进行。

其一，应加强思想政治工作，提高出版从业人员的政治素质，使之成为一种精神支柱，支配自己的日常工作，主动、坚决地贯彻党和国家关于宣传工作的方针和政策。在这项工作中，必须充分发挥出版社党组织的领导作用和党员、干部的先锋模范带头作用。出版社的中心工作是选题，但只有在党的方针、政策的导引下，才能保证工作的正确方向。

其二，增强法制观念，加强责任感。由于出版宣传工作负有"教化"作用，从业人员就必须在日常工作中注意增强法制观念，保证自己的行为不越轨，保证所出的书籍没有违反党的四项基本原则和有关法规的内容。责任感则是做好本职工作的前提，有了责任感，才能认真、保质保量地完成工作，并将自己的才智充分运用到工作中去。

其三，以各种形式持续开展职业道德教育，让出版从业人员都明了出版行业有些什么样的职业道德，以作为日常工作的指针。要改进以往的灌输式教育方式，注重示范的作用。如在单位营造一种"责业"、"敬业"、"爱业"的氛围，寓职业道德教育于日常工作中；对出版行业职业道德建设中的先进集体和个人，要大力表彰、树立榜样，从而激励先进，促进后进。这比简单生硬的说教式做法更为有力和有效。这项工作必须有计划地坚持进行，"三天打鱼两天晒网"的工作方式是无法取得成效的。

其四，提倡集体主义，是进行职业道德教育的基础。列宁说过，"为巩固和完成共产主义事业而斗争，这就是共产主义道德的基础"。集体主义是我们的根本价值导向和道德基本原则，有利于保护、协调国家、集体和个人三方面的利益，有利于克服小团体主义、个人主义。例如，编辑工作具有相当的独立性，其贡献也可以说比较大，因此，其利益容易与出版社的整体利益或其他部门的利益发生冲突。唯有在集体主义的调节下，才能解决、协调好这些冲突，职业道德建设才能落到实处。

其五，职业道德建设要与制度建设相结合。从大的方面说，道德是靠舆论、习俗和观念来约束人们的行为，有时它比法律还起作用；但当道德无力维护公平和正义时，它有时就"英雄气短"了。因此，完善有关法规，与道德建设是相辅相成的。从小的方面说，应完善出版社的工作条例和规章制度，使出版行业职业道德量化和具体化，使出版从业人员易于遵守和自觉执行。

常用中、英文标点符号的比较与使用

欧燕华

总的说来，中文标点符号的数量要比英文多，它们之间有不少相通的地方，但也存在很大的差别。即便是同一标点符号，在中文和英文中的使用以及地位等也有不同。本文对一些常用的中、英文标点符号进行比较、辨析，以规范它们的使用。

一、句号、问号、感叹号

句号、问号和感叹号都是句末点号，用在一个完整的句子后面，表示一个完整的意思。它们在书面语中具有举足轻重的作用。

1. 句号

句号在中、英文中都有结束陈述句、命令句、间接引语句等作用。例如：

1）（表示陈述）

这里的每一件玩具都能引起孩子们的兴趣。

Every toy here can arouse the interests of children.

2）（表示命令）

请不要吸烟。

Please don't smoke.

3）（转述他人话语或间接引语）

警察问我在半夜开车为什么不打开车灯。

The policeman asked why I had been driving with mylight off in the middle

of night．

但是，英文句号有另一重要作用，就是在一些词或词组中表省略。例如：e. g. （＝for example 例如），B. A. （＝Bachelor of Arts 文学士），a. m. （＝*ante meridiem* 午前，上午）等。中文句号是没有这一作用的。

2．问号和感叹号

问号和感叹号既是点号，又是标号，在中、英文中的用法区别不大。问号放在疑问句句尾，表示疑问句末尾的停顿。不论疑问句是表示一般询问，还是责问、反问、商量、自问自答或不需回答但含有"问"的语气，句尾都要用问号。例如：

1）（特殊疑问）

这两个人之间有什么区别？

What is the difference between these two persons？

2）（一般疑问）

经济学家们真的能永远理解经济这东西吗？

Will economists ever really understand the economy？

3）（省略选择疑问）

（老师正在问一个学生买了几本书）两本？三本？还是更多？

Two books？ Three books？ More than that？

另外，问号在句子中间加括号还可表示对不详的日期或数字等表示疑问。例如：

希腊哲学家苏格拉底生于公元前 470（?）年，死于公元前 399（?）年。

The Greek philosopher Socrates was born in 470（?） B. C. and died in 399（?） B. C.

感叹号用于句尾表示赞颂、欢喜、愤怒、惊讶、叹息、请求等强烈感情。例如：

不！我们决不能在竞选中失败！

No！ We must not lose this election！

下篇　文萃

二、逗号、顿号

1. 逗号

在英文和中文中，逗号都是使用频率最高的一个句中点号。虽然中文逗号和英文逗号都是表示句子内部的一般性停顿，但是它们在使用上有较大的区别。大体说来，中文逗号使用规则较宽松，不十分严格，在一些中文文段中甚至可能出现"一逗到底"的情况；英文逗号的使用则有严格的规定，所以它又是英文标点符号中最易用错的点号。

首先，英文逗号一般用于分隔两个由 but，for，and，or 等连词连接的主句；若两个句子较短，逗号则可省略。例如：

1）She opened her mouth (,) but no sound came out of it.

2）They made their decision with some uneasiness , for they knew that in such places any failure to conform could cause trouble.

如果两个或以上的完整句子间没有连词而只有逗号连接（即所谓的粘连句），则被视为严重语法错误；而中文逗号则可以不依靠连词而独自连接两个或以上完整的句子。这是中、英文逗号的一大区别。例如：

（误）The circus had come to town , the children wanted to see it , their parents wanted to see it.

（正）The circus had come to town , and the children and their parents wanted to see it.

（正）马戏团来到镇上，孩子们想见到它，他们的父母也想见到它。

其次，在英文中，有限制性修饰成分和非限制性修饰成分的划分，它们对句子意义所起作用不一样，对标点的使用也有不同的要求。限制性修饰成分对被修饰成分的意义范畴进行限制或划定，是句子意思的基本所在，是必不可少的，它在句子中决不能用逗号与主句分开。例如：

Employees who work hard will receive raises. (Not all employees will receive raises. Who work hard specifies which ones will.)

非限制性修饰成分只是对被修饰成分添加一些新的或额外的信息，并不限制被修饰成分的语义范畴，把它删去，对句子基本意思没有根本的影响。非限制性成分在句子中一般都要用逗号分隔。例如：

那些年　那些人

Molly Berman, who works hard, got a raise. （The information that Molly Berman works hard is not essential to identify who she is.）

在中文中，没有严格意义上的限制性修饰成分和非限制性修饰成分的区别，只有语气表达上的轻重之分；而且，较短的修饰成分一般不用标点分隔，较长的修饰成分才用逗号或顿号分隔。

2. 顿号

中文中的顿号主要用于表示句子内部并列词语之间很小的停顿，英文中没有顿号，连接并列的词或短语的功能主要由逗号行使。例如：

我们需要一个新的家、新的汽车、新的学校和新的朋友。

We would need a new home, new cars, new schools, and new friends.

另外，在表示地址或地名时，英文传统上都要用逗号分隔各部分；中文则不需逗号，而用文字直接表达。在表示日期时，英文中若是"月—日—年"的顺序，日和年之间以及年之后都要用逗号分隔，但若是"日—月—年"的顺序，则不需用逗号；中文在文章中一般都用"年—月—日"顺序，不用逗号分隔，只需用"×年×月×日"表示。例如：

1) Use the address 135 Xingang Road, Guangzhou, GuangDong Province, for all correspondence.

所有信件都用"广东省广州市新港西路 135 号"这个地址。

2) July 4, 1776, (=4 July 1776) was the day *the Declaration of Independence* was signed.

1776 年 7 月 4 日是《独立宣言》签署的日子。

三、引号

中、英文引号都有单、双引号两种，都是用于标明直接引用的讲话或文章的内容。例如：

"The purpose of this book," explains the teacher, "is to examine the meaning of the phrase 'Dance is poetry.'"

"这本书的目的，"老师解释说，"是要细细体味'舞蹈是一种诗'这句话的含义。"

当引号在引文末尾与其他标点符号一起使用时，在中文和英文中的使用有异同。相同的是，当完整地引用原话，而引文又单独使用时，最后的点号（如逗号、句号）应放在后引号内，如上例。但当引文不独立，引用的话只作为作者自己的话语的一部分时，不管它是否完整，在中文中除了问号、感叹号必须放在引号内，其他标点符号都要放在后引号外。而在英文中出现该情况时，则要根据标点进行区别：若是逗号或句号，则放在后引号内；若是问号、感叹号、冒号或分号，则要放在后引号外。这一点中文引号和英文引号间差别较大，要仔细区别。例如：

1）一种电脑"否极泰来"，它所传的信息不仅是"泰来"，而且是"否极"，即这种电脑过去一直糟透了。

2）When he says he hopes his proposal "will not be liable to the least objections," he is being ironic.

3）他又是"当!"的一枪，这个鬼子的脑袋就开了瓢了!

4）The woman called me "stupid"!

四、破折号、省略号

中、英文的破折号和省略号的用法基本相同，但形式上有一定差别。中文破折号是两字线居中文字中，英文破折号是一字线居英文小写中。中文省略号在文章中（字典或科技文献等除外）用6点居中；而英文省略号则是3点或4点居下，视情况而定：当只省略一个句子的中间部分时用3点，若省略的是句子的末尾则用4点。但需注意，如果句末是停顿语气或是引用语句尚未结束，说话人处于思考状态，句末省略也应用3点。例如：

1）"But all these places ... are so different from each other that one couldn't help thinking：this kind of talk was a shorthand for a confusion."

2）"It was another Nicaragua ...."

3）"I wish ..." His voice trailed off.

而当省略的是两个句子的各一部分（而不是其中一个完整的句子），省略号用3点；当中间省略了一个或以上完整的句子，则用4点。例如：

1）"All that was being said was that ... a lot of different things were happening in the Philippines."

2）"It was going the way of Iran. It was another Nicaragua, another Cambodia, and another Vietnam .... All that was being said was that some thing was happening in the Philippines."

五、其他常用标点符号

1. 冒号和分号

中、英文里都有冒号和分号，区别不大：冒号用于提示下文，特别是引语的内容；分号则用于表示复句（特别是较长的复句）内部并列分句间的停顿，或用于连接多个长的词组或主句。例如：

1）学校有一个目标：把学生培养成为有责任心、有竞争力的商业人才。

The school has one goal: to train students to be responsible, competent business people.

2）这位画家广受仰慕，但并不是普遍受到仰慕；有些批评家认为他的作品太伤感了。

The painter is widely but not universally admired; some critics view his work as sentimental.

2. 节省号（'）

中文里原来是没有节省号的，只是改革开放后一些报刊开始从国外引进，后来才进一步推广使用。中文节省号又称省年号，一般只用于省略公历年代"世纪"和"年"。例如"'97中国文艺汇演"就表示"1997年中国文艺汇演"。而英文节省号的使用就广泛得多，使用频率也十分高。它不仅可以表示"世纪"的省略，还可以表示一个或多个字母的省略，更可以和s连用，即's，用由表示名词和不定代词的所有格关系或者复数。例如：

1）Workers' income has risen over the past decade, but not fast enough.

2）Don't confuse these two words.

3）That sentence has too many but's.

3. 书名号

中文有单书名号和双书名号两种，用于标明书名、报纸杂志名、法规文件名称等。若书名号里面还要用书名号，则外面一个用双书名号，里面一个用单书名号。英文里是没有书名号的，在文章中若要表示书名等，一般用斜体或双引号标出。例如：

1）李时珍广泛考察，历时 27 年，编成药物学巨著《本草纲目》。

2）*Pride and Prejudice* is one of the most significant novels of Jane Austen.

概而观之，不论在中文还是英文或是其他语言中，标点符号都是书面语中不可缺少的部分。由于历史发展背景、传统习惯、文字特征等方面的不同，各种语言中的标点符号的使用也就必然存在差异，不可能强求各种标点符号使用划一规范。我们应本着求同存异的态度，尊重别国语言习惯，特别是在两种或以上语言混用时，应根据上下文和整个语言环境，灵活应变，确定使用哪种标点规则，以尽量规范使用标点符号。

优秀的专职校对人员应转变为加工编辑

张礼凤

近年来,越来越多的人认识到在新的出版形势下,编辑队伍需要分流:一部分编辑负责策划、组稿,即策划编辑;另一部分编辑负责图书加工,即加工编辑。我认为,随着出版改革的深入,专职校对人员也需要根据其素质、学识、经验进行分流,优秀的专职校对人员应转变为加工编辑。

一、优秀的专职校对人员在实际工作中已经扮演着加工编辑的部分角色

校对人员的职责主要有两项:一是"校异同",即校正排版上的错误;二是"校是非",也就是发现原稿的错误、疏漏和不妥之处。这第二个任务是来自编辑工作中的错漏。因此,校对工作本身就是编辑工作的延续和补充。一个优秀的校对人员,应该是个称职的加工编辑。在目前"齐、清、定"还没有完全做到的情况下,由于种种原因,经编辑加工过的书稿往往还存在不少问题,如:错别字,标点符号错误,词语和语法错误,字体、字号、版式不正确,量和单位的中文名称不符合国家标准,阿拉伯数字与汉语数字用法不规范,某些政治性、科学性、技术性和常识性错误等。优秀的校对人员对这些编辑工作中的笔误和错漏之处,都要加以订正和补遗;若是疑难问题,应及时向责任编辑提出,让作者、编辑妥善解决。因此,在实际工作中,优秀的校对人员承担了相当一部分本该由编辑完成的工作,他们一直扮演着加工编辑的部分角色。

本文发表于《出版探索论集》,广东高等教育出版社1998年版,第215~218页。

二、优秀的专职校对人员具备加工编辑所要求的条件

加工编辑的职责是对原稿内容的谋篇布局、思想性、科学性以及文字表述、图表说明、文章标题层次进行修改、补充和调整,同时对字体、字号、版面、版式作技术处理,从而使书稿符合正式出版物的各种要求。

而优秀的专职校对人员是指那些具有大专以上学历,有较好的文化素质,有多年校对经验,有强烈事业心和责任心的校对人员。他们长期在校对工作岗位上,接触过许多编辑加工过的大量书稿,熟悉各种图书加工编辑方法和手段,对出版行业的各方面规范标准比较熟悉,对于各类书稿中容易出错的地方心中有数,因而能够胜任加工编辑的工作。在实际工作中,已经有一些优秀的校对人员转成编辑或副编审,有的甚至做了出版社的总编辑,发挥其应有的才华与作用。

三、优秀的专职校对人员转变为加工编辑也是顺应编校过程电脑化的要求

随着计算机应用的普及,越来越多的作者向出版社提供磁盘稿或通过计算机网络将书稿传送到出版社。符合出版社要求的磁性介质稿省去了录入这一步骤,因而减少了绝大部分的专职校对人员所要完成的主要任务——"校异同"差错。剩下的"校是非"和少量"校异同"工作由加工编辑来完成是完全可行的。

同时,电脑排版的日益普及,必将冲击着传统的编辑加工方法——在文字稿上加工和划定版式,而把排版工作留给电脑操作人员去做,校对人员的工作实际上是给编辑"拾漏"和对排版"监工",即编、排、校分别由编辑、排版工人和校对人员各自承担,三者之间很难完全满足相互的需要,往往是编辑的意图和要求不能完全实现,不但工作效率低,编校质量也很难保证。取而代之的是,编辑直接用电脑来进行加工,即编辑直接在电脑上进行增、删、改及版式的设计等工作,这些工作由编辑在电脑上完成,编辑可以随时按照自己的意图进行加工,而且不管做了多少增、删、改工作,书稿依然能够保持清洁整齐,这就大大提高了图书编辑加工的效率,缩短了出版周期,从而保证了出版物质量。而在电脑技术引入校对工

作后，已产生了各种各样的校对软件，有的已经达到比较实用的水平，能迅速地完成初校工作，对改正系统性的错误，例如重复性的错别字或词语特别有效，从而使编、排、校一体化成为了可能。因此，原来的大量专职校对人员将逐渐减少，他们中的优秀校对人员应逐渐转变成文字和技术加工编辑。这也是出版行业电脑化的客观要求。

四、优秀的专职校对人员转变为加工编辑必须先进行必要的培训

优秀的专职校对人员要转变为加工编辑，他们的素质必然要进一步提高，以适应新形势的需要。这些人员除了要进一步提高自身的文化素质以外，还必须进行必要的培训。培训主要包括两个方面，一是电脑操作，二是编辑加工的业务知识。作为集编、排、校于一身的加工编辑，一方面必须掌握基本的计算机知识，能够熟练运用电脑排版软件和计算机辅助校对系统；另一方面要系统学习编辑加工知识，因为作为专职校对时所获得的书稿加工方面的知识是零散的、经验性的、不全面的，因此必须作系统的学习、补充和提高。最后，必须指出，并非所有专职校对人员都适合转变为加工编辑，相当一部分素质较差的人员，通过培训可分流到电脑操作人员队伍中去。另外，除了优秀的专职校对外，大部分的加工编辑是从原来的编辑队伍中分流而来的。

综上所述，我认为，随着出版行业各个环节的电脑化，在编辑队伍分流为组稿编辑、策划编辑、文字加工编辑的同时，应逐渐将优秀的专职校对人员吸收到加工编辑队伍中去，与从原来的编辑队伍中分流出的加工编辑一起，相互取长补短，把编校工作推向一个崭新的阶段。

下篇　文萃

试论大学出版物装帧风格的定位

方楚娟

　　大学出版社作为出版界的生力军，发展势头非常迅猛。她每年出版图书上万种，在图书市场上占有很大的比例。大学出版社作为该大学的一个学术窗口，以"为教学、科研服务"为办社宗旨，出版大学教材与教学参考书、学术专著、工具书及其他科普读物。她的优势是学术实力雄厚，稿源充足，质量高。但是，由于大学出版社的特殊性质，在其价值取向、审美差异的主观制约和办社条件、经济实力等客观条件的限制下，我们在图书市场上可以看到大学出版物的一个共同特点，就是它的装帧比较简朴，用纸用料比较低档，印刷不大讲究。给人的感觉是精品意识不足。这与其高档次的学术内涵显得格格不入。

　　随着图书进入市场，装帧艺术除了审美的意义外又多了一种市场需求的价值。在这种经济浪潮的冲击下，大学出版社的领导者和装帧设计者陷入了一种极端矛盾的处境之中。一方面，他们想保住自己一贯的大家风度；另一方面，他们又想赢得读者的青睐。于是乎，大学出版社的图书装帧还来不及想好自己的路，就急急忙忙跟着市场的风云动起来了。人云亦云，亦步亦趋，时好时坏，跳起了花步。这样一种短期行为只能反映出大学出版社的装帧队伍在时代面前，在市场规律面前的幼稚状态。因此，这时研究和探索大学出版物装帧风格的定位，就显得有其现实而重要的意义了。

本文发表于《出版探索论集》，广东高等教育出版社1998年版，第227～235页。

那些年 那些人

一、大学出版物与社会读物装帧的比较

大学出版物与社会读物因为政策导向的关系，它们在选题上的差异决定了各自形象上的差异。大学出版物与社会读物的最大区别就在于它的学术性，这种学术性决定了它必须具有学术性风格的形象特征。反映在装帧上，就是一种科学、理性而高雅的审美风格，与一种重娱乐、感性和通俗的审美情趣的区别。这是长期以来人们审美定势所形成的约定俗成的规矩。这种规矩作者认可，读者接受。它追求的就是一种庄重典雅的气质，显出一种厚实感、分量感。但这种风格同时也常因它的抽象、严谨和难以理解而被认为是呆板的，不贴近市场；社会读物的读者众多，读者不需具备很高的文化水平便能阅读它们。这一类选题多数可以用具象的、生动活泼的、富有诗情画意的所谓"雅俗共赏"的手法来表现。这类图书的设计一般比较容易出效果，也容易被接受。

上述两者之间由于选题内容、作者和读者群的区别，在风格形式上是不能互相取代的。用教材专著的装帧手法去设计通俗读物会令人感到死板和缺乏情调，但用通俗读物的装帧手法去设计教材专著同样不被作者和读者认可。参加首届全国高校出版社装帧工作会议的某位大学出版社社长讲了这样一件发人深省的事：该校有一位教授要出国讲学，出版社赶着出版他的一部著作。书好不容易出来了，该教授把书带出国准备送给外国友人、交流科研成果。可是，该书的封面被设计得花里胡哨，失去了学术著作应该有的品位和身份，显得很幼稚。这位教授很为难，最后还是没敢把书拿出来。非常遗憾，同时也非常气愤。这个故事让在场的听众，特别是从事装帧工作的同仁震撼很大。是啊！作为一个装帧工作者，必须深入研究自己装帧的对象，盲目跟风，必然会走入误区。从这一点看，把握好图书的内容再为他们设计外部形象就显得很重要。因此，在大学出版物与社会读物的比较上，前者在主题的挖掘、想象空间及表现力方面都受到一定的限制，而后者则不然。因而，它们的外部形象各有不同。前者或冷峻或严肃，后者或热情奔放或写意抒情、无拘无束。所以，从外表看来，前者"曲高和寡"，后者"雅俗共赏"，这都是不足为奇的。中山大学出版社出版、获中国图书奖的《碳纤维及其复合材料显微图象》一书，是一部关于航天技术材料的专著，他的作者和读者都是这一方面的专家，对他们来说，封面的装帧无需作那蹩脚的诠释与演绎。该书封面只是将科学及物质美的一面作充分的展示，予人以科学的真与诚。它只是黑白灰的构成，简洁明了。在花花绿绿的书海里，它显得如此特别，大方得体，醒目而高档，卓尔不群。该书单封面设计就获得了从国家级到地方的四个奖项。尽管它与目前流行图书的封面有较大的差异，但由于它成功地反映了该书的内涵，得到了专家、学者们的一致好评。

除了形象的差异外，大学出版物与社会出版物的另一差异是在用料和印装质量上。一方面，由于教材专著面对的读者大部分是高校的师生，考虑到广大师生的经济承受能力，必须尽可能地降低单位成本；另一方面，却因读者群的相对狭小，通常印数有限，自然加大了单位成本。为了降低单位成本以免影响定价，大学出版物在用料及印装质量上明显比社会出版物逊色，这就直接影响到大学出版物的装帧效果。另外，由于经济条件的制约，选择印装的多是小厂，技术力量不强，工人素质不高、责任心较差、马虎了事，有许多不乏创意的设计构思和设计意念都无法得以表现。可以说，有许多好的设计是被印装不好而葬送的，这不得不让设计者们深感遗憾。这是一个普遍存在的现象。

十几年前，我国的图书在国际书展上被视为站不起来的书，究其原因，就是印装质量不好。偌大一个中国只有祖先传下来的颇具特色的线装书装帧形式能获奖，令多少装帧家痛心疾首，并忍不住大声疾呼，希望我国的图书也能像中国人民一样站起来。十几年后的今天，中国的装帧事业确实有了长足的进步，敢花本钱的装帧也不乏其数，这都是社会出版物为多，它与大学出版物无缘。大学校园这堵围墙把大学与社会远远地隔开了。存在这种状况的原因何在呢？

二、存在不足的原因

首先是客观因素。由于大学教材每年出版的种类较多、印数有限、定价偏低，有相当一部分不需要讲究货架效果等，客观上造成了对其包装不那么重视。出版社本身也不重视这类书的外包装，通常印装质量较差，用纸用料以省钱为主。而专著，往往是印数极少，多为赔本书，在装帧上也

那些年　那些人

不能太讲究，能省则省。这种有心无力的情况，客观上造成了它的外包装不如人意。对于专著的设计，多数设计师都会郑重其事，因为他要包装的毕竟是教授们多年努力的心血结晶。职业道德使他们不能马虎。但设计师们也只能在捉襟见肘的印装条件许可范围内绞尽脑汁，设计出较好的方案，但往往在印刷过程中就被搞砸了，胎死腹中。用出版科的话说就是：才印那么几百册，墨色还没调好就已印完了。这确也是不争的事实。

　　其次是社会因素。长期以来，在各种各样的装帧设计评奖会上，权力和权威机构也忽略了大学教材、专著图书的存在价值，没有为这类书的装帧作出一个合理的评判标准，考虑它们的生存环境并给予一定的发展机会，使这类书变成一只害羞的"丑小鸭"。事实上，教材、专著是很难在书籍装帧评奖会上获奖的，以上所述多方面条件的制约，注定了教材、专著与评奖无缘。在那争奇斗艳的浩浩书海中，它是十足的灰姑娘，很难被看上。有的高校装帧设计人员说自己是处在"阳光"难以照到的角落，呼吁装帧评奖的组织机构和权威机构，要考虑给予属性侧重不同的各类书籍以应有的机会。

　　再次是主观因素。客观因素的存在，影响了设计者设计意图的实现；社会因素又使美术编辑对这类书的设计失去信心；多数编辑又认为这类书的读者多为研究而阅读，其阅读目的性强、方向明确，更多地注意内容本身的科学性、创造性、学术性和可读性，不像文艺书籍，读者更多地注意书籍的趣味性、娱乐性和装帧设计上的审美享受，因此，对这类书的美感追求大可不必。来自各方面的因素，造成美术编辑不重视对这类书的设计。美术编辑设计的这部分图书，多数只用来计算工作量而已。目前，美术编辑的创作的经济价值是以定额这种计算简单劳动的形式来衡量的。也就是说，是以数量来确定任务是否完成，奖金是否有着落，而不是以设计作品的水平来评定其价值的。这种在市场经济中反经济规律的分配原则也削弱了美术编辑的劳动热情。在条件限制、评奖无望、编辑要求不高、价值得不到体现等多方面因素的作用下，美术编辑主观上对这类书的外包装也没有多少设计创意。这就是教材、专著装帧水平整体下降的主观因素。

三、改变现状的必然性与必要性

随着市场经济的进一步发展，大学出版物已经步入市场竞争的行列。随着大学出版社与市场经济的接轨，目标读者群的扩大，部分学术的普及化和平民化等等，学术专著供人们选择的机会也越来越多。这使得大学出版社在一定范围和一定程度上不得不与社会上的同业展开竞争。科学技术的发展与整个社会水平的提高，促使专著、教材从内容到形式都得变，变得更适合社会的需求。人们审美需求的不断提高，开始对简陋的教材装帧感到厌恶了。而作为以出版教材、专著为主的大学出版社的装帧除了原来专注于表现内容之外，还必须同时具备审美意义上的或者说是迎合读者的竞争性设计。当然，孤立的"阳春白雪"无生存空间，但完全的"下里巴人"，又会使大学出版物失去存在的意义。所以，大学出版社就应立足自身条件，认清形势，创出品牌和精品。这是经济规律发展的必然，它不以人们的意志为转移。这是改变目前教材、专著装帧现状的必然性。

教材、专著的装帧好坏是一个民族的文化素质的体现。教材、专著作为高等学府教书育人的精神食粮，应该是内外和谐的，必须是上乘的印装质量与巧妙的设计构思的完美结合。只有这样，才能让读者喜闻乐见并增强阅读的兴趣。同时，随着教材、专著走向市场，这一部分书的装帧质量的好坏也直接影响着整个国家的图书装帧的整体水平。这是改变目前教材、专著装帧现状的必要性。

四、要改变现状在于正确的定位

如何正确为大学出版物的图书装帧风格定位，这是一个需要出版界及全体装帧同仁共同探讨，并在实践中不断完善的难题。但这绝对是一件值得大家共同来关心的事情。给大学出版物的图书一个属于自己的定位，取得全社会的共识，才能对这一类图书有一个正确的评判标准，这样就不至于使这类图书的设计无所适从而左右摇摆；只有这样，教材、专著才能在属于自己的位置上稳步发展和提高，才能使教材、专著在装帧领域中堂而皇之占有一席之地。综上所述，笔者认为，大学出版物的图书装帧风格必须定在"强化'学院派'的总体风格和强化精品意识"上。

那些年　那些人

　　首先，要强化"学院派"的总体风格。大学出版物与社会出版物的最大区别就在于它的学术风格，不保持它的特点就没有竞争力，或者说就失去了它赖以生存的基础。所以，学术风格不能削弱，而是应该强化。但要使学术专著不再"曲高和寡"，就必须立足市场，向市场靠近，去争取读者。看起来这似乎是矛盾的，其实并不然。立足市场、靠近市场就是要有时代精神，引进新技术、新工艺和新的设计意念，抛弃长期以来教材、专著板着面孔，一派不食人间烟火的"灰皮书"装帧样式。但这种改变是在保持学术风格的前提之下的。学术专著具有严谨、科学与深邃的内容，其装帧就必须以同样理性、准确和有文化底蕴的创作意念和形式去表现。同时，学术专著的读者群一般具有不同于或高于其他读者群的审美心理和审美情趣。学术专著"学院派"设计风格就既使装帧设计构成的整体形象能与其所表现的内容相吻合，又能与该读者群的审美心理产生共鸣。因此，不应该过于追求市场广告效应而失去学术著作的严肃性，也不应追求贴近市场而流于肤浅。不管怎么说，任何学科的图书装帧只要保持其自身的气质并与时代精神相结合，它就能与现代读者的审美意志和审美情趣相适应。学术著作的装帧就是要体现设计思想的文化内涵和时代精神的完美结合。可以说，大学出版物就应该是一种有大学特色的现代装帧设计。复旦大学出版社的美编室主任孙曙说过一段很形象的话："教科书因其特殊的身份，其封面装帧应该具有一种绅士风度，体现一种学院作风。以便捧着书本在校园里出入而不至于显得不协调。"向市场靠近就是市场经济的需求，但要适度，要把握好尺寸，不能丧失自身的风格和气质。

　　其次，要强化精品意识。我们看到很多优秀的图书装帧，它们并不像人们通常理解的所谓贴近市场就一定是鲜艳的颜色、耀眼的构成、刺激感官的图片等等，而是在挖掘主题上下了功夫，有内涵，简洁明了，适可而止，斯文得体，一派大家风度；在印装质量上下大力气，每一道工序都相当考究。从形式到内容给人一种和谐的美：挺拔的封面和书脊，服帖的勒口，油墨均匀而饱和，套色准确，一看就是一本精品书，是一种用心去做的精品。这是大学出版物应该追求的精品意识的一种重要体现。大学出版物从选题策划到装帧设计都要有品牌意识和精品意识。这就不是只靠装帧设计者可以做到的了，要靠出版社的全体人员，特别是出版社的领导、编辑和出版人员，他们都要花大力气。只有大家都提高了精品意识，大学出版社的发展才能真正走上康庄大道。

再次，零散教材也要体现"学院味"的整体风格。对于容易使大学出版物的装帧背上坏名声的零散教材，要把它们化零为整。归成几类，设计成几种统一的开本和装帧上统一的整体风格。具体的做法，可以设计出一种大家认同的、比较成功的具有学院风格的格式以后，大批运用。这样做的好处是：可以减少普通教材不必要的每种都重新投入设计的工作强度，而把设计十几本或几十本的精力集中到一个方案上，这样容易出效果，不会打乱仗；不会因为精力分散并对教材不重视和马虎应付，或对质量放松要求，产生出时好时坏的不稳定现象，让出版社的形象受到损害，保证了出版社封面设计的质量；而且这种整体风格的形成和输出也有利于出版企业形象的推广。

通过上述诸方面的分析，不难得出一个结论：大学出版物的装帧要走出低谷，必须在出版界内取得共识，大家都来支持这一事业。大学出版物要有大学出版物的特点，没有特点、没有个性，就没有存在的价值。大学出版物的装帧要走自己的路，要在自己确定的位置上求发展。出版社各部门要给予条件，在合理的印装质量要求下尽可能给予满足；美术编辑要自重自爱，明确自己的努力方向和恪守自身的职业道德，不断提高自身素质和设计水平；权威机构在艺术评判标准与价值取向方面要给予这一部分图书的装帧设计生存和发展的空间。只要全社会都予以重视，大学出版物的装帧设计就必定会迎来辉煌的明天。

那些年　那些人

封面设计呼唤高雅品位

朱蔼华

　　封面是书刊的脸面。优秀的封面设计应当表里一致，尽力反映出书刊的内涵，显示出高雅的格调与品位。

　　然而，也许是商潮激荡、人心浮躁所致，眼下许多图书的封面设计却走进了误区。

　　误区之一是，美女如云，似遮还露。尤其是某些社科类期刊的封面，期期美女更新。甚至有些科技类书刊的封面也陷进了被美女占领的怪圈，就连获得全国优秀期刊评选一等奖的某科普杂志，竟然也以泳装靓女作封面。实际上，许多书刊的名称和内容，与美女暴露多少大不相干甚至毫不相干！这就不得不让人怀疑，某些出版商和设计者意图用什么去引诱读者。可是普天之下，物极必反，封面上半遮半露的美女照大肆泛滥，不但使这些"设计"的品位显得愈益庸俗低下，而且已经令很多读者开始麻木乃至反感。

　　其实，大千世界，除了美女照，还有许多足以令人感动的美好事物，等待着封面设计者去捕捉和挖掘。例如山东出版的《青年艺术家》杂志的两期封面，选择了一位小提琴家和一位女舞蹈家的特写镜头，采用化点、层次处理等艺术手法高格调地表现出艺术家的优美神采，形式十分现代，趣味不坠俗流；又如黑龙江《党的生活》2000年第3期的封面，设计者选择了全国优秀共产党员、全国优秀法官谭彦的一幅生活照，经过概括、剪裁、强化明暗对比、色彩合并等艺术处理，使之升华为近似黑白的艺术肖像，使一位优秀法官的睿智和浩然正气跃然纸上。同样是以人物形象作

本文发表于《大学出版》2001年第4期。

封面，由于设计者的价值取向不同，审美情趣各异，封面品位就大相径庭，前者媚俗，后者高雅。时代文艺出版社 2000 年 8 月出版的《新时期争鸣文学丛书》，和上述那些社科类期刊一样也是探讨社会与人性，但它的封面设计，是寓意含蓄的连片朦胧而深沉的大山！书中内涵与封面视觉效果统一所带来的冲击，让人感动、令人深思。《故事大王》、《青年文摘》、《读者文摘》等期刊的封面设计，也能保持洁身自爱并赢得读者长久之爱。

和前述那些以克隆美女照为"设计"的封面相比，后者没有因为激荡商潮的诱惑而失去艺术品格，坚持文艺思考而不忘社会责任，尤显可贵。

封面设计的另一个误区，表现在追求"灯红酒绿"、"纸醉金迷"，期望读者的购书欲依附于斑斓的色彩，以致令不少颇有学术价值的图书的封面设计显得相当低劣。某科学家出国访问，原想把自己的著作赠送给国外同行，却因羞于那不伦不类的封面而作罢。这种封面设计形式与书籍内容相忤的现象，令许多学者深感无奈。更甚的是，有些早已为世人喜爱的中外文学名著，再版（或再译）后的封面设计花里花哨、喧闹繁杂，令人"惨不忍睹"。

文艺作品的品位，不仅体现着作者的文化追求，也体现着作者的价值取向和社会责任感。作品的视觉形象，往往比语言文字更能诱导读者的冲动与遐想。封面设计应当是书籍的文化与科学内涵在艺术上的巧妙概括，同时也是设计者和出版者本身向读者传递着自己的人格品位。社会进步要求我们的设计者和出版商负起文化传播者应有的社会责任，用健康向上的价值观念、高雅清新的审美情趣去引导读者，尤其是青少年读者。

从艺术表现来说，封面设计不仅仅在于它具有某种可以瞬间吸引读者的形式，更在于它能创造出一种可以令读者长久思索的意境，亦即赋予它深刻的艺术感染力，这正是优秀封面设计所拥有的可读性和可观赏性。

已故著名装帧艺术家曹辛之先生的书籍装帧设计深为世人所称道，就在于他的作品讲究意蕴，色彩淡雅，反对使用商业广告那种争奇斗艳的表现手法，强调合适得体，讲究形式与内容的紧密结合。获第五届全国书籍装帧艺术展览金奖的《中国急腹症治疗学》和《临床骨科学》（同为天津科学技术出版社出版）的封面设计，都不是采用那种将相关医学形象加以

直陈的图解化方式，而是通过置换与象征这一现代设计手法，使两帧设计都达到了构图简洁、色彩淡雅、寓意深刻、生动和谐而且品位高雅的境界。《中国急腹症治疗学》的封面设计者王众在《谈〈中国急腹症治疗学〉等几本科技书的封面设计》一文中说："终于，我们寻找到图形设计这个突破口；寻找到置换、象征这些手法。""除了追求对书籍的品位和内容有所表现之外，我们还力图奉献给读者更多一点东西，一点由这一装帧设计生发开来的联想和随这联想一起而来的趣味和快意。"《临床骨科学》的设计者白姑在《设计〈临床骨科学〉的体会》一文中，以跟她的设计同样高雅优美的文字说出她的思想和追求："谈到文化品位，我个人认为更多的是它的文学性。一个好的设计就像是一首诗，或是一篇可读性强的文章，它既有明朗的主题，又有流畅而优美的文字；它又像一支乐曲，同是7个音符，可以组成不同的曲调，它可以是轻快的，也可以是雄浑的，但旋律必须是优美的，才能打动听者的心弦。一个生动、成功的设计应该给人以美感，给人以遐想的天地，应该是耐人寻味的，而不是一览无余的。"

　　高雅优美的设计，源自于设计者的高尚人格和美学素养。设计者在设计封面的同时也在塑造着自己。应当说，设计风格及表现手法不应该是单一的，百花满园才是春；但是，高品位高格调应该是设计者们的共同追求。在当今中外文化正走向高度交融的时代，文化艺术工作者必须分辨其中的精华与糟粕，这是中华民族赋予我们的责任。愿书籍装帧设计者们为不断提升自己作品的艺术品位而努力！

新编辑的培养

刘学谦

或是出版社的发展，或是新老编辑的自然更替，出版行业每年都有新人加入。新生力量的到来，为出版社带来了新的理念、新的活力和新的气象，推动了出版社的蓬勃发展。与此同时，出版社也面临着一个亟待解决的问题：如何引导、培养新编辑？如何使新编辑尽快具备编辑素质，熟悉并掌握出版业务，在出版行业脱颖而出？这些问题应该是每个出版社领导甚至是每个出版人经常思考的内容，对这些问题妥善有效的解决，既解决了出版社人才培养的当务之急，使其快速步入可持续发展，又使新人能尽快得到规范而系统的指导，缩短不适期，很快融入新团队。出版社领导要重视新编辑的培养工作，制定出一套切实可行、行之有效的制度，保证新编辑的培养工作有人管、有人抓。全社上下要认识到培养新人的重要性，积极配合，为新人的成才献计献策。

新的用人制度打破了行业的界限，专业之间也没有了截然的分割。尤其在当今巨大的就业压力背景下，高校毕业生极少能够一步到位地得到与专业对口的工作，因此，重新熟悉专业领域、学习专业技能就成为许多职场新人必须面对的问题。出版行业属于特殊领域，既涉及意识形态，又包含具体的专业要求；既与文化学术密切相关，又涉及生产销售，非某一专业所能涵盖。少数高校开设了编辑出版专业课程，但学生毕业后实际从事编辑工作的不多。仅从近两年我社新进编辑的学科背景来看，没有一个属于科班出身。因此，如何培养新编辑成为出版社无法绕开的问题。

新编辑的培养大体上应从如下方面进行。

一、意识形态方面

出版作为一项特殊的行业,要求从业人员尤其是编辑必须具备如下素质:了解我国出版工作的指导思想、方针政策,认识出版在社会文化传播中的地位、功能和作用,坚持出版在文化传播中的正确导向,树立正确的职业观,端正对编辑工作的认识,等等。

1. 了解我国出版工作的指导思想和方针政策

不同的社会制度有不同的出版方针,我国的出版方针是由我国社会主义制度和出版工作性质的历史任务决定的。早在1994年8月31日,中共中央政治局委员、时任中宣部部长的丁关根在全国新闻出版局长座谈会上的讲话对出版工作的指导思想和基本方针原则作了明确、简要的表述。出版工作的指导思想,概括起来就是"四坚持、四服务",即坚持以邓小平建设有中国特色社会主义理论为根本指导,坚持党的基本路线,坚持解放思想、实事求是,坚持党的工作大局,为改革开放和经济建设服务,为社会主义精神文明建设服务,为弘扬民族文化和促进对外交流服务,为满足人民精神文化生活服务。我国出版工作的方针原则,概括起来就是"五坚持":坚持为人民服务、为社会主义服务;坚持重在建设,弘扬主旋律,提倡多元化;坚持社会效益第一,经济效益同社会效益相统一;坚持百花齐放、百家争鸣;坚持走改革开放之路。

2. 明确出版在社会文化传播中的地位、功能和作用

人类文化传播的方式有直接传播和间接传播,两种传播方式各有优劣。直接传播要受到时间、地点等客观条件的影响,无法随时随地进行;间接传播不受时空的限制,但又存在传播对象的盲目性、传播过程中的失真性和传播效果的不确定性等缺陷。为了最大限度地减少间接传播的种种缺陷,出版这个融桥梁作用和沟通功能于一身的行业诞生了,它在文化传播中扮演着调节和沟通传播者与接受者的角色,使两者更好地实现信息共享。身为中介的出版者(编辑人员),必须深刻了解自己在文化传播中的职责及肩负的重任,按照社会整体利益的需要,遵循一定的方针原则对文化传播进行各种调整,比如,组织和调节精神文化产品的生产和消费,对文化信息的传播进行把关,积累、传承和开发精神文化财富,促进文化交

流，进行文化创新。

3. 树立正确的职业观，端正对编辑工作的认识

大学生在毕业前，学校要对其进行职业规划，那主要是针对学科专业和个人所长进行的职业设计，更多的是一种务虚的行为。由于编辑行业的特殊性，非某一专业或学科所能概括，因此，新入职人员必须重新全面了解出版行业，了解编辑职业，树立正确的职业观。所谓职业观，是指择业者对职业的认识、态度和观点，如对职业评价及择业方向等的认识。职业观是择业者选择职业的指导思想。编辑工作的特点决定了编辑从业者必须对出版行业有全面而深刻的认识，在党的出版方针指导下，乐于奉献，甘当幕后英雄，促进国家的"两个文明"建设。编辑工作既是一项高尚、光荣的职业，但又是一项艰苦、细致的劳动；编辑工作既需要继承，又离不开创新。了解了编辑工作的性质，才能在工作中摆正自己的心态，明确自己的职责，做到勤勤恳恳、兢兢业业，乐于奉献、勇于创新。

二、实操技能方面

对新人而言，有了正确的编辑方针的指导，明白了编辑工作的职责，树立了正确的职业观，这些仅仅为编辑工作打下了理论上的基础。一切理论都是为了指导实践的，都是为实践服务的。下面谈谈如何在实践方面培养新编辑。

1. 重视对新人的言传身教

俗话说，"榜样的力量是无穷的"。给予新人正确的引导，莫过于老编辑首先应具备过硬的专业技能，比如良好的业务素质和政策水平，不错的语言表达能力和社会活动能力，以及灵敏的捕捉市场的能力。对编辑工作始终充满热情，不抱怨，不懈怠，给新人树立一个积极向上的形象。主动关心新人的成长，经常与他们交流思想，了解他们对工作的想法和要求，及时解决或排解他们在工作中遇到的困难或困惑，激发他们的工作热情，帮助他们树立远大的工作目标，使他们尽快成为合格的出版工作者。

2. 尽早让新人参与出版流程的全过程

目前，一些出版社的通行做法是，给入职新人上几堂有关出版编辑的

那些年　那些人

课，推荐几本出版编辑方面的书，然后将他们安排到校对部门，由专职校对人员去指导他们。几个月后，这些新人开始接触书稿，从校对这个环节开始认识出版，认识编辑工作。他们通常在校对部门工作半年后转入编辑部，开始所谓真正意义上的编辑职业活动。这样做的好处在于，新人从最基本的校对做起，通过校对工作来了解编辑工作，为后面的编辑工作打下基础。

这种培养编辑的模式在业界流行已久，且得到了广泛的认可。但是，随着我国出版事业的蓬勃发展，市场经济的日趋成熟，传统的编辑培养模式受到了新的挑战。笔者就此问题进行了长期思考，对这种培养编辑的惯用做法提出如下不同看法：

第一，编辑工作不仅仅限于文字层面。传统的编辑培养方法强调了编辑工作中最基本的文字处理方法和技巧，了解了常规的编辑规程，但这仅限于文字处理环节。应该认识到，编辑工作涉及从研发到营销的全过程，相对来说，文字处理还不是最重要的环节。半年的校对工作经历对新人了解编辑业务意义不大，到编辑部后，他们通常还得从头学习文字处理技术以外的编辑知识，比如如何策划选题、如何约见作者、如何宣传图书、如何跟踪市场等等，实实在在接触到出版，方意识到不懂的知识太多，还得从头开始了解出版。我的建议是，新人一入职，应该首先去销售部门见习半年，从认识市场开始感觉图书。在此环节，新人能学习有关图书营销—市场反馈等知识，培养市场意识，对接下来的选题策划有指导性意义。在销售部工作半年后再到编辑部，由资深编辑带着，熟悉筛选选题—面见作者—加工书稿—装帧设计等环节，由此完成从研发到营销的一个大循环。对专业编辑的要求应该从一开始就与专业校对区别开来，不能按一个模式来培养，时间成本也应该纳入编辑培养的考虑范围。

第二，要体现因材施教。应当承认每个个体的差异，在编辑的培养过程中做到因人而异、因材施教，切忌"一刀切"的做法。对那些在某环节有特长或擅长某项工作的新人，要用其所长。比如，有的人文字功底不错，但不擅长交际应酬；有的人市场触觉敏感，肯动脑子，但又不肯做具体的案头工作。好的机制能够让每个人都发挥各自所长，心情舒畅。

第三，提倡"传、帮、带"。建议采用"师傅带徒弟"的模式（也叫

"导师制"模式）对新人进行"传、帮、带"，这样既充分发挥了优秀编辑的长处，给他们更大的展示平台来培养新编辑。指定一些素质过硬、业务全面的编辑，作为新人的"师傅"或"导师"，也让新人随时有人管有人帮，使新人体会到组织的温暖，尽快融入新的团队，步入职业正轨，快速成为合格的编辑。

那些年 那些人

图书出版的印数控制

杨 捷

  图书出版印数制定是编辑出版人员经常面临的一个问题，出版社如果长期在这个问题上忽略管理，就容易造成库存积压、资金周转不畅等一系列问题，最终影响图书的经济效益和出版社的良好运行。本文就结合实际工作对图书出版的印数控制谈谈以下几点想法和建议。

  第一，参与印数制定的主体要实现多元化。在传统做法上，图书印数由责任编辑一人敲定，这种"闭门造车"的做法很不妥。印数大小主要取决于市场需求大小，编辑虽然熟悉选题个体的特殊性，但对市场很难有深入了解，而发行人员直接与市场打交道，容易把握市场规律，所以，为了减少印数制定的盲目性，图书出版的印数制定至少应该是编辑与发行部门共同参与制定，编辑与发行任何一个主体的空缺都可能导致印数决策与现实市场的脱节。发行人员最好从图书选题的论证直至印数制定都全程参与，付印前，编辑应对发行人员详细介绍新书的内容、特点、背景资料，发行业务员也根据自己对市场的了解给予编辑一定的意见。在多元化建设上，出版社甚至还可以建立以选题策划编辑和市场销售人员为核心，并吸纳相关的生产、储运甚至财务人员参加的团队，进行集体论证的印量控制决策机制。

  第二，印前要充分重视选题再论证，预测目标市场容量。第一步，要通过选题再论证来预测与其适应的读者群的范围，读者群包括潜在读者与现实读者、基本读者与随机读者、计划读者与市场读者。第二步，综合各种市场因素，对读者群市场再进行细分，确定目标读者，并进一步研究目

本文发表于《科技与出版》2005年第6期。

标读者市场的分布，分析市场容量，摸清市场特征。图书是一种需求弹性很高的超必需品，读者对图书商品的需求在不同的市场因素条件下是不同的，且会随着各种市场因素的变化而发生较大的变化。除了图书本身的内容和价格因素外，影响读者购买倾向的市场因素还有很多，如居民收入、读者消费心理和消费结构、其他同类书或相关图书的市场占有情况、读者对出版社的忠诚度、社会舆论导向等等。

第三，做好全方位的信息搜集和分析。信息搜集和分析如及时、准确，能有效降低印数决策的盲目性，对加印和将来的选题思路都有参考价值。出版社可以组建一个专门负责搜集市场信息并对采集来的信息进行综合分析的市场部。市场部应随时维护和扩大自己的信息来源渠道。信息来源渠道有多种，比较典型的是从全国有地区代表性和销售代表性的大型综合书店和大型专业书店采集信息，像北京西单图书大厦、广州购书中心、天津计算机书店等大型书店，并积极维护与它们之间的信息数据的双向提供；还可以积极开展与市场开卷公司的长期合作，这尤其有利于定期获得人文社科类、文艺类图书等的零售市场报告及信息。对采集来的信息，可通过业务分析会等形式，分析各类图书的动销率和市场变化特征。信息搜集也包括搜集个性化的市场信息反馈。市场部可以以点带面地定期统计一些零售卖场的信息进行汇总和分析，统计本社当月图书在这些零售卖场的进、销、存情况，加强对内部图书发行数据的监控和分析，高度重视市场、读者、经销商及新华书店的反馈意见和信息，并加以筛选和分析。

第四，不要忽视重印时机的选择。重印时机选择不当，会影响重印数量制定的科学性和准确性。重印时机的选择有两种思路：一是未雨绸缪，通过对选题的再分析和选题前阶段的市场表现提前做出重印决定；二是根据首印数量事先确定一个重印临界点，也就是在首印阶段就确定一个风险库存数，当库存达到重印临界点时就必须及时重印。另外，重印时机的选择还必须有赖于重印预警机制的建立。在实践工作中，经常会出现这样两种现象：一看到书库里某种书即将断档，就马上着手重印，实际上，这些书可能尚在途中或是压在中盘那儿，这是重印过早的表现；或者以为新书刚发出去，还不着急重印，实际上，销售端已经销完了，这是重印过晚的表现。重印时机决策之所以失误，关键是缺乏有效的重印预警机制。要建

那些年　那些人

立有效的预警机制，出版社必须随时关注产、供、销这一信息流的建设，其中，必须以图书批发商或经销商这一"中盘"的信息数据做支撑，"中盘"信息数据如能准确及时地回流到上游，可以有效地引导出版社重印工作的展开，减少重印的失误。

第五，对不同类别的图书实施不同的印数策略。对于教材、培训用书这类有一定市场规律性的图书，因为它们的目标市场容量相对容易统计，印数选择上不妨未雨绸缪。对于市场规律性特强的考试类图书，因为它们的时效性要求很高，市场行情变化很快，则首印时要在市场统计方面多下功夫，尽可能地减少印次来降低风险。对于大众图书，因为它们的市场前景难以准确预测，印数策略要坚持"宁少勿多、少印数多印次"的稳健原则，这样即便是单印次的印刷成本会有所上升，它也会比由多印而造成库存积压所带来的损失小得多。大众图书印数的制定可以参考两个简单的运算公式。已知，出版社最近一年的平均销售数为 A，年平均退货率为 B，单品种图书市场预期成长率为 C，单品种图书的库存为 D，则首印数公式为 A×（1＋C）×（1＋B），重印数公式为 A×（1＋C）－D。首印公式中的 C 是一个变数，具体数值可由该选题的策划编辑先提出，在计算过程中，再随时根据具体情况作适当调整。重印公式中的 C 要根据首印基础上的市场表现再作调整，D 可以是首印时设定的重印临界点，也可以是实际库存数，根据决策时的具体情况而定。不过，运用公式不是万能的，在使用时一定要结合具体情况进行具体分析和灵活调整。

第六，印前最好计算实现图书收支平衡的销售册数，即要销售多少册才能与生产成本持平。这对于具体落实图书印数和预测销售前景均能起到很好的作用。这里举个例子来加以说明。例如，某图书定价为 20.00 元，10 个印张；每册收入统计：65％的折扣，则每册收入 13.00 元；每册生产成本统计：版税（定价的 7％）1.40 元，印制成本（0.25 元/印张）2.50 元，管理费和发行费（码洋的 8％）1.60 元，合计为 5.50 元。则每册可支付生产成本为：13.00－5.50＝7.50（元）。如果首印数定为 10000 册，则实现收支平衡的销售册数为：55000÷7.50≈7333（册）；如果这个数量在目标市场统计的预测值内，则说明首印 10000 册是可行的。

下篇 文萃

中国需要真正的研究型大学出版社

葛 洪

20世纪90年代中期以后,知识经济初见端倪,为了实现中华民族的伟大复兴,我国政府清醒地认识到,与其他发展中国家一样,应该"紧急行动起来,扩充高等教育的数量和提高质量应该成为一项优先发展战略",并把"将一流大学变为国家科技领先世界的发动机"作为一个重要的策略选择,我国的一批优秀大学开始了创建研究型大学的急剧变革,而附属于这些大学的出版社也理应被赋予研究型大学出版机构的本质属性。然而令人遗憾的是,我国目前还没有一所真正意义上的研究型大学出版社。因此,本文欲就中国为什么需要研究型大学出版社及其应然制度设计展开探讨。

一、我国大学出版社的发展困境启示我们应该构建研究型大学出版社

我国大学出版社目前普遍实行的是"事业单位,企业管理"的体制,出版大学教材是其主要的利润来源。然而由其自身的使命、功能及教学特征所决定,研究型大学致力于对原创性科研成果的追求,教材的开发和使用被天然地排除在成果评价系统之外,正如第34届英国学术与专业书商协会年会所分析的:"学术研究评估机构也不再享有对教材的授权。"这无疑意味着附属的出版社在教材的开发和生产方面已经不再处于优势地位,甚至不可能是其主导型经济方式,其生存形态必然发生根本性变革。但这一变革却遭遇到来自现行制度安排的深层次约束,中国大学出版社的发展

本文发表于《出版工作》2006年第1期。

困境是显在的。

1. 使命意识缺位

在过去的20多年中，准垄断性的商业运营，不仅为大学出版社的发展创造了条件，更为其承担相应的学术使命——出版学术著作提供了一定的政策性资源保障，确保了一大批优秀的学术著作得以面世。但由于学术水准毕竟是大学出版社非首要的价值追求，因而，学术著作出版难的瓶颈并没有完全被突破，使得"在社会科学和人文科学领域，要使成果变为铅字尤为困难，而且成果的出版或发表不被拖延几乎是不可能的"。大学的急剧扩张、研究力量的迅速膨胀、社会的期待等，并没有使在"这些学科领域发表著作的主要出版机构"——大学出版社的学术著作的"数量和出版计划增加太多"，甚至有逐渐萎缩的趋势。

2. 属性认知错位

作为与公部门相对立而存在的私部门，企业秉持特有的价值观，"企业的任务是在市场中保持高度的竞争力与效益。利润增长不仅被视为是企业生存的底线，而且被视为一种积极的社会、经济物品"，政府仅需"通过适当的规制措施确保"与"不损害社会公共利益"，而无权要求其承担公共和社会责任。因此，如今的研究型大学的出版社混同于普通出版机构，与商业性出版机构争市场、抢饭吃，并进而直接导致其使命意识的缺位及相应的制度设计缺失，其存在的价值和应有的生机及活力便不禁令人担忧。对这一现状及其原因，唐纳德·肯尼迪描述道："由于所在大学削减预算，这些出版社也面临着巨大的经济压力。一个明显的趋势是，这些出版社已经倾向于出版那些有商业价值的书，而不是传统的学术著作。"

3. 供求结构变化

随着我国市场化改革的不断深入，大学出版社原有的"准市场化"模式遭遇到深刻的内在危机和来自商业性出版机构的严峻的外部挑战。如今，教材和教学资源的"准垄断性"供给模式已经完全被打破，完全竞争性市场业已形成，而网络化电子教学资源的全面冲击和快捷、便利及廉价的复印、速印、数码印刷技术的挑战，都在从根本上改变教材的市场模式。此外，收藏学术图书的主要机构——大学图书馆——的购买行为发生了变化：政策向科研倾斜导致图书馆的预算用在图书方面的费用减少，而用于订购期刊的费用却急剧上升,同时还大力发展电子资源。大学的学习者也更多地依赖期刊和便利的电子资源作为参考工具书,从而减少了对图书的需求。

4. 教学模式转变

依据卡内基教学促进基金会《高等教育机构分类》所确立的标准,研究型大学必须严格满足的两大指标之一是,提供从学士学位到博士学位的教育,赋予研究以高优先性,其相应的学习必然以研究为取向,使得对学习资源需求呈现出多元化、个性化、定制化等特点,同时技术的发展也为此提供了实现的可能性。具体表现为:

专业分类更为细致,个性化特征更强而类型化特征较弱,教学方法也有明显的不同,"以教授和学生之间的对话取代讲演课的独白",从而"有助于转变教学和学习的性质",因此,夸美纽斯所倡导的"班级授课制"——"福特式"人才规模化生产方式至少在研究型大学不复有存在的可能,基本摆脱了对规模化教科书生产的依赖,丰富而多元的学习资源成为学习的主要依赖,这类学习资源类型繁多但需求量较小,导致图书市场的精致化和高度细分,"学术图书日渐成为服务于某门课程的补充读物"……教材也仅是"多种用途的参考工具书"的一种,传统上大学出版社赖以生存的经济支柱——教科书出版优势不再。

现代印制技术和数字出版技术的飞速发展,使得低成本的小规模印刷品的制作成为可能,"一位教授可以从众多相关渠道很容易地为一个班级收集定做一套读物,这对教学当然是有益的,但却可能剥夺相关作者从其成果中获取收益的权利"。在美国,"如今已经形成了一种新的出版业,为首者是大学的书店和复印公司","一位教授如果想为某门课程收集一套读物,他只需要向校园书店提供一张所需内容条目的复印清单。然后,书店为这套读物做一次廉价的出版工作,使教授能够以成本(或略高)价格将读物提供给学生。"笔者的经验观察表明,目前,在我国的高校,复印一本图书的费用大约只相当于购买该图书费用的1/3,因而,对于学习者而言,复印而非购买显然是其优先选择。

研究型大学的出版社不能以学术出版为其首要使命,而是在与商业性出版社抢市场,争饭吃;大学出版社赖以生存的教材正在受到期刊等其他

媒体的挑战；个性化的教学模式和数字出版技术的飞速发展，对批量出版大学教材构成严重威胁。大学出版社一旦失去大学教材利润的支撑，其生存都很困难，又如何能担当学术出版的使命。所以，研究型大学的出版社要想担负起学术出版的使命就必须转型为研究型大学出版社，也就是非营利性出版社。

二、日本的教训警示我们应该构建研究型大学出版社

1. 富而不强

早在20世纪30年代，日本的学术出版受到政府政策资源的支持和鼓励，保持其独立的学术品格，取得了辉煌的成就，其以典籍和知识为特质的文库版图书成为出版业的明星和骄傲，支撑着日本的文化品格和文化性质。战后，像其他产业部门一样，出版业也将经济效益视作其首要价值，致力于对产值的追求，完全为市场所驱使——努力贴近时代潮流，对市场亦步亦趋，最终导致了"出版原本赋有的文化教育上的追求，变成了对市场和时潮的讨好和乞求；出版对阅读口味和视野的引导，变成了对读者喜好的迁就和附和。读者口味愈下降，出版愈迁就，日复一日，年复一年，读者、出版者素质双双下滑"，其对社会文化的影响可想而知。经济实力急剧增强，使日本一跃成为世界第二经济大国和技术大国，但文化品格随着商业繁荣的陨落，使之无法跻身于政治、科学和文化强国。

2. 根基丧失

日本出版业完全市场化的直接结果是，高层次的文化、艺术、学术著作急剧减少，原创性著作大大缺乏，短期效益成为其出版机构的首要价值，价值观完全由翻译而来的欧美流行作品所主导，使得作为民族根基的文化性格完全丧失。究其原因，乃是其"博士专业出人意外地薄弱；人文学科和社会科学尤为贫乏"所致。

3. 知识生产原动力不足

由于"日本是一个一向强调教育和拥有高度训练的劳动力的国家"，其"研究生院的主要力量是直到硕士学位的工程师训练。博士专业长时期来主要专用于在医学和工程专业领域的开业者"。日本工业化和现代化的实现，依赖于先进技术的"拿来主义"路线，高等教育完全"移位于工

业",其研究也着力于应用。对基础科学的长期不重视,高水准的学术著作既无需求又无传播途径,进而更制约了基础科学、人文科学和社会科学的进步,导致其技术日益面临因科学根基缺失所无法避免的挑战,连日本改革家自己都怀疑其"是否能发展一个建立在学术研究上的更加健全的高级教学和学习的系统"。为此,在20世纪80年代和90年代,日本以美国研究型大学为效仿对象,创建了综合研究生院和国际发展研究生院。

4. 激励机制乏力

一方面,原本就严重不足的学术著作出版的预算资源被迫一再削减,使得"通常需要较长时间的酝酿和推敲"来支撑一个民族文化脊梁的人文科学和社会科学成果难以出版;另一方面,现代技术的运用,使得知识产权无法保障,由此而导致知识生产的激励机制乏力,无疑会从根本上制约知识生产的数量和质量。

从以上分析不难发现,国家富强的意蕴是丰富而多元的,它绝非仅限于经济规模,文化的辐射力无疑是其中的最核心内涵之一。富而不强的日本并非我们的发展归宿,前车之鉴,使处于社会急剧转型期的我们不得不慎思之。

如今,我们正在为实现中华民族的伟大复兴而进行艰苦卓绝的努力,国家富强是中华民族的梦想,而振兴科技和教育是必然的路径选择和优先发展战略。毋庸置疑的是,学术成果的出版不仅是研究型大学乃至整个社会"全面、协调、可持续发展"的重要环节,更是建设社会主义和谐社会的必然要求。为此,研究型大学的出版社只有转变为非营利性的研究型大学出版社,使政府和大学为知识产品的呈现提供适当的政策性资源、平台和机制,才能保障国家高等教育改革目标和研究型大学建设目标的顺利实现。

三、我国研究型大学出版社的应然制度设计

1. 当然使命

(1) 理论前提。经典组织理论显示,使命是一个机构的核心价值追求,它直接决定了机构的存在、制度设计、结构和努力方向,因而,它是制度的内核。为了对研究型大学出版社的使命有比较清晰的认识,我们不

妨建立一个参考坐标，即略加考察欧美著名研究型大学出版社所明确标示的使命。

（2）经验描述。创建于1478年的牛津大学出版社，堪称世界出版业的航空母舰，年出版图书达4500多种，其出版物行销世界50多个国家和地区。创建伊始，即宣称将"依靠出版全世界最优秀的研究、学术著作及教育图书以强化大学的目标"。仅其在美国的分支机构，每年出版的高水平学术著作就达500余种，其中的绝大部分适时地代表了相关学科领域的最高成就，包括欧美在内的许多国家的学者，无不将能在该出版社出版学术成果视作自己的骄傲。

哥伦比亚大学出版社创建于1893年，但几年前已从大学分离出去独立运营，属典型的分离型。但其始终与大学保持着非常紧密的互助关系。在1931年，她就是美国最大的大学出版社，在全美的出版机构中排名第25位，现在依然处于美国大学出版社的前列，以出版学术研究文献和杰出的学术著作而享誉世界。在其非企业机构注册执照上，哥伦比亚大学出版社明确表述了她的使命：促进经济学、历史学、文学、自然科学及其他学科的发展；促进和鼓励文献著作的出版，收录相关学科领域的原创性研究。

耶鲁大学出版社明确地昭示了自己的使命：依靠致力于对人类事务全面理解的系列著作的出版，帮助耶鲁大学实现其思想与真理的发现和扩散这一核心目标。出版的图书和其他出版物应能增进学术研究、提升学科间的质询、引发公众争论、教育课堂内外的人士、增进文化生活。通过图书的发行将杰出的学者与高技能编辑、设计、生产和市场联系在一起，增强校内外人士对知识追求的范围和活力。

美国第一所研究型大学——约翰·霍普金斯大学也在一开始就创建了自己的出版社，其创办者、首任校长盖门（Gilman）曾说，出版社的使命应该是"增进知识，并将其不仅传播给那些每天能到课堂上课的人，而且还应将其传播得更远更广泛，这是一所大学最崇高的责任之一"。因而，"与教学和研究一样，出版是一个伟大的大学的一项基本义务"。可见，大学要真正成就其伟大，就无疑有责任和义务将自己的出版视为与教学和研究同样伟大的事业。需特别指出的是，盖门使用了"基本义务"（a primary obligation）这一词组，其深刻意蕴足以发人深省。

（3）分析结论。从以上描述中，不难得出结论，无论与大学的关系模式如何，研究型大学出版社都无一例外地将强化大学的目标作为自己的追求，旗帜鲜明地打出学术性出版机构的招牌，义不容辞地承担起相应的学术使命。其出版物不仅是大学学术成就的标签，更是学者学术身价的标识——在评聘学术职称、职务和职位时，拥有著名研究型大学出版社出版的学术著作者，往往被赋予更多权重和更强的竞争力。

由此可见，我们在积极创建研究型大学的同时，必须赋予研究型大学出版社以最大的学术责任和最强的使命，着力将其构建为具有"学术标签"性质的出版机构，以适时地标示我国的最高学术成就，引领学术潮流和学术方向，支撑起饱满的民族文化性格，主导整个民族的精神系统和价值系统。

2. 本质属性

（1）理论前提。著名政治学家林德布洛姆（C. E. Lindblom）曾说："在世界上所有的政治制度中，大部分政治是经济性的，而大部分经济亦是政治性的。"由此自然地促使私人领域与公共领域的分野并进而成为社会组织形式和制度设计的基础。因而，准确地界定研究型大学出版社的本质属性，无疑是其制度设计充分且必要的前置条件。

政治学家和公共经济学家一致认为，机构的属性取决于其所提供的产品或服务的属性。在最近 20 年里，有大量的文献关注把公益物品或者集体物品与私益物品或者个人物品区别开来，以此来界定机构的属性和决定相应的制度安排及资源配置方式。

尽管对这一问题展开理论探讨并在实践中加以理性运用只是 20 世纪 50 年代以后的事情，但无论是在东方还是在西方，自最早期文献出现起，都十分强调文化教育的公共属性。"学术官守"是我国一以贯之的传统，据章学诚考察，早在西周时代，就已确立了"官守学业，皆出于一，而天下以同文为治，故私门无著述文字"的制度安排。而古希腊哲学家柏拉图更是持极端政治化理想，他主张"公民的整个精神和道德生活都处于一种严格的监督之下，整个国家采用一种宗教社团的形式……宗教、艺术和科学融合成一个不可分割的整体"，"艺术作品，随处都是；使他们如春风化

雨，潜移默化，不知不觉之间受到熏陶，从童年起，就和优美、理智融合为一"。柏拉图虽未专门谈到学术，但在他的视域里，文化是一个整体，具有完全的公共性。

由于学术往往以具有明显商业价值的图书为载体，如果不作相对细分的考察，图书的商品性——私人品属性将掩盖其公共品内涵，而真实价值则无意间遭到贬损。事实上，学术水准高、原创性强的学术著作，当期商业价值低而潜在商业价值高，生命力、影响力更持久，能产生更多价值外溢，甚至可被视作价值的代际储存，具有较高的代际公平贡献率，是典型的公益性物品。

（2）经验描述。欧美国家几乎无一例外地将以承担学术著作出版为主要使命的出版机构，统称为学术性出版机构，以区别于追求出版物的当期商业价值的商业性出版机构。例如，2002—2003年度运营盈余达3000万英镑的牛津大学出版社，一直被界定为慈善性教育机构，与牛津大学的各学院性质完全一样。而全世界市场化程度最高的美国，无论其与大学之间有无产权关联和隶属关系，一律以非营利机构的性质注册，以便驱使它们服务于公益性目标。

（3）分析结论。在此前的20多年间，作为预算资源约束的直接产物，加上非细分的市场形态，我国没有对大学出版社实施类型化的区分，在大学内部被界定为产业部门，其公益性质被抹杀。这就意味着它们必须将对利润的追求作为首要价值，而社会责任、公共精神成了可有可无的东西，其直接的结果是放弃公共空间和学术使命。

由此，本文认为，我国的研究型大学出版社应该依循欧美国家通行的分类模式，将其界定为非营利机构，依据此属性赋予其相应的法律地位并驱使其承担相应的使命。

3. 外部制度系统

（1）法律基础。依照现行的《非企业机构登记管理条例》对其加以管理和控制，待全国人民代表大会正在进行的非营利机构立法完成后，逐渐实现对此类机构管理和控制的法制化、制度化。在大学内部，确认出版社的使命与大学的使命具有高度的同一性，二者是相辅相成、荣辱与共的关系，从而使其享有与各学院和研究机构同等的地位，成为非独立法人机构。

（2）资源保障。根据发达国家通行的法律惯例和我国现行的《非企业机构登记管理条例》，非营利机构享受完全的税收减免，但运营收益的盈余部分不得在机构内部进行分配和用于人员消费。因此，国家预算内拨付给研究型大学出版社的人员工资和福利不应再被所在大学截留并挪作他用；出版社的人力资源也应纳入大学的编制之内，享有与教学和科研人员同等待遇，以彻底打开人力资源瓶颈，使从业人员具有承担使命的应有学术基准。

（3）财政管理。学校的财务和审计部门依法对出版社的财务活动加以管理和监督，成立专门的委员会，决定基金的投资重点和方向。牛津大学的做法是：任命一个由学校的成员代表、出版社的低层管理者和外部顾问组成的财务委员会（the Finance Committee），像企业的董事会一样运作，其主席由大学任命，只有著名教授才有任职资格。

（4）项目管理。可仿照牛津大学的做法，在校级层面上成立出版专业委员会，由副校长任主席，各学院、研究机构最优秀的学者代表参与，定期开会研究决定出版社的政策，积极参与具体的出版项目——所有的出版项目必须提交给该机构讨论，并由其批准，代表们就其所代表的学科领域，与出版社的编辑保持紧密的对话关系。

（5）项目审查。采用国际通行的匿名审稿制度，以确保出版物的学术水准；实施重要教材的社会招标制度。

4. 内部制度系统

（1）使命确认。作为一个共同的意义系统，机构为使命而存在，因而，对使命的确认，是驱动机构有效运行的首要环节。研究型大学的出版机构，必须使全体员工在担当学术使命和达成大学目标方面达成共识。

（2）治理形态。与牛津大学出版社一样，我国的研究型大学出版社应该选拔任命执行官，负责日常运营。

（3）出版物结构。基于对使命和目标的认知，致力于开发与大学目标实现保持高度统一性的出版项目，包括代表所在大学最高学术水平，能标示自身学术成就的学术著作，尤其是最具特色学科领域的学术成果，以凸显学校在国内国际的学术地位，引导学术发展的方向和潮流；不同学科和

研究项目的可持续发展研究资源、供研究性学习的文献资源等；开发高品质的教材和教学资源，从而在整体上成为实现大学整体目标的教学和研究资源提供者。

（4）人力资源开发。全面提高人力资源准入门槛，将大学最有特色的学科的力量调动起来，选拔在相关学科领域有较高学术造诣的高学历人员进入出版社工作，从而保持出版社与最优秀的学者之间的学术对话能力，以保障所开发项目的学术基准；彻底改变过去准入门槛低，对人力资本掠夺性使用的局面，坚持人力资源的开发性使用，树立终身学习的理念，与时俱进，坚定不移地走专业化方向，使出版社的每一位员工都成为相关学科的专家，以保持对学术前沿的敏锐识别力，成为项目开发能力、组织能力及编辑含量的不竭源泉。

（5）品质管理。由于学术著作具有持久的影响力和文化、商业价值的代际储存、传递特性，因而，学术性出版物的质量便自然地成了学术成就的有机构成，甚至是学术的生命体征，为此，在出版社内部，必须建立完善的品质保障体系。

（6）市场开发。变化了的市场形态和规模、出版物的结构形态等，必然驱动产品市场开发的变革。未来的研究型大学出版社的市场特点为：目标读者群的高确定性、细分性、精致性。因此，其市场开发策略必须彻底改变，由原来的点—线—面式的金字塔结构转变为点—点的放射状结构；开拓直销、邮购及网上购书平台；与各级各类公共图书馆，大学、研究所图书馆，院系资料室，专家学者和研究生等建立契约化的供求关系，以减少图书销售的中间环节，降低交易成本，缩短图书到达目标读者的时间。

四、结论

制度构成着关键的社会资本，是社会生产性的要素禀赋。著名经济史学家、制度经济学的重要创始人道格拉斯·诺斯在其代表作《西方世界的兴起》中曾说：一项专为包括新思想、发明和创新在内的知识所有权而制定的法律可以提供更为经常的刺激。没有这种所有权，便没有人会为社会利益而拿私人财产冒险。因而，保障国家科学技术创新体系的知识生产力的基础，是对这一体系本身进行制度创新，而促进研究型大学——国家科学技术和文化"引力中心"的出产性和有效性的制度设计则是其中的一个至关重要的组成部分。以研究型大学出版社为主体的学术性出版机构，在保护新思想、发明和创新的知识所有权方面发挥着无以替代的作用，显然具有突出的结构性价值。

那些年 那些人

浅析如何加强出版社流动资金的管理

邹正芬

一、必要的说明

流动资金对出版社的生存发展起着关键性作用。社会主义市场经济条件下的任何经营实体，其运行的目的就是能够生存、发展以及获利，而达到此目的的根本就是要有流动资金作保障。首先，一个实体能够生存要具备两个条件，就是以收抵支和到期偿债，满足不了这两个条件，此实体就没有存在的必要性，也没有存在的可能性，而这两个条件的满足很明显就是要有充足的流动资金。其次，一个实体想发展、想扩大规模甚至实现规模经营，那么就必须能够筹措到发展所需要的资金，才能保持其在发展的基础上正常运作。而对于获利的目的，则更是在充分合理地利用资金的基础上才能达到。对于出版社来说，流动资金多寡的重要性要远远大于利润多寡的重要性。因为现行财务制度要求遵循的"权责发生制"原则以及一些人为的因素，致使利润中包含着风险因素，并有一些虚的成分甚至泡沫，因而利润的增加不一定意味着可以支配的资金就相应增加，而只有流动资金才是我们实实在在可以用于生产和运营的。例如，一个单位可以在实现大量利润的情况下由于资金运转不畅导致运营困难甚至倒闭，而账面亏损的企业也可能因为有充足的流动资金而正常运转甚至扩大规模，这可以说是不乏其例的。这就足以说明出版社拥有充足流动资金的重要性。

本文发表于《曲高众和：广东省出版科研论文集》，广东科技出版社2007年版，第76～82页。

二、出版发行企业流动资金运行所存在的问题

1. 现状分析

就目前的出版行业现状来看,在编、印、发各个环节之间都存在着问题。随着国家金融体制的改革,银根紧缩间有松动,信贷规模也不是无限制地放开,因此,资金紧张状况始终得不到缓解。进而,图书出版发行系统内外单位之间常常存在一些贷款拖欠现象。在出版、印刷、发行各个环节之间,出版社与出版社之间、印刷厂与印刷厂之间、书店与书店之间,均有"债务链"的发生,给整个出版发行系统的资金运行和工作调度带来很大的困难,直接影响了图书的及时付印、出版和发行,也影响了部门之间的正常经营和工作的合理开展。这样的问题和现状,成为制约出版发行行业的瓶颈。

2. 问题的成因

从出版业整体来看,形成资金流向的两条线,从生产环节上是出版社拖欠印刷厂,印刷厂拖欠物资公司。从流通环节上是购书单位拖欠销售货店,销售货店拖欠发货店。

一环节一环节的拖欠的原因是多方面的,既有客观原因,也有主观原因,综合而论主要有三个:

第一,购书单位的拖欠行为多为集体或者群体,既不能严格一手交款、一手拿书,又不能催款过紧(怕得罪大客户);销货单位拖欠的原因较多,有读者拖欠的原因,有经营管理不完善的,有经营品种不合理的,亦有经营人员素质较差等等;发货店拖欠的原因除了销货店的货款不能及时到位以外,还存在缺乏调查研究、发货风险研究、提高经济效益的动力和压力等等。

在市场经济日益发展的今天,无论是经营管理不善,还是商品结构不合理,或者缺乏提高经济效益的动力和压力,都直接影响着企业的经营与发展。有的单位还存在着等、靠、要的思想观念,导致自我约束能力差、管理水平低下、浪费现象严重。有的单位只有存货没有存款,这些都是严重不合经济规律的。

第二,由于固定资产的投资难以见效,拖欠过多,也使企业出现了困

境。造成这个状况的原因，一方面是决策论证不足，对市场前景预测不准；另一方面是工作效率低，所经营的商品，由于方法失当、运转周期过长，影响了货款的及时收到。

第三，费用多头支出。虽然在现今的业务和其他方面的交往当中，许多地方都追求实际利益，但是支出费用不能多头开门钱出多门，这对于当前增产不增收来说，是个直接的关键性问题，因此要杜绝不切实际的多头支出，以保证资金的有效使用和有序运行。

三、如何加强出版社流动资金的管理

出版社的发展趋势是寻求规模经营，但规模经营只有在有效管理的情况下才能真正实现"规模经济"效益；如管理不善，则规模越大，漏洞越多，问题越多，资金被白白地占用，导致"规模不经济"。对于出版社来说，管理的重中之重就是加强流动资金的管理。而如何加强流动资金的管理，总的来说，就是要合理地使用资金，充分地利用资金，尽量地减少对流动资金的占用，加速流动资金的周转。资金的周转就是资金运动：货币—材料—在产品—产成品—货币，即供应—生产—销售的循环。当流动资金由一种形态变成另一种形态的速度越快，需要的资金就越少，反之就多。可见，压缩流动资金的占用是至关重要的。对此，出版社应主要从以下几个方面采取措施。

1. 观念更新工作转型

财务人员要更新传统观念，使会计工作的重点从工具服务型转向功能管理型，财务同出版、发行、生产等部门同心合力，提高用财之效，扩大生财之道，探索聚财之路。这要求会计必须具备"预测经济前景，参与决策，控制经济活动"的多种职能。财务人员要提出财务预测、决策，制定财务计划，进行资金的分配、控制、组织及协调，以确保资金供应，提高资金利用效果。财务人员要根据出版任务，结合节约、合理使用资金的要求，确定必需的储备资金、生产资金和产品资金，要对资金在各责任部门、各表现形态、各使用时间进行严密的分析，作出科学的预测，并制定合理的计划。同时，财务人员还应加强各责任部门的经济考核，促使他们合理地使用资金。如财务人员发现某阶段资金占用有不合理的因素，必须

立即进行控制、调节,以加速资金的周转,这样才能节约尽可能多的资金,提高资金的利用效果。

2. 储备资金的管理

出版社的储备资金主要以纸张为主。而书刊中纸张材料成本占总成本的40%左右。按照过去的惯例,纸张出厂后不能马上进行加工(因为干度不够,一般要存放二至四个月才能用),所以每年除了按印书量计算年度用纸量外,还要考虑一定数量的额外库存储备。因此,为了保证生产用材料,往往购进了大量的纸张作为库存储备,这样使得储备资金的占用额非常大,而且也加大了仓储费用和材料残损霉变损失等。随着市场经济的发展,纸张材料由卖方市场转变为买方市场,在这种情况下,出版社在加强储备资金的管理上主要应从以下几点入手:

第一,纸张采购采取招标的方法。它不仅可以使厂家在价格上进行竞争,还可以要求纸厂所进纸张必须是马上可以进行加工的材料,这样可以大大地压缩材料的库存储备。

第二,出版社可以根据合作印装厂的印书用纸量直接从纸厂调纸进入印装厂,相当于把印装厂作为出版社的纸库,这样大大减少了出版社的仓储费用和材料损耗,因为出版社只保留一个临时周转纸库就可以了,另外也减少了纸张运输环节,减少了运输费用。

第三,结合用纸总量和各个时间用纸规律,财务人员还应通过财务分析确定出纸张的经济订货量和经济订货时间,以指导材料采购人员的实际操作,尽量减少采购环节资金成本。

3. 生产资金的管理

生产资金主要是在加工中的资金,也就是生产费用,是指从原材料投入生产开始,直到产品完工入库为止的整个过程所占用的资金。而出版社生产资金的大小同加工量也就是印书量的大小以及生产周期的长短有密切关系:书刊印量大,必然总成本大;生产周期长,必然占用资金时间也长。因而压缩生产资金就应从以下几点入手:

第一,不要盲目追求出书的数量。根据市场和全年的出版规划,相关部门共同研讨确定每年的最佳出书量,以及每本书的出书量,减少不必要的库存。这同时也需要财务部门加强内部结算,要跟踪计算每本图书的利润，并以此作为编辑人员工作考核和发放奖金的重要依据。

第二，提高出书的速度。加快出书速度，才能缩短出版周期，减少生产资金的占用，提高资金使用效率。因此，出版社应该对出版部每个印制员所负责的印制工作进行考核，把他们的印制工作中的质量、速度和他们的效益联系在一起，并且要求每个印制员都能对加工产品的加工额进行结算，做到人人懂管理，人人讲节约，这样就起到了压缩生产资金的作用。

第三，在选择合作印装厂家的时候进行招标。要求合作厂家既能保证出书速度和质量，又能最大限度地压缩工价，做到优质优价。同时在财务结算时，在保证不影响生产的前提下尽量延期付款，保持合理的负债率，形成自然性融资，相当于得到无息贷款，这也是增加流动资金的一种手段。

4. 成品资金的管理

成品资金是指从完工入库开始，直到销售取得货款为止的整个过程所占用的资金。对于出版社来说主要是指库存书刊。加速成品资金的周转、压缩成品资金的占用最主要的就是加快发书的速度和资金回笼的速度，从而加速成品资金的周转速度。

第一，因为发书速度主要取决于市场需求，这就要求在策划选题时就要掌握市场动态，不是定位于市场的图书必然无人问津，即使勉强发出去也会造成日后的大量退书，因而选题是最重要的，编辑部门应在选题上多下功夫。

第二，发行部门应该以多元化的发行渠道使出版社的新书尽快进入市场，抢占商机，因为各家出版社选题雷同的情况很多，先进入市场的必然会在激烈的竞争中处于有利地位。

第三，发行部门不能只管发书，不管收款，而是应及时清理发出商品、应收账款，加速资金回笼。加强应收账款的管理是出版社管理中非常重要的一项工作，也是出版社压缩成品资金的重中之重。这首先要求出版社发行人员对购书的客户加大资信调查力度，做到知己知彼，以据此制定合理的信用政策。其次要实行应收账款的回收责任制。对因工作失误或责任心不强致使应收账款成为坏账，给出版社造成经济损失的主要责任人，应进行经济处罚；对做出成绩者，则应给予一定的奖励。

第四，库存图书应及时处理，能低价销售的作为特价书处理，实在无法销售的作报废处理，以避免不必要的仓储和保管费用。这样，一方面压缩了库存储备，一方面加速了成品资金的周转速度。

5．闲置资金的管理

由于国家的优惠政策和行业特征，出版业在中国属优良资产，多数出版社运营情况良好，有不少闲置的货币资金。对闲置资金进行有效利用，更好地增加资金的收益，是出版社流动资金管理的一项非常重要的工作。从现代企业管理的要求看，闲置资金过多表示资金运用不充分，但由于出版社本身的特点和国家政策的限制，出版社进入资本市场进行资本运作和市场推广的困难很多。实际上，由于我国出版社均是国有企业，保持资金安全、防止国有资产流失是最重要的，因而在保证无风险的前提下进行闲置资金运作应该是大多数出版社的首选。在现有的政策环境下，采取一些稳妥的资金运作方式如多样化的存款方式、国债回购、委托银行贷款等还是能够提高闲置资金的收益水平的。清华大学出版社财务部就选择了通过协定存款、通知存款、定期存款等多样化的存款形式，最大限度地增加了利息收入，每年增加利息收入近百万。

四、结语

总之，出版社只要进一步重视财务管理，加强资金管理，抓紧销售发行，提高生产速度，并使财务部门的职能作用充分发挥起来，充分调动各职能部门参加理财的积极性和责任心，就能够从管理上要效益、从管理上求发展。

谈谈校对的文字技术整理

吴洁芳

校对的文字技术整理，对图书的优质定性起到不可或缺的作用。犹如一个人通过独特的服饰搭配，透出其不同的底蕴，透出其不同的气质。一本图书的出版，通过编辑的文字加工、文字批注，再由校对对其书稿进行文字技术整理，直到完善、规范、统一。同样通过图书，透出编校责任人对工作的严谨、对工作的认真以及编校责任人的专业水平。虽然都是为人作嫁衣裳，虽艰苦繁杂，但乐在其中。

教科书有云："文字技术整理是校对工作的程序之一。"顾名思义，是指由责任校对对其操作的书稿，从文字体例到图表格式，依照编辑在原稿上的批注，进行检查和整理，使其操作的书稿符合规范和统一，在逐次进行的书稿校样校改流程中，达到国家对正规出版图书的质量要求。下面就文字技术整理的必要性、具体操作、根本目的等三个部分谈谈校对的文字技术整理。

一、文字技术整理的必要性

1. 弥补编辑文字加工的疏漏

由于图书类别的不同，内容形式、繁简程度的不同，图书版式设计格式也会多种多样；编辑在原稿中的文字润饰、文字灭错、格式的规范统一等等方面的批注中，难免会存在漏批、错批或不按格式规范批注的不一致现象，这就需要校对在逐次书稿校样的校改中，通过文字技术整理来弥补

本文发表于《曲高众和：广东省出版科研论文集》，广东科技出版社2007年版，第439～445页。

和完善编辑的图书加工。

2. 改正因排版造成的差错

因排版造成的差错,体现在不同校次的校样中。由于某些排版员的功底不足,或由于其责任心不强,或由于原稿不清、书稿排版难度过大,又或者编辑批注疏漏……总之,所出校样,特别是一校样,出现的差错就较多。例如,常见页码不齐,书眉排错,图表重叠压线、缺线、压字;图序表序排错;图、表排列不随文,甚至是随意在能插入的空位才排图或表;标题的转行断裂词义、标题用字不统一、单行占面;又或者在二、三、四校甚至付印样的校样中,仍存在不改、漏改、错改等等的差错。操作这样的校样,就需要校对对其进行文字技术整理,使书稿校样在进行的校次中,能够按体例、格式灭错,达到规范要求。

3. 防止因多人校对所产生的不统一

出版社有时为了赶急稿(受出版时间的制约),特别是书稿的章节篇幅较长时,有关负责人或编辑会安排若干校对员分篇分章各自同时进行校对。由于不同的校对员的业务水平、文化底蕴以及对书稿的版面格式处理的方式方法有差异,那么,共同操作的书稿校样的校对质量就会出现不一样,体现为书稿的体例、格式就会出现不一致、不规范、不统一。这时,就需要通过责任校对对书稿进行文字技术整理,使其达到规范和统一。

二、文字技术整理的具体操作

文字技术整理的操作是要就具体的书稿体例要求而言的。在开始进行文字技术整理时,首先要检查原稿和校样是否齐全,清点页码是否衔接,有无重叠不清、字体模糊或其他影响校对进行的页面,如有,须请排版将这些页面重出,然后再从以下几方面进行文字技术的检查和整理。

1. 核对相关文字

(1)核对封面、扉页、版权页的相关文字(此类文字是图书的窗口文字——我认为),使书名、作者名、出版单位、相关项目责任人的名字在窗口文字中保持一致;核对扉页、版权页有关项目的字体、格式是否规范、统一、正确。

(2)将原稿的逐级标题或要目,核对目录所示,正确填写章节标题的

所在页码。每次校新校样，都要核对相关章节、标题或要目的所在页码与内文的所在页码是否保持一致。

（3）核对书眉是否已有正确排示。一般来讲，单页码排章名，双页码排书名；章题（名）所在的页面，抬头不示书眉。

2．检查版面格式

依照编辑在原稿上的批注进行：

（1）核对校样内文的主体文字、标题、引文、注文等等所排出的字体、字号是否与编辑批注一致，发现不一致的，须依编辑批注进行整理、改正。

（2）检查引文的注号与脚注号在当页（面）所处的位置是否一致、正确，相关的脚注号的脚注解释、提示、出处，是否与当页的引文注号须明示的意思吻合。如明显不合的注号注解（有些页面，正文注号2个，脚注号3个），要依原稿查核改正。自己能力不到的，用色笔在旁（空白处）提示，请编辑补充或理顺，使正文的注号与脚注号的引文格式规范、统一。

（3）检查版面。版面排列出现不规范时，校样会有不同的显示。比如常见的有：①版面不超版心，但排列太密，明明编辑批注为28×28，校样竟是28×29或28×30或30×31。出现这种情况，主要是排版使标点不占位紧凑造成的。文字技术整理时，务必用色笔在旁（空白处）标注，以便退改时改正。②版面超版心的，整理时，须用色笔做移动标注，使退改时改正。③文字单行不占面，整理时，须将单行占面的移上页（上面之前总有1行是1字占行的或2个字占行的）收紧处理，使版面格式规范、统一。

3．处理标题

（1）标题靠边排的格式，称边题。边题一般靠边顺排不开疏。

（2）标题居中排的格式，称中题。中题居中排列时，一般四字以下的须规范开疏（常见的有四个字之间开疏半字位；三个字的之间开疏一字位；两个字的之间开疏两个字位），5个字以上的居中顺排。

（3）不论标题是边题或是居中排的格式，标题在转行时都不能割裂词义。如：

经济全球化创造了国际货
币合作的前提——相互依存

这里,"货币"在转行时,被割裂了词义。文字技术整理时,须用色笔标注,以便退改时改正。

(4) 主标题与副标题的字体比例,不能副比正大,人名、地名、国名转行时,同样不能断开割裂,文字技术整理时,须用色笔标注,以便退改时改正。

4．检查图

(1) 图文配合的图书,必须图随文。即先见文后见图,这是规范原则。技术整理时,须将远离文字的图,移至最靠近提示的文字之下,以示图文清楚。

(2) 图注是否排在图下,图样是否顺眼,文包图间是否匀称间开(文字是否有规律地包着图);图序是否正确,图样有否正反颠倒,如,有些动作人物图,图中的分解有缺某些节拍的,有缺头、缺手、缺腿的。技术整理时,须逐一理顺图样内容,做好旁注,提醒排版退改时改正。

5．整理表

表随文同样是规范原则。表在图书上的样式多种多样,有简单的亦有较复杂多层次的。因内容的不同或密集度的不同,常见的表格有：竖表、横表、两栏表以及合页表等等。表格跨面续排时,不管何种格式,文字技术整理时,都须检查表格是否完整,如因转页续排时漏了表头或表序,须在转页的续表上,标注"续表×－×"并补排表头各项内容,以示整表清楚。表内数字一般须小数点对齐、个位数对齐、表内项目头字排齐。如有远离文字提示的表,须用色笔在旁标注,并用色笔将其移至最靠近提示的文字之下出现(亦即表随文),以示文表清楚。另,表格内容有缺漏的,须依原稿逐一将缺漏补上,以便在不同的校样校改中,使表格清楚、规范、统一。

6．在不同的校样上,认真检查复核校改之处

三、文字技术整理须以规范、统一为根本目的

进行各校次的文字技术整理时,一定要以编辑在原稿上的批注前后互

证、统一整理，以保证所操作的图书从体例、格式方面达到规范和统一。这里所指的规范、统一，是指必须按国家的规定，统一有关用法。如，量词的使用、科技名词的使用、数字用法、汉语拼音拼写方法、标点符号用法、简体字和繁体字的使用、外文字母的使用，以及理科公式中外文字母的大小写、斜体、正体的使用，等等，都须在每个校次的校样上进行文字技术整理时予以重视。特别是，原稿并不是无非（事实存在）；编辑的文字加工以及批注也并不是无非（事实存在）。由于作者在原稿上的使用有不合规范之处，又由于编辑文字加工以及批注存在疏漏，此时，校对在文字技术整理时，务必用铅笔将正确的使用，在内文空白处标注，以提醒编辑在审校时给予解决改正。

根据《图书质量保障体系》第十一条规定："出版社每出一种书，都要指定一名具有专业技术职称的专职校对人员为责任校对，负责校样的文字技术整理工作，监督检查各校次的质量，并负责付印校样前的通读工作。"可见，文字技术整理是校对工作的程序之一，它与图书付印前的通读工作同等重要。

四、结语

以高度的工作责任心，贯串校对文字技术整理的始终。校对是一种寂寞、枯燥、艰苦的职业，校对员长年累月地面对原稿、校样，日复一日地比照核对（"前后互证，抉择其异同，则知其中之谬误"）。特别是，现代出版（电子时代）已基本没有作者的手写原稿，更没有过时的铅印校样（改了就是改了，不会把对的又改为错的）。在这种现状下，校是非成了校对的主要职责。在原稿并不是无非、编辑的图书文字加工也并不是无非的事实存在下，就要靠校对来"帮眼"，来"挑刺"，来灭错。在着重于文字技术整理校样的同时，发现原稿的差错，改正校样的差错，靠的是校对员的丰富经验和扎实的专业技术基本功。但我认为，更重要的维系，则是校对人员高度负责的工作责任心和职业道德情趣（有时，我们会为"干净书稿"找出错而满面笑容，又为自己操作的图书成为合格产品而高兴）。如果离开责任心及这点精神维系，就算有再高的学历，也是干不好校对工作的（现在就有这样一种现象，某些人把校对任务看成是挣钱的手段，为了多赚钱，赶进度，面对校样，或者核红了事，或者一扫而过，以致造成图书或校样差错百出）。

在图书生产流程中，"校对是编辑后、印刷前的最后一道质量把关工序，它的作用是将各种差错消灭在书刊出版之前，从而保证书刊的质量"。而校对中的文字技术整理，作为图书运作过程中的程序之一，它与其他校对程序一样，需要我们从事校对工作的专业人士，用高度的工作责任心，用娴熟的专业技术来运作它、操作它。只要我们尽到了用心、专心、细心，我们才可以配说，我们是称职的专业校对员；才可以配说，我们在生产合格、优质的精神食粮——图书的过程中，我们的工作是对编辑工作进行了补充与完善；才可以配说，我们的工作是编辑后、印刷前的最后一道质量把关工序。

校对的文字技术整理不是千篇一律的，需要具体书稿具体整理。综上所述，只是数年工作经验的积累。挂一漏万，不能一一而足。作为专职校对，认真做好文字技术整理，是分内的事。

怎样做好回款工作

高丽萍

发书容易收款难,这是令各出版社头疼的问题。既然是各出版社都有的现象而不只是个别现象,我们就要先分析一下大环境。在当前的书业环境下,书店的信誉问题也就是回款问题对于出版社来说已经成为一个出版社经营环节中不得不重视的问题。这是因为现在书业的竞争越来越激烈,出版社要生存和发展,比以往更多地感觉到对资金的需求。而就发行环节来讲,一是民营渠道由于先天原因,信誉良莠不齐;二是新华书店处于改制和转型的时期,对于资金的需求也是较大的。而且有的书店更是盲目扩张或挪作他用,这样对其他方面的资金投入多了,留给出版社的回款也就少了。

正因为存在回款的问题,所以在出版社的经营成果中,利润是一个重要方面,现金流是另一个重要的方面,因为现金流的大小可让人直接体会到经营的成果。收款收得好,利润就可以实现;如果应收账款太多,那么,利润也就只是"账面利润"罢了,即使有再多的利润也只是"纸上富贵",所以应收账款的管理直接关系到出版社经营成果的实现。

一、影响回款的因素

1. 书店的素质

书店的回款有好有坏,有的书店回得好,有的书店回得坏。对于回款情况不同的书店,我们首先在发书这一关就要控制好,对待它们的政策也应该有所不同。回得好的我们先暂不讨论，回得坏的书店有两种情况，一是书店本身的实力不行，经济状况差，你再催也无可奈何，它就是没钱，对这种回款不好的书店坚决坚持现款结算的制度，决不为盲目扩大发货码洋而冒这么大的风险。二是书店经济状况可以，它对其他出版社回款还可以，就对你的出版社回款不好。这种书店又分两种情况，一是你和它的业务不大，你的出版社的图书对它的业务影响不大，在它的业务份额中所占比例太小，它不重视你的业务，有款了先回给那些大社或是对它经营较重要的社。对于这种书店我们要看我们的图书结构和对方的经营重点是否相符，如果相符，我们就应大力开发和扶持这种书店；如果不符，我们要适当控制发货的规模和节奏。二是两方面业务做得还可以，但是业务员和对方的工作衔接得不是很好，或是关系没有处理好或有改善的空间，或是对账不顺或没有及时对，对于这种书店，我们要改善服务，把整个流程理顺，对于收款这个环节要更为重视。

2. 我们和书店的业务情况

这也就是我们的图书在对方经营中所占的份额，对它经营的影响力，对方的业务对我们的依赖程度。书店现在趋于专业化，特别是对于民营渠道来讲，它不可能做全所有的品种，它肯定会有经营重点，也就会有重点出版社。而新华书店这样可以上全品种的书店也分类管理，在业务关系上也可以说是专业化。这就对出版社的出书结构提出了要求，如果出版社在某方面的图书较集中，例如出版社的重点就是社科，那么我们就可能把经营重点放在社科图书的业务规模做得比较大的书店上，对它的业务影响力也就较大，这样书店对于出版社的业务连续性就要求较高，出版社在回款中就占有更大的主动性和影响力。如果我们出书结构过于分散，和每个书店的业务对于对方的经营影响都不大的话，我们在回款中就总是处于弱势和被动地位，这就是"店大欺社、社大欺店"的道理。在我们无法对于每个店来说都是大社的情况下，我们可以先在一部分书店中成为它的"大社"。

3. 发货和退货工作的处理

在和书店对账的环节中，经常会因为发货或退货的数字不对而影响回款的进程，可以说在具体的收款环节中，一是和书店的关系没理顺而导致回款的延迟；二是因为两方账目不相符，所对的账都是几个月甚至是一年以前发的货，到现在来查当时的发货和退货是非常困难和麻烦的，所以发货的及时和准确对于收款来说是非常重要的。

在分析了上述这些因素以后，我们就必须有针对性地采取一些措施。

二、提高回款工作质量的一些措施

1. 改善发书结构

款要收得好，首先书要发得好。我们总认为发得多就是发得好，其实对于收款来说绝不是这样的，发到合适的地方、发到合适的数量才是最重要的。有实力销售更多、回款信誉较好的单位，你可以通过和对方的合作不断扩大自己在对方业务中的份额，那么这样数量的增长我们是欢迎的；如果对方信誉不好，那么发得越多风险越大，直接表现就是难回款；如果对方实力不行，你发得太多而造成太多退货，发货和收退货费用不说，在对账和收款环节中会增加很多环节和差错，会拖延更长的时间，这对于收款是极不利的。所以，发书环节对于收款来说是一个先天性的前提，一定要发到合适的书店、发到合适的数量才能为回款打下良好的基础；发到信誉不好、实力不行的单位，发得越多对出版社的损害越大。所以，发书讲究数量的同时更要讲究质量。

2. 对于新增给予账期的客户应严格控制

对于这些客户，必须有一定时段的合作考察期，必须在业内有较好的声誉，要经过其他出版社的检验后我们才能跟进，特别是对于只做教材的书店，我们更要严格控制新增给予账期的客户，因为出版社在和这样的书店合作时占有更大的主动权，给予对方账期对业务规模的增长并不会有多大的帮助，而严格控制则可以保证资金的尽快回笼。

3. 加强针对终端客户的宣传和推广工作

这样可以增强我社图书在市场上的影响力，让读者主动去找经销商要书，从而让经销商不得不去销售我们的图书，不然就会影响它的服务声誉。特别是教材，图书最终能否销售出去的最终决定权不在经销商，而在于选用的老师和学校，当我们掌握了终端，就不会担心经销商的不配合了。

4. 对账人员的工作流程要清晰

（1）对账前，单据整理的工作要做好，要分省分店分时间保管好，要做到账目一目了然。电脑上的数字尽量做到准确,这样方便查询和统计,同时单据实体是重要的收款依据。

(2) 对账中,态度很重要。和同一个书店对账的人员最好有连续性,这样一方面两方熟悉后方便沟通,可以以建立的个人关系作为收款对账业务的润滑剂;另一方面,两方都熟悉以前的对账情况、差错情况的处理习惯、收款的数量和节奏,这样可以大大提高效率。如果对账出现差错,就需要向财务和储运部门查询,这就需要出版社内部的支持和配合。

(3) 对好账后,需要财务迅速开出并寄出发票,过一段时间后要向书店打电话询问,这一方面可以保证发票寄出不会丢,另一方面可以进行第一轮的催款。对方回款后,还要向对方有关人士表示感谢,这样可以方便下一次对账回款。

5. 对账人员和业务人员的配合很重要

两方面及时的信息沟通对于避免回款的盲区将有很大帮助。业务人员对于书店的在途和回款情况需要有清楚的了解,要根据财务人员的意见对于发书进行控制,因为控制发书也是催款的一种手段。如果两方面配合不好,如催款人员跟对方说,若不回款我们就不能继续发书,而业务员仍然发书,则会让书店有空可钻,催款的效果自然是不会好的了。只有业务人员和催款人员相互配合,共同分析书店的信息,商量对策,协调一致,才能在收款方面取得良好的效果。

6. 回款要有一个整体规划

要掌握好不同区域不同书店回款的节奏,各个书店的回款高峰要错开来,以保证出版社整体有一个稳定的现金流。而且,我们业务员和财务人员要深入地了解书店的财务状况和图书需求,在适当的时候向书店要求回款。比如做教材的书店,它在春节后就可以向学校收款,在4月份就可以收得差不多了,在5、6月份资金就会相应充裕一点,而在6—8月份就要向出版社订书,所以在5、6月份向书店收款就好收一点。

总之,出版社对书店的应收账款的管理是一项综合工程,需要出版社各部门各相关人员的协调和配合;收款工作也是一个流程,从出书结构的合理、发书的控制和布局、发货和退货的及时处理到对账和收款人员的良好工作都是良好回款的前提。

浅谈如何提高储运部的工作效率

朱智澄

近年来，在社领导的决策带动下，我社在图书的策划、出版、发行等全过程的管理方面都进行了一系列的改革。通过一系列的统计数据，我们可以看到，改革的成效是显著的。单从年发行量来讲，从以前的几百万码洋，发展到 2004 年的 4800 万码洋，2005 年预计将达到 6000 万码洋，每年均以超过 10% 的速度递增。

在我社业务快速发展的情况下，就要求各部门必须紧跟改革形势，加快部门自身的改革步伐，以适应发展的要求。储运部在改革过程中，出现了诸如发货不够及时、客户投诉增加、人手短缺等问题。这些问题的出现，有外部的因素，也有储运部自身的原因，下面就这些问题的成因及改进办法作一些初步的探讨。

一、提高认识，调节好发行与储运之间的关系

在图书的流通环节中，储运与发行是紧密联系在一起的，储运离不开发行，发行也离不开储运，两者之间的关系是缺一不可的。但我社在求开拓和发展的阶段中，将两者一分为二，成立了独立的发行部和储运部。

从发行部的角度来讲，所有经过艰苦奋斗、不懈努力争取回来的图书订单都特别重要，一定要按时、按量、按质地将货物发到订户手里。其中特别重要的是按时，要在最短的时间内将图书投放到市场，以争取尽可能多的经济效益。从储运部的角度来讲，要按照发行部的要求，尽快将货物

本文发表于《曲高众和：广东省出版科研论文集》，广东科技出版社 2007 年版，第 463～468 页。

发到客户手中，避免图书积压和客户退书。可见，储运部和发行部之间的观点、目标是一致的。但是，目前储运部的一些实际情况，令储运部的目标有时未能很好地实现，也使发行部对储运部的发货速度有意见。

造成储运部发货不够及时的原因是多方面的，主要有以下几点：

（1）本社的仓库有好几个，有两个大仓库距离中大仓库相当远，以至于有时中大仓库不够书发货，但一时之间又不能马上安排车辆到大仓库调配图书，从而耽误了发货的时间。

（2）有时发行部接了订单，打了批销单后，未能及时把批销单送到仓库，曾经有隔了十天左右才拿到储运部的批销单，也是储运部发货不够及时，导致客户投诉的原因之一。

（3）发行部接到订单后，一下子打了大量的批销单送到仓库来发货，加上每天正常送到仓库来的批销单，导致储运部在短时间里没有办法及时将所有的货都发走。

针对以上所述的原因，我们建议采取相应的措施来解决问题：

（1）发行部及时把打好的批销单拿到储运部（在每天下午4：30前将第二天需要发的图书批销单拿到储运部）。

（2）在发主发书时，尽量避免在短时间内大量打批销单，使储运部可以及时将手头的批销单出货发走，避免批销单在储运部积压时间过长，出现"堵车"现象。

由此可见，两个部门之间的矛盾，通过相互间的理解、协调，并且采取一些切实可行的办法、措施，是可以调节好的。

二、储运是图书发行的重要环节，提高储运在发行工作中的地位

从图书进仓到出仓之间的整个过程，都在储运部的工作范围内。储运部的工作在出版社的工作当中扮演着非常重要的角色，是整个图书出版发行工作中必不可少的一环。但可能由于以往的储运人员素质较低，影响了储运部在我社其他部门同事心目中的形象，因此在实际工作中，有个别部门或员工不太尊重储运人员。例如，有些部门的个别员工不太认同储运部对某些事情的处理方法，我们希望对此进行解释，但他们根本就不听解

释。这就造成了工作中不必要的误会，也对储运部个别储运人员造成一定的心理压力，造成他们在以后的工作中有顾虑，这样也阻碍了其工作效率的提高，不利于储运部工作的顺利开展。因此，只有提高储运在图书发行工作中的地位，才能更好、更快地提高储运部的工作效率，使储运部能更好地为图书的发行工作服务。

三、改进硬件设备，为提高工作效率创造良好条件

1. 购进了半自动平台打包机（以下简称"打包机"）

为了加快发货的速度，储运部在前年购买了一台打包机，将打包的工作从原来的手工用绳子绑，改为用机器辅助完成，不但加快了打包的速度，而且包装质量有所提高，减少了图书在包装运输过程中可能出现的损耗。随着发行量的不断增加，我部又增购了两台打包机，以利于进一步加快发货的速度，提高工作效率。

2. 购置了传真机

由于我社的仓库比较分散，而且仓库之间的距离相隔较远，因此每天都必须在各仓库之间进行图书调配，各仓库间传递第二天需要调配图书的资料，就成为仓管员每天必不可少的工作。去年储运部购置了两台传真机，省却了原来每天打电话报资料，然后用人手工记录的麻烦，不但节省了时间，而且也可以节约不少电话费。

3. 增加了运输车辆

由于储运部只有一辆货车，而且每天都要在各仓库之间进行图书调配，如果要同时给客户送货，动力的调配就很被动了，因此，去年我社为储运部增加了一辆"运霸"车，基本上解决了这一矛盾。

四、提高储运人员的素质及责任心，减少差错率

储运部的员工与我社其他部门的员工相比较，对其学历、素质要求的标准都比较低。由于我社以前每年的图书发行量只有几百万到上千万码洋，这样的人员素质标准已经可以应付。但是，在我社目前的发展形势下，储运部原来的人员素质标准已不能适应我社发展的要求，更成为制约储运部发展的重要因素之一。

在我社发展的现阶段，要求储运部的员工必须具有一定的文化素养和较强的责任心。而对于储运部现有的员工，首先要通过培训来加强其素质和责任心。另外，还必须明确各员工的基本分工和岗位责任，避免各员工在出现问题时互相推卸责任，使储运部的员工在工作中互相配合，各自发挥所长，共同将储运部的工作搞好。

我们注意到，在目前的发行模式下，发行部在打批销单时，不论是否主发书，给每个单位所发的图书中，每个品种都只发1本到5本，发货的品种多但数量少。这就要求发货人员必须有强烈的工作责任心，在出货时耐心、细致，而且不能患近视或其他眼疾。因此，储运部要求员工在发货时，看书名不能只看前几个字，或看颜色、封面差不多就认为拿对了书，而要核对书名、书号、定价和版次，而且每张批销单出完书后都要进行复检，以保证发货的质量。由此可见，只有提高储运人员的素质和责任心，明确岗位责任，才能减少发货的差错率，保证发货工作的顺利进行。

五、合理增加工作时间，按劳取酬，以保证发货工作的顺利进行

在订货、发货的旺季，如果储运部每天按正常的上班时间来工作，那么肯定不能按时、按要求来完成发货任务。只有多利用休息时间（中午、晚上及双休日），见缝插针地工作，才能尽量加快储运部的发货速度。

根据《劳动法》中的规定及以往的惯例，在休息时间工作，要给员工发放加班费，这样一来必然会增加成本开支，而且不利于调动员工的工作积极性。因此，我们建议将岗位工资在原来"按岗取酬"的基础上，按照"按劳分配"的原则进行再分配，即把各员工的基本分工（岗位）与其实际的工作量相结合，把原来按时间来发放加班费的办法，改为更注重员工的工作效率。这样做可以激励员工在工作中多动脑筋，多思考如何更有效地缩短工作时间，提高工作效率。有人会说：既然如此，为什么不直接用"按劳取酬"呢？原因在于储运部的工作比较烦琐，除了正常的收货、发货外，每天还必须在各仓库之间进行图书的调配（装车、卸车、归类等）、发货、提货、送货、清点退书等，这些工作必须由储运部各员工共同完成。将"按岗取酬"和"按劳取酬"相结合，可以避免员工为了"多劳

多得"而不愿意做这些琐碎的工作。当然，储运部的这些改革措施是否可行，还要在今后的实践工作中进行检验，并不断加以补充、完善。

通过这些改革措施，可以使储运部的员工自觉、合理地增加工作时间，提高工作效率，以保证储运部发货工作的顺利进行。同时储运部的员工也可以通过提高工作效率来取得更多、更合理的报酬。

六、除特殊原因外，一切按出版社规章制度办事

出版社为使各部门在经营管理工作中，堵塞工作漏洞，提高工作质量及工作效率，制定了各项规章制度，使各部门在协调工作时有章可循，并按章办事。许多例子说明（也包括以前的出版社），不按章办事，违反出版社所订的规章制度，必然导致管理工作混乱、漏洞百出，最终也必然会降低工作效率。当前我社个别部门以种种原因、借口，以方便工作之说法，来仓库打白条借书等，这种现象其实就是重蹈以前出版社所走的弯路，扰乱仓库的正常管理工作，导致了仓库实存与电脑数据的不符。当然，如有很特殊的原因，此举也可以作为临时解决的办法，但必须在第二个工作日或较短的时间内补办手续。

综上所述，只要各部门共同遵守出版社的规章制度，储运部一定可以提高收货、发货的工作效率，把储运部的工作做得更好。

下篇 文萃

数据管理：出版社强化微观管理的有效途径
姚明基

目前"出版管理以财务为中心，财务管理以成本为中心"的观念已被大多数出版社所接受并贯彻实施于日常的内部管理之中。但随着市场的发展变化，也随着出版社自身为适应市场的变化而进行适时的改革，这种观念和做法已远远不能满足出版社决策层的需要了。那么，伴随着更科学、更准确和更全面的决策要求的数据管理方法，也适时地进入出版社决策层的视野。

出版数据管理，就是在出版社内部的编、印、发、财、储等部门，包括行政办公室，建立全面的绩效数据报告制度，出版社再设专门的科室对其进行整理、汇总、建档、分析、报告的管理制度。

建立出版社数据管理制度，不但对出版社全面的经营活动发挥着不可低估的作用，而且对出版社内部实施科学决策、定额管理、建立科学的考核办法、制定科学发展规划以及有效降低出版社整体管理成本等方面都有着重要的意义。因此，建立数据管理制度，是出版社强化内部微观经济管理，提高全社运营效益和"双效益"的一条有效途径。

一、数据管理有助于出版社实施科学的决策

科学的决策必须建立在有合理、正确的决策目标、决策目的和准确的信息来源的基础上。出版社面对着稍纵即逝的市场机遇，要做到科学地决策，显然离不开完全、准确的信息采撷。这些信息当中，一方面是来自外部（市场）的外源信息，也包括市场的要求；另一方面则是来源于出版社

本文发表于《科技与出版》2008年第1期。

那些年　那些人

自身的内源信息。具备了这两方面的信息才能实行科学的决策。作为内源信息来讲，主要就是出版社内部各部门汇总反馈的各种数据。比如：在出版社的选题决策方面，当某种选题要论证其是否出版，对外来说，我们要掌握市场需求的数量、有否相同的选题，对内来说，则是要汇总社内近几年相同的选题，以及相类似选题的印数、销量、回款、库存的数据，作为辅助决策的依据，以分析决定该选题是否有出版的价值；在发行战略的运用方面，为了抢占市场，我们在对某种图书实施提价、降价、降折扣等等手段之际，必须调查社会上该类图书的平均定价水平以及社内图书的平均定价水平与平均成本水平，才能果断地作出科学的决策。再如我们在对全社当年平均成本占当年出版码洋的比率的判断中，就须掌握当年以及往年图书的平均印数和平均定价水平的数据，从而作出客观与准确的判断。凡此种种的信息，均来自出版社内的数据管理。由此可见，数据管理对出版社实施科学的决策起着非常重要的作用。

二、数据管理有利于制定合理的发展规划

规划是实现出版社目标的保证，也是出版社实际运作的依据，更是出版社在日常运营中的控制依据和手段。出版社要得到长足的发展，必须要有一个科学的发展规划。无疑，要制定一个合理的、科学的符合出版社自身发展的规划，就必须要有详细的、准确的数据支持。这些数据的来源以及准确度，决定着发展规划的合理性和科学性，也决定着发展规划能否实现。通常，衡量出版社发展的主要标杆是各项经营指标，如生产码洋、销售码洋、实现回款、固定资产、流动资金等等。要合理、科学地制定未来五年的发展规划，就离不开分析前五年完成指标的数据情况。因此，全面、详尽、科学的数据管理，必将对出版社制定科学的发展规划产生决定性的作用。

三、数据管理有助于出版社实施科学的定额管理

现代管理方法最大的特点是注重定量分析与定性分析的紧密结合。

定额管理，是企业管理工作中，对员工实行有效管理的一种有效手段。出版社在实施企业改制的过程中，越来越重视在内部实施有效的经营

下篇 文萃

管理，定额管理则是出版社强化经营管理当中必不可少的一个重要手段。在出版社改制后，制定实行适合自身发展需要的薪酬管理办法和实行定额管理是必不可少的。如何制定合理的定额额度？如何确定薪酬的合理性？都是劳资双方所关心的切身利益关系问题。只有科学地、合理地制定定额管理中的数据，才能确保出版社劳资双方的双赢，才能确保出版社经营目标和总体规划的实现，才能确定出版社"双效益"的实现。当下，很多出版社把利润指标分解后分别落实到编辑室，甚至落实到编辑个人。在确定这个定额时，往往是参考其他出版社的定额，或者是前两年本社的平均数，甚至是上一年度的基数确定。而在制定之后，并在年终考核时，实际结算往往差别很大，仅仅理解为有没有大量的重印书等简单原因是没有说服力的。对此，应该首先建立一套完整的数据管理制度，并对数据进行科学的分析，结合出版社薪酬管理办法，分门别类建立各档次的定额指标，与相应的薪金档次对应，有效解决新编辑与老编辑、策划编辑与文案编辑、能力强与能力弱的编辑的差别问题。因此，必须建立有效的数据管理制度，收集、整理、分析测定各种数据，特别是有利于定额的数据，为科学制定出版社的各种定额指标奠定良好的基础。

四、数据管理有助于实施科学合理的考核

合理的考核，既是对出版社所制定规划、方案实现程度的一种检查，也是对出版社员工实现自身价值的一种检查和肯定。出版社在制定了合理的定额管理办法、方案之后，必须实行周期性的考核制度。通常我们都认可以自然年度作为考核的时间单位。而且，这个考核也必须建立在有效的数据管理这个根本的制度之上。因为，只有建立了数据管理，才有可能有全面的数据来源和汇总；只有准确、全面的数据来源，才能对各部门、各员工进行科学合理的考核。通过建立全面、完善的数据管理制度，利用准确、有效的数据实施从上而下的考核办法，既是对出版社目标的检查和对员工绩效的检查，同时也是出版社提升管理水平和档次的体现。在出版社对各种数据指标的归类的考核过程中，可以灵活运用。其中的回款指标，既可用于财务部门的考核也可用于发行部门的考核；对退货码洋的分析、考核，既可考核到编辑室、编辑个人，也可以考核到发行部门、发行业务

员和片区。这些精确数据，对出版社实施科学、合理的考核都将产生重要作用。

五、数据管理有助于出版社科学地降低整体的管理成本

提高工作效益，降低运营、经营成本，追求利益最大化，是所有企业追求的最终目的。出版社也不例外，不同的仅仅是由于出版社属于文化产业。文化产业的特征决定了出版社必须在努力为人类社会奉献精神财富的前提下，追求利益的最大化，使社会效益与经济效益双获丰收。同理，出版社同样必须面对市场，面对竞争，必须以最低的投入产出去实现最优的经营效果。要做到这样，就必须从自身内部微观经营管理入手，降低各种运营成本，使自身产品单个劳动成本比社会平均劳动时间和成本要低，这样才能确保效益最大化。为此，出版社必须通过建立科学、合理的数据管理，汇总各部门、各工序的各种数据，分析、对比各部门、各工序的运营成本，找出科学地降低成本的途径，从而有效地解决全社管理成本，实现"双效益"的最佳体现。比方说，我们要有效地降低各科室的各项费用，就可通过设立以科室为单位的费用登记、汇总制度，把数据按年度为单位汇总，通过逐年对比，就可找出不合理的开支，并予以取消或调整；还可以将各科室的费用与津贴、年终考核、年终结算挂钩，将科室利益和个人利益与出版社整体效益挂钩。所以说，数据管理能有助出版社降低整体的管理成本。

综上所述，数据管理在辅助出版社科学决策、制定规划、定额管理、合理考核和降低出版社管理成本方面都发挥着重要的作用。因此，建立长效和全面、精确的数据管理制度就显得十分重要。

建立全面而精确的数据管理制度，首先要树立正确的建立、使用数据方法的观念。摒弃那种可有可无、流于形式和不进行科学跟踪、科学分析的做法。其次要建立专门的部门、安排专门的人员进行管理，不能简单地把这项工作划归统计部门或统计人员负责。再次是要确保信息采撷的完全性、准确性。数据的完全性、准确性是科学决策的前提，容不得半点疏漏。最后是建立绩效定期报告制度，一是确定报告的时间，二是确定各部门的报告内容。

总而言之,"细节决定成功",出版社通过建立数据管理制度,必将提高出版社的微观管理水平,从而促使在出版社转企之后,各社能以有效的管理、合理的成本,应对市场中的各种浪潮,并在商海中获取最优的"双效益"。

那些年　那些人

书籍校对常见差错与防范

曾育林

校对是一项"有功古人，津逮后学"的光荣事业。博览群书是校对的本职工作。常听业内前辈说："十年才能培养一个合格的校对"，说明校对工作不是轻易能做好的，也说明校对工作是可以锤炼人的。

校对的两个基本功能是校是非和校异同。随着计算机介入出版业的范围日益广泛、程度日益提高，在经济飞速运转的今天：①出版业由"数量型"向"优质高效型"发展，对出版物的质量提出了更高的要求。②市场竞争日趋激烈，关注社会热点，聚焦最新动态、大学书市、全国订货会等，使出版物的时效性日益增强。作者急着在市面上见到他所作的书→责任编辑急着付梓→校对争分夺秒、精益求精校稿。校是非已经上升为校对的主要功能，通读成为主要校对手段，文字技术整理难度增加，校对模式日益编辑化。所谓校是非，是指查出是非并认定是非，这里的是非有文字性的、技术性的、常识性的、知识性的、政治性的、思想性的、事实性的等。现在对校对的要求已今非昔比，因此我们作为校对要非常熟练地掌握常见差错及防范措施，并不断摸索、改进校对方法，提高校对质量和校对效率。

以下是笔者对近几年的校对工作中比较常见的差错（结合我社校对实际情况）的一点肤浅的见解。

本文发表于《书香流韵：广东省出版科研论文集》，华南理工大学出版社 2008 年版，第 151～157 页。

一、校样的常见差错及例析

1. 文字性差错

（1）音同、音似。例：①竞—竟；②即—既；③炭—碳；④胆—疸。

（2）形似。例：①已（yǐ）—己（jǐ）—巳（sì）；②囟（xìn）—囱（cōng）；③崇（chóng）—祟（suì）；④并（bìng）—井（jǐng）。

（3）拼写错误。汉语拼音错误、外文拼写错误、外文大小写错误、外文正斜体错误。

其中外文正体在以下几种情况使用：①对数符号、三角函数符号、曲函数符号、常数符号、本式中的缩写字。②罗马数码、化学元素符号、温标、计量单位代号。③国名、组织名、机关名、书名、地名及其缩写等。④元件、样品等的型号。⑤方位、经纬度。⑥生物、医学学名中的种、亚种等。外文斜体在以下几种情况使用：①代表量。如原点等。②表示标量和算符。③物理量符号。④生物学中的学名。等等。

（4）词语错误。①错用词语；②擅改成语、俗语，生造成语；③褒贬错位；④汉字简化不规范；⑤望文生义（不理解成语或词语的含义、缺少汉语词汇典故知识）。

2. 技术性差错

（1）编写体例、格式前后不统一。

（2）图表与说明文字不一致。

（3）同级标题字体、字号、间距不一致。

（4）排版不规范。①目录没有上页码；②标题句末有标点（正确的是标题句末不允许有任何标点）；③段落回行格式不统一；④版面文字重复、文字间出现多余符号、乱字符、漏行、漏段、段落混乱（排版改错了位置）、背题、表格续排出错（一般是续排时没加"续表"二字和表题及表格内外框的正反线的运用错误）。

3. 常识性差错

不合乎常理的错误。例：小王说："明天我一定来，但是，如果下雨我还来。"明显可以看出，这里的"还"应该改为"不"。

4. 知识性差错

（1）引用名言、名句、名段、名诗、典故等出差错。

（2）历史人物事件、地理位置名称、著作者与作品名称张冠李戴等。

5. 政治性、思想性差错

（1）如涉及党的方针、政策方面存在过时的、错误的、不确切的提法或解释等；以党史为题材的文学作品（特别是传记文学）中，有虚构的党史史实、对历史人物歪曲描写的现象；宗教和民族方面存在违背党的宗教政策和民族政策；歪曲宗教礼仪和民族风情、习俗的字句等；违反有关保密规定；等等。

（2）引用马列主义经典著作及党和国家文件而错字、漏字或者衍字，也都是政治性差错。

6. 事实性差错

（1）对一些实际的国际、国家大事件发生的三要素（时间、地点、人物等）叙述没尊重事实。

（2）数、理、化公式掌握不准确。

（3）非公元纪年转换成公元纪年出错。

7. 标点符号类差错

（1）书名号误用。课程名、丛书名、品牌名、证件名、会议名、展览名、奖状名、奖杯名、活动名、机构名、表格名误用了书名号。丛书名是否用书名号，尚无统一意见。有人主张用引号：丛书名为一个词的，"丛书"二字括在引号之内，如"妇女丛书"、"五角丛书"；丛书名为短语的，"丛书"二字不括在引号之内，如"从小爱科学"丛书、"名人名家传记"丛书。笔者认为杂志社名称、报社名称、课程名称、丛书名称不能用书名号，因杂志社、报社名称是机构名称，不是出版物名称，应删去书名号。

（2）双引号的误用。①带有特殊含义（或修辞用法）的词语未加引号；②行文中论述的对象未加引号；③不作为独立句子来用的引文，末尾原有的问号和叹号引用时没有保留；④第三层引用用了单引号；⑤间接引用的文字加了引号；⑥非特殊用法的词语加了引号；⑦计算机里的双引号用""等。

（3）中文破折号（占2个字位）、英文破折号（占1个字位）和连字符（半个字位或1个字位）混淆，如常错将英文破折号用成中文破折号或占半个字位的连字符。

（4）中文、英文、科技书刊中的省略号混淆：中文中的省略号是两个三连点（……）居中，科技书刊中的省略号是一个三连点（…）居中，英文中的省略号是一个三连点（…）居下。

（5）句号使用常见差错。①当断不断，一逗到底；②不当断却断了，割裂了句子。

（6）问号使用常见差错。①句子里虽然有疑问词，但全句不是疑问句，句末却用了问号；②句子虽然包含选择性的疑问形式，但全句不是疑问句，句末却用了问号。

（7）逗号使用常见差错。①插入语没有加逗号跟其他成分分隔；②不该用逗号的地方用了逗号，把句子肢解了。

（8）顿号使用常见差错。①没有注意到并列词语的层次。层次不同的并列关系，上一层用逗号，次一层用顿号。②词语间是包容关系而不是并列关系，中间却用了顿号。③"甚至，尤其，直至，特别是，以及，还有，包括，并且，或者"等连词前面用了顿号。

（9）分号使用常见差错。①单句内并列词语之间用了分号；②不是并列关系就不能用分号；③多重复句中，并列的分句不是处在第一层上，之间却用了分号；④被分号分隔的语句内出现了句号。须知：分号所表示的停顿或分隔的层次小于句号。

（10）冒号使用常见差错。①冒号套用。应避免一个冒号范围里再用冒号。②提示性动词指向引文之后的词语，这个动词之后却用了冒号。③冒号用在了没有停顿的地方。④冒号与"即"、"也就是"一类的词语同时使用。

8. 语法、逻辑、修辞类差错

文句不通、文义不明、前后矛盾、搭配不当、重复、词性有误等。

9. 数字、量、单位类差错

常见于货币符号使用有误，漏写单位使数字转换变小了很多倍，如：1~15亿，应为1亿~15亿。量的单位有误，如：质量误用"牛顿"表示,正确的应该用"千克"表示;酸碱度误用"PH"表示,正确的应该用"pH"表示,等等。

10. 辅文与内文表达不一致

(1) 有些书稿在前言中写到全书共有20章,而在目录和内文中却有21章内容。可能是作者增加了一章内容,责编疏忽了。

(2) 扉页上写的是"××主编",封面上却是"主编××"。

(3) 封面、扉页、版权页、书眉、书脊上的著作方式及书名不统一,目录与正文各级标题的内容和对应的页码不符,等等。

二、常见差错的防范方法

1. 积极、大胆质疑校样有以下差错

①文字性差错;②技术性差错;③常识性差错;④知识性差错;⑤政治性、思想性差错;⑥事实性差错;⑦标点符号类差错;⑧语法、逻辑、修辞类差错;⑨数字、量、单位类差错;⑩辅文与内文表达不一致。每类差错的辨别方法此处不再赘述。

2. 细心辨清并理解字、词语的形、音、义

如"正赏贸易"中的"赏"应该为"常","柑桔"应该为"柑橘","相联"应该为"相连","统盘"应该为"通盘";"涉及到"应该为"涉及",因为"涉及"指"牵涉到;关联到",后面加"到"就重复了。

3. 善于联系上下文,运用联想、揣测、对比、意会方法

现今大多数校对工作采用人机结合的校对方法,在利用软件校对的同时会发现计算机提出的错误很多都不一定是错的,这时校对就要善于联系上下文,运用联想、揣测、对比、意会方法并查阅有关工具书来确定正误。

4. 勤查工具书,与时俱进地更新知识

在校对过程中,遇到模棱两可的问题千万不能因一时偷懒不动手查工具书或上网查最新用法,这样十之八九会放过了一个很重要的差错。如东方港(海参崴),这里的"崴"应该改为"崴",是洼地的意思,它位于绥芬河口海湾东岸。所以中国人称它为海参崴。

5. 主动向编辑及同行请教

"三人行,必有我师。"校对过程中,有些问题确实很难判断正误,需

要主动向编辑及同行请教，征求多数人的意见或许可以解决棘手的问题。

6. 准确掌握各种标点符号、数字、量、单位的用法

要做好这一点，平时要下功夫多看有关参考书，注重识记、分析、理解掌握，才能熟练运用。

7. 善于总结经验、注重知识的积累

在校对中总结标点符号的位置规范有以下几种情况：①句号、问号、叹号、逗号、顿号、分号和冒号一般占一个字的位置，居左偏下，不出现在一行之首。②引号、括号、书名号的前一半不出现在一行之末，后一半不出现在一行之首。③破折号和省略号都占两个字的位置，中间不能断开；连接号和间隔号一般占一个字的位置；这四种符号上下居中；等等。

最后，笔者认为，要防范书籍校样中的全部差错，在终校时要全面检查校样的书名页、版权页、书眉、页码是否有错，引文、注文、注码、各类数目字、汉语拼音、量和单位、外文、转行是否有错，图、表、目录的格式和次序是否有错；各级标题的占行、字体、字号、回行是否有错；理顺整本校样页码，不要缺页。

浅谈出版社储运工作的管理

廖卫文　谢植兰

储运工作在出版社的经营链中处于最后环节，它负担着图书产品的收、发、送、退、存等职能。虽然处于出版社经营环节的最后一环，却是必不可少的重要环节。本文就如何做好储运管理工作谈几点看法。

一、仓库的选址与布局

在出版社的图书储运工作中，仓储工作是其中最重要的环节。只有做好仓储工作，才能保证图书进、出仓工作的顺利开展，并为后续的发货、送货等工作打好基础。

出版社的仓库储存的是图书，在仓库的选址和布局上，除了要考虑交通、路程、租赁及运输成本等因素外，还必须结合图书的特点，在防火、防潮、防虫、采光、通风、承重等方面综合考虑，以利于对图书的储存和管理。

1. 仓库的选址

（1）仓库的选址要有前瞻性。仓库的选址工作，将决定储运工作效率的高低，并影响管理水平。出版社的业务是不断发展的，仓库的选择，既要预留一定的空间以适应业务扩大的储存需要，又要考虑品种多样化和出版行业向电子化发展的趋势。这就要求所选仓库的大小除了能满足目前的储存需求外，还要预留适当的发展空间。

（2）充分考虑仓库的位置。除了大小适中外，选定仓库的地点时，还

本文发表于《书香流韵：广东省出版科研论文集》，华南理工大学出版社 2008 年版，第 215～217 页。

要考虑到客户提货的需求。如果仓库的地点离市区太远，客户考虑到提货时间及提货成本等问题，必然会改为要求出版社送货，这必然会增加运输成本，而且大大增加了储运部门送货的工作量。如果送货任务太紧，还会造成储运部门无法全部按客户要求的时间将图书送达，那么必然会令客户对出版社作出负面的评价，甚至影响发行部门以后的工作。从长远来讲，不仅增加了图书的运输成本，还会影响图书发行的效益。

（3）要综合考虑成本因素。从出版社的经营成本来看，仓库的地点如果选在市区内，场地成本必然增加。因此，仓库的地点应选在离市区不太远的城郊或城乡结合部。

（4）对仓库的内、外都有特别的要求。仓库的门口周围要求有较宽阔的位置，方便运输车辆的停靠及图书的装卸。在选择仓库时要求库房所在的地势较高，库房内的地面应该比外面的略高，库房内、外的下水渠道要保持畅通。这样做能起到防潮的作用，避免雨季或潮湿天气给库内图书造成不必要的损失。

（5）仓库尽可能选在建筑物的首层。库房最好选在一楼，这样图书进、出仓时不用等电梯，能节省图书进、出仓时间，提高储运部门的工作效率。

（6）仓库地面的承重力要足够。库房内的地面要有足够的承重能力，避免因图书的长期重压而造成地面下陷或楼层坍塌。

（7）库房内要求楼层高度较高，通风情况良好。选择这样的库房，当出版社因业务发展而需要增加图书库存时，就可以通过增加图书的堆叠高度来达到增加库房容量的目的。

2. 仓库的布局

（1）库房内应划分出仓库区、作业区和办公区。仓库区主要用于图书的保管、存放；作业区的功能主要是图书出货后的打包及临时堆放；办公区的功能主要是日常办公及进、出仓单据的归类、保存等。

（2）仓库要有足够的电源和水源。库房内要求光线充足，电源、水源要能满足仓库的日常工作需要。这就要求在仓库的设计布局上，要有足够应对日常工作用电负荷的电源，而且电源的分配、布局要合理。电源应相对集中在库房内的办公区域，不同用途的电源应分别由不同的开关总闸来

那些年　那些人

控制。这样做不但能节约用电，还能起到防火的作用。另外，对库房内的生活用水及消防用水要配置完整、到位。生活用水不能有渗、漏现象，以免库内图书受潮。消防设施要检查是否有水，确保在有消防需要时能派上用场。

（3）仓库最好安排在同一个库房内。出版社的图书仓库尽可能设置在一个库房内，不要设置成零散或分开的库房，否则会不必要地增加仓储人员的工作量，延长图书的进、出仓时间，降低仓储工作效率，不利于储运部门的管理工作。

二、仓储管理

出版社的仓储业务，包括了图书的进仓、出货、打包出仓、清点退货、整理归库等一系列的工作。要做好仓库的管理工作，必须注意以下几个方面。

1. 配备适当的生产工具

库房内工具的配置，直接影响到仓储工作效率。

（1）利用计算机提高管理效率。随着出版社业务的不断发展，图书品种越来越多，仓储管理的难度也随之大大增加，要解决这一难题，最好莫过于社内数据共享。这就要求出版社内各部门之间的图书相关资料及数据必须准确、统一。通过利用计算机进行管理，运用全面的图书管理系统软件，可以令图书的进仓、出仓、退库、盘点等储运工作都变得方便、快捷。而且各部门的数据更新及时、准确，为出版社的经营部门提供及时、准确的图书信息，为社领导的决策提供客观、可靠的依据。

（2）传真机的使用十分必要。在图书的管理中，已普遍运用计算机系统来进行管理。系统内的数据要做到更新及时，就必须加强与仓库的联系，及时沟通图书进、出仓的最新情况。由于前述的仓库选址原因，仓库所在地通常与出版社内其他业务人员的办公场所有一定的距离，两者之间的沟通，可以通过网络、电话或传真来进行。三种沟通手段的利弊比较见表1。

表1　三种沟通手段的比较

沟通手段	利	弊	费　用
网络	速度快，清晰度高	数据易丢失 要预防黑客入侵系统 人员要求能熟练使用电脑	高
电话	数据不易丢失	人工记录速度较慢 使用时间较长 可能出现记录差错	中
传真	可直接传真单据，速度快，清晰度较高	单据数量多时易遗漏	低

通过上表的比较可见，使用传真机进行沟通，不但能提高工作效率，而且可以降低通讯成本。

(3) 合理使用打包机。打包机是目前仓储运输中普遍使用的设备，与以前的人手打包相比，使用打包机不但加快了包装的速度，而且使包装质量大大提高，减少了图书在运输过程中因包装破损而造成的图书损耗，提高了图书的利用率。

打包机的配备应该恰当，除打包人员每人要配备一台外，负责退货整理归库的人员也应配备一台打包机，以避免因"争机用"造成发货和退货工作互相影响，以致降低工作效率。

(4) 使用手动液压叉车提高工作效率。在出版社的储运工作中，以前搬运图书都是用手推车加人手搬运，每次搬运的图书数量较少，人员的劳动强度大，耗费的时间较长。使用手动液压叉车后，每次搬运图书的数量能大大增加，不但节省了人力，而且提高了员工的工作安全性，从而大大提高了储运的工作效率。

(5) 使用地台板好处多。在堆放图书的库房中，最常见的工具是地台板。使用地台板来堆放图书有多个好处。首先，用地台板来堆放图书，图书不直接接触地面，能起到防潮、防霉、防虫的作用。底层通风有利于排出湿气，堆放在底层的图书不会因受潮而发霉，而且底层不与地面的杂物、尘土接触，图书不易发生虫害。其次，用地台板堆放图书，能分散图

书对地面的压力，即使某些品种的图书堆放得较多、较高或图书纸质较重，也不易损坏地面。再次，用地台板堆放图书，在图书进出仓、仓库整理、调整图书摆放位置时，可以用手动液压叉车整板直接移动，节省了人力和时间，能大大提高仓储工作效率。另外，用统一规格的地台板来堆放图书，能令库房内图书的堆放整齐划一，不但方便出货人员查找图书，而且令库房内部看起来更加整洁美观。

必须注意的是，在使用木制地台板时，要定期作检查，以防滋生白蚁给库存图书造成损失。

（6）合理使用书架，能提高库房内空间的利用率。对剩余数量不多的图书来讲，要继续放在地台板上，如果单个品种的图书分开放置，就要占用大量的库位来摆放；如果不同品种的图书堆叠起来放置，虽然占用的位置少了，但查找起来极不方便。利用书架来摆放这类图书就可以解决这一问题。使用书架来摆放，不但便于查找，而且可以充分利用空间，有利于库存图书的管理。需要注意的是，库房内使用的书架，应有别于一般的家庭用书架。考虑到同一品种的图书应尽可能摆放在一起，书架每层的高度应不少于五十厘米，以可叠放两件标准包装的图书为宜。由于每层放置的图书较多较重，书架的用料最好能用铁制的。

（7）配备合适的运输车辆。图书的储运工作，除了异地的图书发送，必然离不开市内的送货及提退货。运输车辆在市内行驶，就涉及市区限行和车辆载重量的问题，要有效解决这些问题，就应灵活处理。例如，由于货车在市内有禁行时间和路段，送货数量较多时就要求事先与客户商定在非禁行时间运送。如考虑到有些客户要求送达的时间较急，在数量不多的情况下可用面包车来运送。由此可见，储运部门在配备运输车辆时，最好能同时配备货车和面包车，以适应不同时间及数量的运输需要。如果经济许可，应配备运货量较大的面包车，以解决市内运送任务的需要。

2. 合理堆放图书

随着出版社业务的不断发展，库存图书的品种和数量必然随之而增加。库存图书的堆放要充分利用库房的空间，按事先划定的库位，分门别类、合理放置，做到查找图书时清晰明了，图书进货易存，发货易取。

（1）要做到合理堆放，就必须事先编排好库位号。首先将仓库区划分为若干个小区域（库位），并按一定的规律、顺序，给划分好的库位编号，我们通常称之为"库位号"。库位号就好比图书在仓库的"住址"。要做好这项工作，就要做到"标志明显易找、编排循规有序"的要求。在划分库位时，要综合考虑仓库区的大小、门口的位置、地台板的规格、走道的宽度等因素，计算出所要划分的库位的数量及大小，并在地面上标画出各库位的边线。一个库位的宽度通常是一块地台板的宽度，走道的宽度则以可用手动液压叉车搬运一块地台板为宜。为了充分利用仓库的面积，通常安排两个库位连在一起，共用一条走道。编好的库位号应在相应库位四边的显眼位置上标明，以便查找。

（2）编好库位号后，还要将图书进行合理的分类。将库存图书按一定的标准分成若干个类别，同一类别的图书摆放在同一个或几个邻近的库位内。图书分类的标准，可按不同的需要来制定。例如，按图书的用途来分，可分为大、中、小学教材，大、中、小学教辅，非教学图书等；按图书的内容来分，可分为文科、理科、工科、外语、医学、其他科目、其他图书等；按图书的开本来分，可分为大16开、16开、国际16开、大32开、32开、其他开本等。具体选择何种图书分类方法，可视出版社的具体需要而定。

（3）堆放图书时，同一品种的图书应放在同一个库位，采用压缝的方式堆码放置。由于图书通常是用牛皮纸或纸箱包装，这种堆码方式比较适合图书的储存，可以令堆码合理、整齐、牢固，而且方便点算数量。码堆的大小，应根据该品种图书数量的多少来决定。简而言之，图书的堆放应尽量做到增加单位面积的图书储存量，从而节省库位，增加仓库容量。

3. 选择合适的物流运输方式

出版社的业务涉及全国各地，发往市外的大量图书不可能由储运部门自己运送，必须聘请货运公司代为发送。异地货物的发送有多种运输方式，不同的运输方式有各自不同的到达时间和收费价格，可以根据客户的不同需要，选择合适的运输方式。表2是不同类型的运输方式及费用情况，我们应选择较优的方案发送图书。

在确定运输方式后，还要针对不同运输公司的信誉、服务质量、价格等方面进行比较，选择一家综合因素较合适的物流公司作为长期的合作伙伴，以保证储运部门既能做到发送图书及时，又相对降低成本，从而提高储运的效率。

表2　不同运输方式的比较

运输方式	运输时间	运输费用	适合货运量
铁路运输	长	低	多
公路运输	中	中	不限
邮寄	长	中	少
快递	短	高	少

三、制度化的管理

要做好储运工作，就必须对储运的各项工作进行制度化的管理。

1. 制定操作流程，明确岗位责任

储运部门将图书进仓、发货、送货、退货清点等各项工作制定出规范的工作流程，明确各员工的分工和岗位责任，要求各岗位的员工按其相应的工作流程来操作，将有助于提高储运工作效率。这样能使各员工在工作中相互配合，发挥所长，共同将储运工作搞好。同时避免不必要的重复劳动，以及避免员工在工作出现问题时互相推卸责任的情况。

2. 制定完善的规章制度

储运工作中最重要，也是最难做好的一条，就是做到"账实相符"。要做好这一点，就必须制定完善的管理制度，并保证制度得以严格地执行。例如，在储运工作中，最常遇到业务员或编辑以"方便客户"、"客户急用"等理由，向储运部门借书或打欠条取书的现象，这样做会扰乱储运部门的正常管理工作，直接导致仓库实存图书数量与电脑账存数据不符。这时，储运人员只有坚持遵守"凭单发货"的规章，才能避免因此而导致的账实不符。由此可见，管理制度的制定和执行，是储运工作得以顺利进行的根本保证。

3. 严格入库与出库的管理

加强仓库的单据管理，做到图书"账实相符"。要做到这一点，仓储人员必须严格遵守仓库有关图书进、出仓的各项规章制度，做到"凭单进、出仓"。尤其是图书的出仓，必须按章办事。图书出仓必须以发行部门打印的发货单为凭证，发出的图书必须与发货单上所列的书名、书号、定价、数量相符。图书的进、出仓检验方法应保持一致，以避免人为造成库存盈亏。

在仓库的管理中，要做到"账实相符"，必须强化单据的作用。利用计算机的图书管理系统来打印各种进、出仓单据，为储运部门的单据管理提供了方便。在日常工作中，储运会经常遇到单据缺失的情况。要解决此类问题，可以依靠强化管理来解决。例如，图书管理系统中已开出的发货单，如果在储运部门查找不到，那么有三种可能：一是发行部门未将单据交到储运部门；二是单据已交到储运部门，但储运部门在发货前遗失单据，即未发货；三是单据已交到储运部门，储运部门在发货后遗失单据。要搞清楚问题出在哪里，首先，储运部门在收到发行部门交来的单据时，马上进行登记；其次，储运部门在发货后，将单据收回，统一进行分类整理，然后归档。归档的单据必须定期与计算机图书管理系统内的单据进行核对，及时发现缺失的单据。如果是未交到储运部门的单据，则要提醒发行部门尽快将遗漏的单据交到储运部门发货；如果是储运部门在发货前遗失的单据，要请发行部门及时补单发货。

由此可见，必须制定严格的图书进、出仓管理制度，同时加强对进、出仓单据的管理，才能真正做到"账实相符"。

4. 加强对库存图书的管理

（1）加速退书的清点，加快图书的周转速度。图书的退货有季节性，通常在年终结算货款前，客户会将其库存的图书大量退回出版社。如果储运部门不能及时清点退货、整理归库，不但会影响业务部门年终的收款工作，还会影响仓库年终盘点数据的准确性。因此，及时清点退书，整理归库，在这时就显得尤为重要。

在清点退书时，除了核对退回图书的品种及数量是否与所附清单一致外，还要注意检查退回图书的质量，并根据退书质量的不同作区别处理。如果退回的是新书，应尽快整理归库，以便图书重新进入流通环节。如果退回的是比较脏、旧的图书，可作折价处理。如果退回的是破损、不能再发货的图书，则要分开放置，准备申请报废处理。

(2) 做好仓库的盘点工作。由于出版社书库储存的图书品种多，盘点通常是在年终进行一次全面的清查盘点，以定期更新和掌握图书的库存情况。盘点是一项费时、费力、工作量相当大的工作，要求盘点人员必须有充足的准备、严密的操作流程以及高度的责任心。

盘点前应先做好准备：①对盘点人员进行必要的指导和培训，特别是新进的人员，应讲清盘点要求、盘点常犯错误等。②准备好盘点的工具，如盘点表、笔、计算器等。③提前一至两周告知客户和印刷厂，在盘点期间不收货、不发货。④在盘点前做好仓库的整理工作，使库存图书整齐有序，便于点算。

盘点时要注意以下几点：①最好两人一组，一人点、一人记录。②盘点时指定各组的盘点范围，以免重复点算。③按库位顺序进行盘点，避免遗漏。④盘点表上的数字要填写清楚，不能潦草，如果写错数字，要涂改彻底。

四、储运人员的管理

人员素质的高低，以及储运主管对人员的管理水平，将决定储运的工作效率和管理效率。

1. 合理配置储运人员

储运部门的工作比较烦琐，包括出货、核对、打包、送货、清点退货、整理归库等等。随着出版社规模的扩大，人员的分工越来越细致、越来越专业化，储运工作同样需要进行专业化的分工。将出货、核对、打包、送货、清点退货及整理归库等工作分别交由不同的人员负责，一方面可以提高员工的工作熟练程度；另一方面，不同环节的工作又可以互相检查、核对，减少差错率，能大大提高储运部门的工作效率。

除了日常的收货、发货、送货、退货工作需要进行分工外，储运部门还有一些工作需要全体人员互相配合、协同完成，例如库位整理、盘点等。

2. 人员素质及培训

储运部门的工作虽然属于体力劳动，但不能由此降低对储运人员的素质要求。对于管理者、电脑操作人员来说，必须对计算机图书管理系统有深入、全面的了解，能运用图书管理统计软件来处理各种数据，及时统计、输出各种所需的数据。对于储运部门的一般员工，要求具有一定的文化素养和较强的责任心，对本职工作熟悉，工作细致、有条理。

对储运的员工，还应加强业务培训。引导员工在工作中树立起服务意识，不但是为客户服务，也是为图书出版的其他环节服务。在工作中要从对方的角度出发去思考问题，急对方之所急，想对方之所想，尽量将各项日常工作化被动为主动。只有这样，才能减少工作差错，提高储运部门的工作效率。

3. 人员的管理

对人员的管理同样需要制度化。人员管理的方法有很多，笔者认为其核心就是通过制定合理的制度，充分调动人员的工作积极性，以达到人力资源的充分利用。

结合储运部门工作较为烦琐的特点，可以按照不同岗位的工作权重，结合"按绩效分配"的原则来计算员工的薪酬，即把员工的分工（工作岗位）与实际的工作绩效相结合。这样做可以激励员工在工作中勤于思考，多考虑怎样做才能更有效地缩短工作时间，提高工作效率。这就意味着，在日常的工作流程中，管理者应给予员工更多的思考空间和更大的工作自由度，只要不违反管理制度，应鼓励员工多提出合理化建议，并对可行的建议逐步推广实施。这样做才能最大限度地发掘员工的潜力，令储运工作得以快捷、准确、有序地开展。

五、仓库的消防管理

书库里储存了大量图书，是出版社的粮仓和重要的资产储存基地，因此仓库的安全工作责任十分重大。由于图书是易燃品，对于储存图书的仓库来说，火灾是仓库安全的最大威胁和破坏，防范火灾的发生是仓库安全工作的重中之重。仓库必须严格认真地做好每一项预防工作，以不存在火灾隐患为管理目标，彻底保证仓库的安全。

（1）消防工作的重点是加强员工的防火意识。要做好仓库的消防工作，首先要认真贯彻"预防为主，防消结合"的原则。仓库的每个员工，都必须遵守消防工作制度，懂得防火、灭火知识，学会使用消防器材，熟记火警电话。

（2）实施"谁主管，谁负责"的制度。建立以岗位责任为中心的全员防火责任制，定期开展消防安全检查，消除事故隐患。例如，定期检查库房内电线线路是否完好，消防设备是否齐全，消防通道是否畅通，禁止明火公示是否清晰，等等。

（3）如遇仓库内出现紧急情况，应迅速组织人员赶赴现场，采取有效的抢救措施、办法，消灭隐患苗头，保护库内图书，尽可能降低出版社的损失。

综上所述，通过对储运日常工作各个方面的全面管理，特别是抓好图书的进、出、管工作，充分挖掘人员的潜力，提高工作绩效，等等，就能把出版社的储运工作做好，就能更好地为图书流通的其他环节服务，并能为出版社提高经济效益提供坚实的保证。

转制与编辑人才管理问题
高惠贞

如果说转制解决的是出版社的生产关系的话，那么对编辑来说则是既解放了出版社的生产力，而且还提升了核心生产力。着重于这一点，在人力资源管理方面，高校出版社转制应与编辑人才管理有机地联系起来。

转制本身就是针对出版社和编辑的生产力发展受到某种束缚而提出的要求。转制前，宏观上，出版社与高校政企不分，行政人事受制约，产权界限不明确；微观上，编辑不清楚要为高校国有资产负多大程度的责任，因而缺乏创业冲动；对编辑的激励只停留在政策层面，未上升到制度层面，更多的是短期效应。在这种情况下，一方面，在编辑队伍中普遍存在着干好干坏一个样，干多干少一个样，甚至干与不干都是一个样，从而使得具备某种选题策划能力、文字编辑实力的人员难以长期地、持久地为出版社服务；另一方面，高校出版社受选题框架的局限，也就难以形成自己的特色与核心竞争力，难以加固和延伸自己的品牌，也就难以实现自己的发展战略了。转制后，以上情形大为改观。据调查，有些高校出版社出现了策划编辑、组稿编辑和文字编辑的分野，甚至有了项目经理的尝试，为数不少的高校出版社还把编辑的报酬与其所策划的图书的营销情况直接挂起钩来，在一定程度上调动了编辑的积极性、创造性。

一、转制对编辑的优化和创造

高校出版社在转制的过程中，对编辑人力资源的管理成为出版社改制的一个重要组成部分。一般认为，出版社编辑属于"事业编制"。但出

本文发表于《嵌绿层层》，广东高等教育出版社2009年版。

社进入市场化运作后，编辑工作直接面向市场，人力资源管理的改革就势在必行。现在已经有不少高校出版社正从实践中摸索出了一些管理方法。比如，面向社会招聘考察编辑人员后，采用对新进编辑实行合同聘用制的管理模式。转制前，出版社大多数是原有"事业编制"员工，以在编在岗编辑为核心。随着出版经济市场的发展，这样的编辑规模已经不适应市场发展的需要。

转制前，采用单一的用人模式，已经潜伏着许多危机：没有人才的合理流动，出版观念的更新便是一句空话；没有企业化的人力资源管理，干多干少干好干坏一个样，出版改革的措施就无法落实到编辑层面；依赖学校给编制进人，常常是进一个人很难，出一个人更难，大大限制了出版社的进一步发展。转制后，出版社采用合同制的聘用方式，面向社会招人、可以借助于高校这块肥沃的人才土壤，使应聘者云集，选拔考核百里挑一，有效达到网罗人才的目的。之后，再经过出版行政部门各种形式的统一培训，优化编辑人才，创造精益求精的编辑队伍。在新的人力资源管理下，将会有许多合同制员工成为企业的骨干力量，一批有创新思维、有实践能力的编辑脱颖而出，成为编辑队伍的中坚力量。"事业编制编辑"和"合同制编辑"的界限逐渐淡化，评价编辑的标准模式是：谁最大限度地实现了社会效益与经济效益的双丰收。

编辑人力资源管理的改革打破了原有的制度造成的人才不足的瓶颈。编辑的优化和创造，为高校出版社落实出版理念、实现"双丰收"奠定了人才基础。

二、转制对编辑的双向和互动

在高校出版社人力资源管理模式下，编辑不再吃"皇粮"。他们有着这样的观念：自己的业绩与出版社的发展紧紧地捆绑在一起。编辑作为出版人的社会责任感和价值观很快树立起来，编辑不是被动消极地等待市场，而是积极地适应市场、开拓市场。灵活的人力资源管理形式也促使出版社和编辑会为双方的发展出谋献计，编辑关注出版社的命运，出版社依附编辑的创造，出版社和编辑的关系十分密切，这样相互依存、相互推动、共同创造的关系，对出版社创新机制起到了重要作用。

转制前，出版社进人出人都有很多的限制。因为高校进人的着重点在于教学与科研，出版社作为高校教学辅助系列，对事业编制的在编职工在名额和条件方面是有限制的，所以真正有出版专业知识和技能的编辑人才是很难成为事业编制的职工，不能胜任编辑工作的，无论是否编辑本人的要求，想调离编辑岗位也有一定的限度。在人才双向选择方面，出版社与编辑之间不能形成互动作用。转制后，编辑队伍应该每年都有一定的淘汰率，经过严格的考评，不能胜任编辑工作、不适应出版发展的编辑将面临离岗的问题；同时，有些合同聘用制编辑认为出版社发展无法适应自己的进步，也会主动离岗另谋高就——这都是自然的人才流动。编辑在新的人力资源管理制度下，逐渐缩短事业编制和合同制两种用工体制下由于体制原因造成的员工基本收入的差距，编辑的整体收入由个人创造的社会效益和经济效益综合评估而决定，实行具有现代企业管理制度的相对严格的考核制度，这大大调动了合同聘用制编辑的积极性和对出版社的向心力，同时也激活了旧的人力资源体制下编辑再造的活力。

灵活的人力资源管理机制，无论是出版社选择编辑，还是编辑选择出版社，都要具备双向性。出版社与编辑在人才的优化、培养和使用方面，其效果必然是互动的。

三、转制对编辑的培养和转化

转制后，出版社应建立全面的培训制度。出版社应多渠道、多元化、多层次地为编辑提供学习、培训的机会。对编辑的培养和使用也要有一套比较科学和灵活的制度及运作方式，建立健全严格的编辑培训制度。比如，根据编辑所处职业阶段参加相应的培训；组织编辑参加书市、图书会展和相关专业会议；进行电脑网络远程学习，使编辑拓宽视野，提升见识，激发责任感。又如，对新聘编辑进行为期3～6个月的培训，要经过校对、编辑、印刷、储运、发行等多个岗位的轮训，使其熟悉整个出版流程，并对出版社的企业文化和经营作风进行研究探讨，使新编辑很快认同出版社的企业文化和发展理念，并融入其中，成为高校出版社编辑队伍的一支生力军。

培养的最终目的在于将所学知识和技能转化为解决工作难题的有力

武器。

如果编辑缺乏转换知识、技能的能力，则可酌情考虑换岗或离岗，或者让编辑改变学习对象，根据编辑能转化的相关的其他技能的专业知识，安排合适的岗位；如果不是编辑本身而又不是人为的限制尚不能使学习成果得到转化，则应考虑编辑所学知识、技能的有效性、针对性，而不是漫无目的进行培养和学习，最终导致人、财、物力的浪费。

编辑的培养实为提升编辑个人素质，同时又有利于提升出版社人才竞争力以及市场竞争力，以充分发挥编辑的主观能动性，达到编辑价值的自我实现，同时为出版社带来更大的效益。

四、转制对编辑的考核和激励

转制有利于高校出版社人力资源管理实现"效率优先，兼顾公平"的原则，促进编辑的进步，形成良好的竞争与协作。对编辑的考核标准，更贴近市场的需要，编辑的收入打破原有事业单位的以基本工资为主体的收入标准，按劳分配，注重与编辑绩效的挂钩，注重出版社的整体效益与编辑效益的互动式体现。这样的考核制度既体现出版社整体发展的需要，也形成了对编辑的激励和培养。同时，这种人力资源管理本身也是面向社会的具有公平性的综合考核，是出版社以文化企业的形象面向社会大众的展示，对树立出版社良好的企业形象大有帮助。

为了促进新编辑的迅速成长，出版社要为他们搭建施展才能的平台，鼓励个性化发展。比如，以出版项目负责制鼓励老编辑带新编辑，并以项目负责制为基础，让新编辑自己创造发展机会，个人的职位是自己凭能力创造出来的，承担多大的出版项目，就有多大的"位置"。在统一的人力资源管理培养模式下，鼓励编辑参加全国出版职业资格考试，在社内推行符合企业特点的合同制编辑评审职称资格制度，打破学历资历、从业年限等框框，按照编辑本人的业绩能力衡量其业务水平，合同制编辑的基本工资和福利待遇与事业编制编辑渐趋一致，收入和职位考核按照业绩来体现，拉大收入的差距，形成有效的人才激励机制。

这样的人力资源管理还需要与之相配套的一系列人事管理规定，签订规范的劳动合同，完善培训制度和考核制度，完善每一位合同制员工的福利制度和社会保障制度。有效的激励机制，能够让每位编辑既安心又快乐地工作。

毛泽东主席指出："制度的建立给我们开辟了一条到达理想境界的道路，而理想境界的实现仍然靠我们的辛勤劳动。"随着外资进入我国出版领域，出版市场竞争日趋严峻，如何以充满活力的人力资源管理赢得出版人才大战，形成具有自己特色的人力资源管理机制，是每个出版社面临的问题。转制以后，编辑的人力资源管理正是高校出版社作为企业文化的一种人事制度改革，希望这种改革的继续深入，为出版社面向市场竞争再造更多的编辑人才。

出版社图书退货的全程控制分析

周建华

随着出版业的发展,图书品种越来越多;与此同时,图书能展示的物理空间却有限,甚至还在下降。书店为了讲求效益,业务员为了能顺利通过绩效考核,导致图书上架的时间越来越短。所有这些都不可避免地导致大量的退货。而功能较强的网络书店的发展规模目前还不是很大,比较强势的也就寥寥几家;出版社网站的在线购书功能尚未完全开拓,且受品种数量和内容范围的限制,引导读者购书的现实性尚不强。这也迫使出版社把图书发往传统的物理书店,从而更加导致书店"书满为患"、退货增加。

图书退货,一是要无偿支付运费,消耗了出版社的现金资源;二是大部分退货图书已经残旧,无法再次发货,从而消耗了出版社的物质资源。控制图书退货是出版社降低经营风险、提高经济效益的必备措施,因此也成为出版社工作的重心之一。

控制图书退货是一项系统工程,出版社要从图书的"生产—销售—管理"整个流程的各个环节入手,实施控制。

一、对图书生产的源头进行控制

1."借势发力"而不"跟风炒作"

这有两层含义:一是开拓出版社强势品牌领域的图书,以品牌带动新版同类图书的销售。这样开发的图书,读者认同,渠道也愿意做大力宣传,图书的退货风险自然就大大降低,如中山大学出版社的"行政管理"系列图书。二是开拓市场容量大但也能兼顾自身特色的图书,而不只是跟

发表于《编辑之友》2009年第12期。

风出版。如会计类图书的市场容量一直比较大，中山大学出版社在近几年少数几种实操类会计图书一定销售成绩的基础上，大力开发了以行业、企业规模、企业类别、会计软件品牌等不同分类的"真账实操"会计图书，并且在版式和套色印刷上做足功夫，满足了大量不同层次、不同行业会计从业人员的需求，市场反响较好，书店销售意愿强、添货频率较高。

2. 坚持"系列化"与"层次化"

首先图书要尽量系列化，以少量适销对路的图书带动大量系列图书的销售。现在新书上架的时间越来越短，有时甚至上架一两个月就被撤下架，导致部分有读者群的新书，读者却见不到。特别是一些单册图书，上架后掩埋在海量的图书品种中，读者根本见不到；而策划成系列化的图书，上架有一定的规模，与读者见面的机会就会大大增加，销售就会有改善。而且，系列化图书的进货和销售易于管理，一经动销就会有较可观的经济效益，因此书店一般也比较喜欢系列化的图书。其次是同种题材要尽量开发出适合不同层次读者群的图书，做到阶梯式地开发图书，如同种题材的教材可开发出研究生读本、本科生读本、高职高专读本以及中职中专读本。此外，对于定位于特定读者群的图书资源，可根据不同情况开发出插图版、大字体版等不同形式的图书。所有这些做法，都能最大限度地利用现有资源，特别是已经形成品牌的图书资源，这比开发新板块图书的成本要低得多，同时也能有效降低退货风险。

3. 控制首印数

新书付印前，不可盲目乐观，一定要根据当前的市场情况做好充分的印数论证，严格控制首印数。由于考虑到图书的印刷成本，出版社有时会依据图书的最大市场估计用量来开印，这无形中放大了图书的经营风险，有时会造成图书的长时间积压而无法实现销售；其实图书在首印时能达到2000～3000册这个单册印刷成本大幅升降转折点的量时，就应该以较保守的市场估计用量来控制图书的首印数，切忌盲目多印、多发而造成大量积压或退货。

4. 用足"眼球效应"

图书的内容固然是第一位的，但图书的装帧设计却是瞬间抓住读者目光的首要元素，特别是定位纯粹走市场的图书。有了第一个好的印象后，

再适当地配以切合图书内容的印制材料和装订工艺，以及合适的开本，图书的"眼球效应"凸显无疑。在此基础上，若内容适合大众读者的阅读口味，则图书的畅销或常销应在情理之中。

二、对图书流转的过程进行控制

1. 做到"知己知彼"

出版社发行经理要有针对性地了解并掌握图书的大致概况（包括内容、作者、读者对象等），及时向书店推荐新版图书，特别是出版社的重点市场图书，给书店以销售的信心；收集并分析书店给出的意见，及时反馈给责任编辑，使编辑在策划选题时有章可循，这样策划出来的图书因为定位较准确，市场效果应该不错。此外，出版社发行经理要密切关注渠道的内在情况，分析图书的发货质量，对有潜力的渠道要加大开发和合作力度，同时适当收缩甚至取消无潜力或信誉度不佳的渠道，从而在扩大销售的同时有效控制退货风险。

2. 做到"适销对路"

为不同类别的图书选择更加适合的销售渠道，即为图书寻找更加确定的读者群，依据潜在的读者量来决定图书的配发数量，如经济管理类图书适合走经济发达区域的销售渠道，"三农"类图书适合走农村经济发展规模较大区域的销售渠道，时政类图书适合走政治文化中心区域的销售渠道，等等。这样，就可以避免因为部分适销但发货不对路的图书的退货，而增加无效的发货成本以及图书破损损失。此外，对于专业图书，甚至是专业学术著作，出版社发行经理要在可控范围内开发一些专业的民营书店，增加专业图书的销售量。

3. 推荐"样板图书"或"样板渠道"

出版社发行经理要积极与书店业务经理沟通，了解本版图书在该区域的销售情况，及时把在某些区域销售得比较好的本版图书推荐给其他的渠道，交流图书畅销的原因；或挑选一些销售本版图书做得好的渠道，了解它们的具体做法和经验，分析综合后再介绍给其他渠道。这样就可以使图书的市场销售量达到最大，减少渠道中的图书退货和出版社的图书库存积压。

4. 充分利用"特殊渠道"

传统的图书销售渠道主要是新华书店等实体店（主渠道），但受到展示空间的限制，导致新书的展示时间短甚至无法上架等问题。利用图书馆配供代理商的渠道来销售图书是弥补主渠道缺陷的一个有效措施，可以有效降低图书退货率、稳定回款量、加快资金回笼。因此，出版社要积极与图书馆配供商合作，为配供商提供"一揽子"服务，如单独为配供商制订供货折扣、回款账期，提供全品种样书，等等，发展与配供商的关系，培育其成长。另一个"特殊渠道"是网络书店。虽然目前上一定规模的网络书店还很少，但这几年来它们的发展势头和营利能力却越来越强，而且其拥有几乎无限量的展示空间，为全品种图书，特别是一些小众图书提供了良好的宣传和销售途径，同时出版社也能较准确地控制图书的发货量，降低退货风险。此外，读者在网上购书取向的日渐强烈也决定了出版社要充分利用网络书店这个特殊渠道。

5. 坚持"少主发，勤添货"

要改变以前盲目主发图书的陋习，这样会造成不必要的退货，况且现在书店也面临考核的压力而拒绝出版社盲目主发。对于图书市场，书店的业务经理毕竟比出版社的发行经理要了解得多，因此书店业务经理对新版图书的市场销售空间有一个比较准确的估计，这时，出版社要做的就是尽早把即将出版的新书的完整资料传送给书店，让书店评估该图书的市场前景，再决定出版社的图书主发数量，这样自然会减少图书的退货量。况且，现在许多省新华书店已经实现了联网，做到统一进货统一退货，这在分销渠道已经对图书退货做了适当的控制，即在省经销网络中对图书的供求进行调节；同时，这也给出版社有效了解和控制本版图书的销售提供一个窗口，出版社可以实时监控本版图书的销售情况，即使第一次主发的图书偏少，一有缺货出版社即可掌握情况，就可以主动与书店联系图书的添货。

6. 控制图书重印量

图书能够重印，当然是件好事，但如果不能有效地控制重印数量，则好事有时会变成坏事：造成大量图书退货或图书积压于仓库内。其实，图书若有机会重印，应该认真仔细地分析一下该图书的历史销售数据，估计

继续销售的前景。一般应依次考虑以下三个因素：第一步考虑"图书的销售周期"。如果图书的销售周期比较短，如6～9个月，对于首次重印，可考虑依据首次印数减去主发（铺货）的量来决定第二次印的数量；若是第二次以上的重印，则可考虑至少以上次的重印数开印。第二步考虑"图书的销售速率"。这主要是针对第二次以上重印的图书，看上次重印的同样数量的图书其销售周期是否缩短、同一渠道添货的数量与频率是否增加，若有则可以考虑适当增加本次重印数量。第三步还要考虑"图书的修订计划"。虽然有些图书（主要是教材）的销售情况一直都比较良好，但2～3年以后，图书的部分内容难免会过时，需要作者及时修改完善，对于这类图书，重印发稿单一定要由责任编辑签名确认，以防图书刚重印出来，作者就要对图书进行修订，而导致退货或积压。如果图书的销售周期比较长，如近1年甚至1年以上，则重印数要减少至较保守的估计数，以防图书长时间积存在仓库中。

7. 分析退货原因

出版社主发的图书，书店退货在所难免，关键是出版社发行经理要做有效的退货分析和管理控制，这一点十分重要。

一方面进行横向比较分析，即对每月的退货图书按不同地区进行归类、分析，对不同的退货情况进行不同的处理，寻找原因，为将来更加有目的地发货提供依据。如检查某个渠道的退货图书，是退货品种少但单品种退货多，还是退货品种多但单品种退货少。若是前一种情况，则说明某些图书品种在该渠道的市场容量有限，要控制这类图书在此渠道的发货量，或今后着重培育这类图书的市场潜力；建议控制退货多的图书品种的发货量，有选择地加大适销图书品种的发货量和添货关注度。若是后一种情况，则说明该渠道读者群的阅读面较广，但购书潜力还不够大，即各个品种的图书在该渠道都能销售，但销售量有待进一步提高；建议在有控制性地主发原有图书品种的基础上（因为有退货，所以要控制首发量），重点研究市场潜力较大（销售较好）的图书品种，适当增加发货量（目的是要慢慢培育市场），并且及时适度地主发新品种图书，开发新市场。

另一方面进行纵向比较分析，即分析两年间相同月份的发货和退货量，或一个年度内不同月份（或季度）的发货和退货量。对于前一种情况，若某些图书品种在两年间相同的某些月份中，发货量与退货量呈明显的正比例关系，说明这类图书的读者群比较分散，读者平稳的购书欲望决定了图书稳定的销售量，要控制这类图书的发货量；若发货量与退货量之间无明显的相关性，则说明这类图书有被集中采购的可能性，要及时发现并分析这类图书品种，研究图书的流向并做好跟进服务，一般来说，教材或做特别宣传的图书会出现这种可能性。对于后一种情况，发行经理一定要依据不同月份或季度各渠道对不同品种图书的需求量，有选择地备货和发货，如每年的6月和12月是学校选购教学用书的时候，而1～2月和7～8月是中小学学生选购教辅图书的时候，发行经理要积极配合渠道做好相关图书的备货和发货工作。

三、对退货图书进行清理分析

1. 及时清点退货图书

可继续销售的图书归位相应的仓位，不能继续销售的则进行登记整理，并把归位图书的数据及时录入到图书"进销存"系统中。这样做，一方面可以使发行经理及时了解图书退货的数量、品种、退货时间与渠道等信息，为以后的发货提供一定的数据支持，同时编辑和主管社领导也能及时了解图书退货情况，对策划选题和规划选题结构有帮助；另一方面也能使发行经理及时看到可发图书的库存量，避免盲目提出重印建议而造成不必要的超量库存。

2. 对不能继续销售但尚未破损的退货图书进行合理处理

这有几条途径：一是捐赠给贫困地区的学校、各类型的图书馆等，创造图书的社会效益，同时也可为出版社进行形象宣传；二是捐给"希望工程"、公益机构等，在实现社会效益的同时还可以部分地抵扣增值税，降低图书的损耗成本；三是可以通过一定方式适当地进行折价销售，但在这个过程中一定要防止这些折价图书的窜货而对出版社造成不必要的损失。

一直以来，图书退货都是困扰出版社发展的难题，尽管当前还存在着出版社难以解决的体制因素，但出版社只要自觉地从细节做起，具体环节层层落实，全程控制，就有可能把退货风险限定在最小的范围内，从而实现出版社的有效增长。

那些年　那些人

慎待引文中的差错

嵇春霞

一、引言

无论是学术著作还是一般读物，引文都是一种极为常见的现象，也是著述的一种基本体例；但随着引文的时代、文体、语种等不同，出现的问题也多种多样，相应地，编辑规范自然也要针对这些情况亟待建立。

笔者在编辑工作中遇到这类现象颇多，也试图寻找权威的编辑学工具书来作为解决这类问题的依据。例如，中国标准出版社2006年出版的《编辑常用法规及标准选编》一书中，收录了中国出版工作者协会校对研究委员会1998年9月28日发布的《图书编校质量差错认定细则》（以下简称《细则》）。该《细则》对图书中常见的文字、词语、标点符号、数字用法、量和单位、版面格式等方面的差错，提出了一个便于操作的认定细则，以供出版管理部门及各出版社参考。这份认定，对上述几类差错均提出了判别依据。例如，标点符号正误的判别，以《标点符号用法》（GB/T15835—1995）为依据；语言文字正误的判别，以《现代汉语词典》（2005年6月修订第5版）、《新华字典》（2004年3月修订第10版）等为依据；等等。这些依据为编辑们在实际工作中甄别、处理书稿中的差错提供了切实可行的标准。

但遗憾的是，这份细则没有涉及引文中差错的认定。事实上，引文中往往也存在着《细则》中所认定的诸如文字、标点符号等方面的差错。而且，引文往往因其重要性、权威性、典范性而更受读者关注，因此对引文

本文发表于《中国出版》2009年第12期。

中的差错虽然不能擅自更改，但从著作的严肃性、规范性以及传播正确文化学术的角度而言，进行必要的处理实不可少。因为无论以什么方式出现，差错总是差错，既是差错，自然就必须面对编辑规范的问题。以笔者有限的闻见，尚未见到对此作系统规范的著作；所以在从事编辑工作近十年来，只能自己摸索解决之道，试行过多种方式，略有心得。现将多年积累的引文中的差错类型及其处理方法整理如下，以供同仁参考。

二、引文中的差错类型

引文中的差错类型与正文相似，形态各异，但就形成差错的原因而言，不外乎两种情况：一是作者本人写作差错，或因记忆有误而笔误，或限于闻见及知识水平，不知其误而误；二是作者当时的写作习惯或者写作的时代与社会背景及写作风气引起的差错，此在写作当时，或许不觉其误，但在后世接受之中，就成为明显的差错。笔者结合实际工作中遇到的一些有关引文中差错的实例，对这些差错分门别类如下（实例中黑体字标识的为差错）。

1. 知识性差错

例一：王国维在《人间词话》中说："古今之成大事业、大学问者，罔不经过三种之境界"……在他看来，第一种境界如同晏殊《蝶恋花》所言……第二种境界则是**欧阳修**的《蝶恋花》所说……第三种境界是辛弃疾《青玉案》中所说……（黄敬愚等主编：《〈高等语文〉辅导读本》，中山大学出版社2008年版，第159页）。

例二：其他如白朴者……尚仲贤**《尉迟恭》**、《气英布》、**《争鞭夺槊》**与……（赵建坤著：《关汉卿研究学术史》，中山大学出版社2008年版，第69页）。

笔者按："欧阳修"应是"柳永"；《争鞭夺槊》应是《单鞭夺槊》，而且与《尉迟恭》为同一剧。

2. 别字

例一：他查看这陌生的女人一身的皮肉……都鼓**涨涨**的……（朱崇科著：《身体意识形态》，中山大学出版社2009年版，第88页。）

例二：我一眼……，以骄傲的**姿式**挺立着（同上书，第70页）。

笔者按:"鼓涨涨"应作"鼓胀胀";"姿式"应作"姿势"。

3. 出于同一人或同一书,但用词前后不一

例一:参见鲁迅《关于**知识**阶级》,《鲁迅全集》第八卷,第193、189页(曹清华著:《词语、表达与鲁迅的"思想"》,中山大学出版社2009年版,第117页注释①)。

例二:鲁迅:《**智识**过剩》,《鲁迅全集》第五卷,第224-225页(同上书,第139页注释③)。

例一:见鲁迅《人生识字**胡**涂始》,《鲁迅全集》第六卷,第296页(同上书,第28页注释③)。

例二:鲁迅:《难得糊涂》,《鲁迅全集》第五卷,第373页(同上书,第144页注释⑥)。

笔者按:"知识"与"智识"、"糊涂"与"胡涂"虽然在研究鲁迅的著作中均可使用,但出自一人之手、现于一书之中,易引起读者的误解。

4. 字词以及标点符号的混用或误用

例一:王独清自述:"这首诗**底**诗形就是我所采取的纯诗式中……"(陈希著:《中国现代诗学范畴》,中山大学出版社2009年版,第177页)。

例二:嗡嗡**的**叫,拼命**的**吸吮(曹清华著:《词语、表达与鲁迅的"思想"》,第119页)。

例三:一大堆流水**帐**簿,只有这一个模型(同上书,第15页)。

例四:他说:"我爱雪莱,……我和他合而为一了。他的诗便**好象**我自己的诗。"(陈希著:《中国现代诗学范畴》,第73页)。

例五:一,怎样……? 二,中国国民性中……? 三,它的病根……?(曹清华著:《词语、表达与鲁迅的"思想"》,第207页注释②)。

笔者按:"底"与"的"、"地"与"的"、"账"与"帐"、"象"与"像"、逗号与顿号等,在现代汉语里各有其用法,不容混淆,但在古籍图书以及近现代著作中往往不分彼此。

5. 不符合现代汉语规范的用词

例一：即有不幸……而广有**金资**，大能温饱（曹清华著：《词语、表达与鲁迅的"思想"》，第 31 页）。

例二：这一类人物的**运命**（同上书，第 122 页）。

笔者按：金资与资金、运命与命运，现代汉语都采用后者为规范用法，则前者的不规范也就很明显了。

三、引文中差错的处理

引文中的差错原则上是不能直接修改的，但既然明确是差错，自然就有必要进行合理化修订，以符合现代汉语的表述要求。然而，如何既尊重作者、尊重原文以遵循"不可更改"的原则，又为求书稿的现代规范和编校质量以按照《细则》中的标准进行处理，又是一颇为踟蹰的问题；因为到目前为止，国家还没有出台诸如"如何处理引文中差错"的相关规则。因此，编辑的处理方法带有一定的随意性；而在这随意性之中，自然应该追求最大程度的合理性。在编辑实践中，笔者根据不同的差错类型对引文中的差错进行了一些尝试性的处理，或许具有一定的参考价值。

大致而言，笔者将引文差错分为不需处理和需要处理两类。以尽量不作更改为原则，对一些字词以及标点符号的混用或误用等，不会影响读者理解和接受的，一般就不作处理；而对知识性差错与别字等情况，考虑到这些差错有可能对当下读者的知识传播以及阅读习惯与阅读语境产生一定的负面影响，不能任其差错代代相传、以讹传讹，所以就采取一定的措施，在既不会破坏原文的用语及其语境，又将差错明晰出来的情形下，处理引文中的差错。具体处理方式主要有以下几种。

1. 脚下注释

脚注一般注明文献出处，或者用以作为正文的辅助性、延伸性的补充说明与解释。引文中的差错入脚注，既扩大了脚注的功能，也能使那些需要文字说明的引文差错得到最直观的纠正。例如，知识性差错例二中，可作如下脚注：

① 《争鞭夺槊》有误，应是《单鞭夺槊》，而且与《尉迟恭》为一

那些年　那些人

剧，非两种剧作。

2. 文内注释

引文中的不规范或差错字词，因为数量一般不多，而且说明简单，可以在差错文字后面直接用括号内的文字注明正确用法。例如，别字例一中的错误可作如下文内注：

他查看这陌生的女人一身的皮肉……都鼓涨涨（应为"胀胀"——编者注）的，……

3. 在后记里作统一说明

有些书稿引文特别多，原文中的差错也不少，如果用脚注或者文内注，就太繁杂了，而且影响原文的整体语境和阅读效果。在这种情况下，用在后记里作些说明的办法来处理引文中的差错，就比较妥当，既兼顾了版面美观和知识正确两个方面，也兼顾了历史面貌与现行规范的统一。例如，本文提到的《词语、表达与鲁迅的"思想"》一书，因为是研究鲁迅的学术著作，引文多，存在的问题也相应较多，我们就在后记里做了如下说明：

除了做到直接引文与原文一致之外……在引文或行文中，诸多现在看来是差错的字词【著者按：括号内为正确的】，诸如"寂漠（寞）"、……"周游历（列）国"等等；或者是与现代行文表述不一的字词，诸如"的、地、得"、"象、像"、"帐、账"等等；或者是不符合现代汉语规范的用词【著者按：括号内为现代规范的用词】，诸如"金资（资金）"、"运命（命运）"、……都保持了鲁迅著作的原样，而且没有在注释中再作说明。

4. 引文改为正确的，而在文内注或者脚注中注出原文即差错的内容

这种处理方式比较少用。一般是书的作者在引用他文时，发现了差错，自己主动改为正确的，然后在文内用括号内的文字注出原来差错的内

容。例如,《中国现代诗学范畴》一书中有这么一句间接引语:"譬如《论意象》一文就举引刘勰《文心雕龙·比兴》"(第 301 页),其中的"比兴"原文为"感兴",此处是作者做了更改,于是,作者便在脚注中做了详细说明:

①唐湜引用刘勰《文心雕龙·比兴》时作《文心雕龙·感兴》,有误,"感兴"应该为"比兴",原文为"诗人比兴,触物圆览;物虽胡越,合则肝胆"。

5. 书稿后面附上勘误表

如果书中引文差错介于极少与很多之间,可以使用这种方式进行处理,既不会影响内文的美观与语境,又能将差错分页码标识出来。

以上几种办法均可使用,具体使用哪一种,主要是看差错的类型与多少,以追求规范和方便阅读为基本原则。此外,引文中也常常出现异形字与繁体字现象,有些属于特殊用法,有些则是在现代汉语中尚无简体形式。从符合当下语言规范的角度来说,对某些性质的著作(如普通图书、教材教辅等等)编辑也可仿照以上几种模式作适当处理,但原则上均不宜擅自在引文中更改。

四、余论

由于语言习惯及语言规范化的进程不同,一些出于古代或近现代的文献,往往存在着比较多的在现代编辑规范视野下的"差错"现象。编辑担当着传播优秀文化的重要职责,将质量上乘、形式规范的著作呈现在读者眼前,是一个编辑应有的自觉理念。在帮助作者完善书稿内容、提高书稿质量的同时,合理处理引文中的差错也是一项不可忽略的工作内容。因此,在尊重引文原文的基础上,对其中的某些差错进行特殊处理也是业界应引起高度重视的一个新的编辑理念问题。

关于出版社编辑科研困境的思考

邹岚萍

科研活动是人类揭示本质、把握规律、探求新知的创造性过程，这一过程可能是漫长的，也有可能失败，但其所产生的意义是重大的。科研重在创新，目标是发现问题、提出见解、创新产品、形成理论，其成果是有形的，因此，任何个人和组织，要求得发展，都离不开科研。出版社也要加强科研活动，尤其是编辑，更应把科研活动视为工作的延续与深化。然而，由于多种原因，编辑的科研活动一直以来开展得不充分、不深入，主要面临三个困境。

一、三个困境

1. 主体困境

主体困境即编辑主体对科研活动的认识偏差。从一般意义上说，出版社是生产文化产品的企业，编辑作为生产者，他们首先要做的是如何多出书、出好书，图书的社会效益和经济效益是他们最关心的事情。在不少编辑心目中，作为企业的员工，为企业创造利润是当务之急、重中之重，也是他们赖以生存的基础。为此，他们首先要完成社里下达的指标，诸如图书品种、码洋、利润，由于编辑们的工作强度大、任务繁重，几乎没有时间和精力从事科研活动，甚至无法将工作中的经验、感悟、思考上升为理论，总结整理成论文。同时，也有不少编辑对科研活动的必要性和重要性认识不足，把科研活动片面地理解成写写文章、申报项目，只是为职称上

本文发表于《编辑之友》2010年第12期，获第四届中华优秀出版物奖出版科研论文奖。

台阶铺路的，可有可无。

2. 客体（环境）困境

客体即出版社、上级主管机构、社会没有为编辑科研活动提供便利，科研渠道不畅通，缺乏组织层面和资金支持。在出版社，科研活动，相较于图书生产活动，显然是次要的，甚至是忙起来不要的，于是可以看到，发表文章、申报科研项目根本无法与申报选题、编辑书稿、出版图书相提并论，科研氛围欠缺。就申报科研项目而言，至今还没有出版社编辑申报科研项目的专业性社团，编辑申报项目缺乏路径，虽然每年都有不少不同级别如省部级、国家级项目的申报机会，但这些学术性、理论性要求很高，基本上是为教学科研人员设计的，受学科限制，编辑申报成功的机率很低，总体上科研活动处于相对弱势甚至劣势地位。

3. 评价困境

一方面，目前，在出版社，重生产轻科研、重业绩轻学术的倾向比较严重。编辑的科研活动纯粹是个人行为，组织重视程度不够，既没有激励机制的引导，更没有把它作为考核编辑工作的硬性指标，出版社在对编辑的年终考核中，作为科研活动集中体现的论文发表、项目数量在其中是缺位的，客观上助长了编辑科研活动无用论的错误认识，自觉自愿从事科研活动的人少。另一方面，在编辑职称评价体系中，科研"位高权重"，业绩权重很低（作为业绩体现的利润和图书品种不在评审条件之列）。这种矛盾使编辑深感困惑，无所适从。

二、几点思考

编辑科研困境是现实存在，它制约着编辑向更高层次发展，亟待解决，但如果全方位地思考，不仅仅将科研视为一种行径、手段和能力，而是深入挖掘其内在意义，我们就能从思想上突出重围。首先提出几个相关的问题。

问题之一：如何定义编辑的科研？

丰富编辑科研活动的内涵——图书生产是最大的科研。围绕图书生产的整个活动无异于一次科研活动，或者说，图书生产本质上就是科研活动，这一方面是因为二者都需要经历确立选题—调查论证—内容确立—产

生成果的步骤。选题策划—组织作者—文本编辑—装帧设计—宣传推广，每个环节都凝聚了编辑创造性、创新性、技术性劳动，一本书的出版就是一个项目的完成，其中蕴涵着编辑的思维、知识、能力、素养，尤其是优秀图书的出版，更是衡量编辑活动价值的重要尺度。因此，赋予编辑科研活动更丰富、更广泛的含义，才是真正认识到了编辑工作的特殊性的。另一方面，编辑活动也是对他人科研活动成果的一种甄别、选择、优化，是一种再创造，它更像是一种科学实验，因为实验的结果——图书的出版，其所传播的思想文化、价值理念，传递的知识成果要为读者所认同、接受并产生实际的影响。如此界定编辑科研活动，既可以帮助更多的人和组织了解编辑工作的实质，在全社会形成对编辑工作的价值认同，同时也能从客观上强化编辑对本职工作的高度责任心和科学态度，提高编辑活动的文化和技术含量，消除存在于一些人观念中的编辑活动仅仅为人作嫁的偏见。

问题之二：科研之于编辑的最大意义何在？

强化编辑科研活动的精神实质——求真务实、创新发展。科研活动的本质是求真务实、批判创新，是对未知世界的探索，它在造福于社会的同时，更使人的精神境界得到升华，因为科研活动本身就是科学精神的本质，是对成规、权威的质疑、批判，对既有世界的完善，对新秩序的构建，体现的是一种独立思考、无所畏惧的精神。虽然科研活动不是编辑工作的首要任务，但它绝对不是可有可无的，科研活动的成果是形而下的，但它的精神内核是形而上的。编辑可能因种种原因缺少科研机会，或者科研没有取得预期成果，甚至以失败告终，但他必须将科研活动必备的热情态度、执着精神、创新思维等要素贯注到本职工作中，在整理、加工、审定他人科研成果的过程中，自始至终秉承科学态度。比如，当作者是大家、专家，对待其作品，我们不能因为个人迷信或崇拜而失去自己的判断，不敢有任何不同意见；同样，面对一个籍籍无名的人的稿件，我们自然也不因其"人微言轻"而轻慢。目前，学术腐败也渗透到出版界，一些剽窃、造假、劣质之作有可能摆在编辑的案头，这就需要编辑具备去粗取精、去伪存真，透过现象看本质的科学态度。

问题之三：编辑科研活动指向何方？

下篇　文萃

赋予科研活动应有的地位——服从和服务于编辑生产活动。这包含两种意义：一是科研活动必须是对编辑学科相关问题的研究，重在应用性、实操性、建设性；二是图书生产活动是第一位的，科研活动是第二位的。两手都抓固然上乘，但当二者在诸如人力、物力、财力投放上相冲突的时候，后者要让位于前者。由于评价体系的错位，目前的科研活动还带有明显的功利性，很多时候，科研活动及其成果是服从和服务于职称评定的，论文、项目、论著等等都有量化规定。出版社概莫能外，比如，副编审要求×篇论文或论著×部、省级或国家级项目×个，编审要求论文×篇或论著×部、省级或国家级项目×个。这些对于教学科研人员来说是工作本位，但对编辑来说毕竟不是常规性的，行进起来难度大得多，造成的结果可能是：有的编辑把主要精力放在科研活动上，对第一位的工作消极应付，无心策划组稿，甚至无法完成工作量；或者科研活动内容与本职工作无关，无法形成对工作的指导作用，这样的科研活动自然失去了它的应有之义。

三、几条措施

当然，上述个人管见并非题外话，它其实是寻找现实通途的探照灯。以下是笔者找到的几条通向"罗马"的路径。

1. 加强科研组织建设

划拨专项资金，成立专门的科研团体，由社领导、业务骨干、高职称者等组成，有条件的出版社还可以成立出版研究中心（所），使编辑科研活动有组织性、规模化。聘请社里高职称者、社外专家学者作为科研带头人，培育编辑科研团队，为编辑科研活动提供具体指导，提高编辑的科研能力。

2. 创设科研制度

出版社作为文化企业，要有科学方法指导，要遵循客观规律，要寻找先进理论，提升生产力，而这些都依赖于科研活动的进行。尤其是智力密集型的编辑部门，尤其要总结经验、提升认识。鉴于目前在编辑中进行科研活动还不是一种自觉的行为，最可行的办法是，制定编辑参与科研的管理办法，规定编辑每年必须完成或公开发表1篇以上文章，可以是市场调查报告、选题分析预测报告、书评、工作总结、学术论文等等，列入考核指标之中，并作为每年评优的必备条件。

3. 建立有出版社特色的编辑科研活动评价体系

扩大科研活动的范围，即包括获奖图书，省部级、国家级重点项目，前文提到的图书市场调查报告、选题分析预测报告等等，都可以同时，每年对所有文章进行评选，对优秀文章获得者给予物质奖励。

希望有更多的业内外人士关注这一困境的存在，关心这一困境的解决。在此借用鲁迅先生的名言作为本文的结语：世界上本没有路，走的人多了，也就成了路。

笑谈编辑称谓,提升正能量

李 文

编辑的称谓,琳琅满目。为他人做嫁衣者,自然是裁剪、缝缝补补;又曰无名英雄、甘为人梯、文章理发师、文章助产士、荐贤伯乐等等。

以上种种比喻都恰当,从不同时期不同角度反映了编辑称谓的含义,但又总觉得味与劲不够。如比作"为他人做嫁衣"者,往往容易引起"陪嫁"之感,味儿有点不对;说是"文章理发师",只能反映编辑文字技术方面的手巧与辛苦,缺乏对编辑实质的揭示,劲儿不够;说是"文章助产士",又觉得称谓的外延小;说是"无名英雄"、"甘为人梯"者,那又何止编辑这个行当可以用呢?谓之"荐贤伯乐",誉之高矣,但编辑工作又非仅仅是荐贤,其事务性工作又很多很多。

另外,还有人以"水泥里的钢筋"比作编辑,解释说:水泥里的钢筋,"光使劲,不露面",这恰似编辑的为人。因此,赞同的人不少,我也觉得这个称谓比喻很妙。但联系起20多年来出版社的编辑甘苦,思之再三,还是称编辑为"文章大夫"更为贴切。

一

大夫者,医生之谓也。

编辑面对稿件的第一道工序是审稿。审稿是从基本原则上评定稿件的质量并决定取舍,这项工作必须要求编辑有综合实力。稿子所反映的内容,阐释的问题,论述的观点,文章作品框架的结构形式,文字的表达及其修改的难易程度等基本问题,尤其是社会效益与读者群体的评估,都要有个总体的把握,作出正确的评估处理。这与医生对人体的健康检查,评定被检查者的健康状况颇为相似。

改稿是对原稿的直接加工。编辑有责任依照国家对出社物的要求，改正政治方面、观点方面提法不够正确的地方，排除容易出歧义的字词、含混不清的词句，压缩或删去可有可无的段落，使文稿的表达严密、准确、鲜明、生动。从这一意义上说，有人把编辑称为"文章助产士"是有道理的，从文章的修改润色直到文章作品与读者见面，编辑显然是在做助产工作，但仅以助产士作比不够全面，编辑的工作比助产士的工作复杂。上面我们认为"文章助产士"的称谓外延小就是这个意思，而用"文章大夫"的称谓为妥，医生称谓的外延可以包括助产工作。

编辑审稿、改稿、发排、校对、出版工作，实际上充当着"文章大夫"的角色，报纸杂志的编辑是这样，出版社的编辑更是这样。这就是我们把编辑称为"文章大夫"的缘由。要真正做好文章医生，就必须提高自身的编辑素养，提升运用文气文脉之正能量，用之审稿、进行编辑工作。

二

何谓能量？能量是比喻人显示出来的活动能力。那么，提升编辑的正能量主要是指学识与胆识。所谓学识，是学术上的知识和修养；所谓胆识，是指人的胆量和见识。一位优秀的编辑，就应具备胆量和学识。因为编辑审稿，对稿件进行鉴别、选择，就要有胆识，敢于和善于决定取舍，可用的就用，不可用的稿件，该退稿的就退，容不得半点犹犹豫豫。同样，对稿件编辑加工也一样，该改的就改，该删的就删，也用不着犹豫；举笔不落墨，怕这又怕那，无胆量、无学识，是很难改好文章，很难出好一本有价值的图书。

一些杰出的出版家，一些资深的编辑大家，他们的建树，往往都与他们的"胆识"密切联系在一起，这样的例子在中外出版史、编辑史上不胜枚举。例如，萧军的《八月的乡村》被鲁迅发现后，鲁迅立刻写了序言并编辑出版。又如，英国的著名编辑爱德华·加奈特（1868—1937），当他在船上接过《阿尔玫耶的愚蠢》书稿时，作者康拉德（1857—1927）只不过是一位水手，爱德华看了稿子后，极力支持这部作品的出版。后来，康拉德成了英国有名的作家。许多鲜活的例子都说明，编辑审稿及修改加工都要有"胆识"，无胆或无识，就会像某编辑部退走《高山下的花环》

一样，一些好稿件就可能从自己的手中送走或在指缝中溜走。尤其在当今的"市场经济"促动下的出版物，动不动就讲"钱"，讲经济效益而忽视社会效益，讲"立竿见影"而忽视长远目标，好书、精品书、有价值的书出不了，粗糙的赶"考点"的书稿蜂拥而至，林林总总，堆积成山。把应有的眼光（胆识）放在"钱"上，这种做法是编辑的短视行为。与国家提出的出好书、出版精品图书相悖，值得注意和三思。

编辑要有胆识，这是基本的素养，然而，胆与识是紧密联系在一起的。无胆，首先是因为无识所致。清人叶燮在《原诗》中说到写文章、改文章的才、胆、识、力时，对胆、识作了精辟的论述："大约才、识、胆、力四者交相为济。……四者无缓急，而要在先之以识；使无识，则三者俱无所托。无识而有胆，则为妄、为卤莽、为无知，其言背理、逆道，蔑如也。"（《原诗·内篇下》）这是对胆、识规律的揭示：识在前，胆在后，要想有胆，先要有识；如果违反了这一规律，所谓胆，那就是一种妄为，绝不可取。时下的一些编辑犯"斜视眼"，向"钱"看，稿子的好不好，重在图书的销路上作判断，能挣钱越多，其"胆"就越大。相反，另一些编辑的眼光与向"钱"看的编辑视觉不同，在别人退稿中挖出好稿件来，认真整理加以出版，成为有历史价值或研究价值的好书，就是因为这些编辑有了"识"，就像一位有眼力的玉匠，他下决心碎石，是因为他有"眼光"（胆识），能窥见石中的玉。"惟有识，则是非明，是非明，则取舍定。"（《原诗》）所以，当编辑的要注重学识修养，提高马列主义水平，提高辨别是非真假能力，提高业务操作技能，这些正能量不可缺。可惜的是，时下的编辑都不是科班出身，而是半路出家的，刚毕业找份编辑工作的占多数，入行做编辑工作熟了，因出版单位效益不理想，工资收入微薄，难应付物价的飞涨，难以维持家庭生计，好编辑转行、换岗的层出不穷，出版事业人才流失严重，青黄不接，这一事态值得出版社领导深思！

三

在信息飞速发展的时代，编辑更应具有敏感的信息意识。所谓编辑信息意识，就是编辑搜集、检验、整理、传播信息的能动反映。这种能动反映对编辑的审稿与加工特别重要。

那些年　那些人

编辑初审书稿，筛选稿件，首先要对本书稿内容和有关的信息有所了解。比如，本书稿涉及的学科或专题的研究发展到什么程度，哪些问题解决了，哪些问题尚未解决，当前研究的焦点是什么，哪些是新的。如果编辑不掌握这类新信息，或者脑子里缺乏新信息，就无法进行比较，无法确定真正的"新"与"胆"。

编辑加工也需要具有政治敏锐力和新信息观念意识，它涉及出版物国家标准化、规范化的问题。例如，在出版物中时有我国实行"一党制"的说法，这是错误的，正确的提法是"中国共产党领导的多党合作和政治协商制度"；"民族区域自治"，不能简称为"民族自治"；某人"当选为政协委员"的说法，是一种误解，因为政协委员不是由选举产生的，正确的表述是：他（她）成为政协委员。省级行政区政府机构，如河北省人民政府、西藏自治区人民政府、北京市人民政府，可简称为"河北省政府"、"西藏自治区政府"、"北京市政府"，但不能简称为"河北政府"、"西藏政府"、"北京政府"。地级、县级、乡级行政区政府机构的简称，处理原则同省级行政区政府机构的简称，必须带有行政地位。

香港特别行政区政府、澳门特别行政区政府，分别简称为"香港特区政府"、"澳门特区政府"，但不能简称为"香港政府"、"澳门政府"。1997年7月1日中华人民共和国恢复对香港行使主权之前，英国在香港的统治机构称为"香港英国政府"，简称为"港英政府"；恢复对香港行使主权之后，"香港特别行政区政府"可以简称为"香港特区政府"。

上述这些本来是重要信息，而不是"新"信息，但时过数年、十几二十年，还有人在文章中出现上述不正确提法，某些出版物也没有改正就印发，引起读者的批评。这都是编辑对信息缺乏敏感性的结果。

简称也要符合国家标准、规范，不能随意简化，如"红河哈尼族彝族自治州"，可简称为"红河"或"红河州"，较长的地名还可使用当地约定俗成的简称，如"博尔塔拉蒙古自治州"，可简称为"博州"。简称时，必须注意带有行政地位，如"东乡族自治县"、"鄂伦春自治旗"，应简称为"东乡县"、"鄂伦春县"，不能简化为"东乡"、"鄂伦春"，以免与民族名称相混淆。

不使用"藏区"、"藏民"等不当提法，应使用"藏族聚居区"、"藏族群众"等准确表述。在论及藏族的"天葬"习俗时,不可用文字和图片的形式详述、展示其过程和细节。民族学的专有名词,如"难经作法"(即念经),不能改成"经验作法";"藏房"不能改成"帐房";少数民族的"手饰",不能误以为是"首饰",不加思索随意改成"首饰"是不对的。

另外,"统一台湾"、"解放台湾"的说法,时下不妥了,应改为"祖国统一"或"解决台湾问题"。因此,编辑必须与时俱进,要具有良好的政治敏感性和牢固的知识基础。努力学习,及时"充电",不断提升自身的正能量。

那些年　那些人

翻译出版中编辑的角色与话语权

熊锡源

一、引言

罗曼·雅可布森区分了三种翻译：语内翻译、语际翻译和符际翻译。古汉语翻译成现代汉语是语内翻译；汉语与外语之间的互译是语际翻译；把文学作品改编成影视作品，则是不同艺术符号之间的转换，是符际翻译。无论是哪一种翻译，都是译者心血的结晶；翻译作品若要最后出版并面对自己的读者、观众，都离不开编辑的编辑加工。因此，翻译质量问题不仅仅与译者有关，而且也与编辑相关。

一般的翻译研究都没有考虑编辑主体对翻译质量的影响，即使有，也多从社会政治意识形态这只"看不见的手"的角度，把编辑当作一个更为广泛的文化符号的一部分来处理。这种考量，是把编辑归于普通读者之列，从而忽视了编辑作为译者"诤友"角色的作用。另一方面，从编辑出版角度讨论翻译作品时，则侧重于编辑加工技术的总结与探讨，而对编辑的主体意识未能加以重视。因此，本文拟探讨编辑的主体角色是如何影响译作质量的，具体来说，包括以下问题：①在翻译出版过程中，编辑主体如何影响翻译质量？②编辑能够在多大程度上影响翻译质量？③编辑如何才能更好地履行监督翻译质量的职责？

二、编辑的角色

编辑常常是各种出版物——包括翻译作品——的第一读者，也是译作

本文发表于《编辑学刊》2011年第2期。

出版过程中译者的"同谋"（collusion）。在翻译作品的出版过程中，为了确保翻译质量，使译作经得起历史的考验，编辑在审读译文时往往有意地站在译者的对立面，从不同角度给译作挑刺，尽力帮助译者完善译作。

作为质疑者，编辑同时具有两种身份。一方面，编辑代表出版机构对翻译作品进行审查，因此，编辑角色具有"体制化"的一面。换句话说，编辑必须履行出版单位（包括国家出版主管机构）赋予的职责，审查稿件内容是否符合相关法规的规定，审查翻译稿件在政治、道德、科学性以及语言文字等方面是否存在问题。有关出版物质量的规定，作为编辑工作的刚性要求，必须得到不折不扣的履行。

另一方面，每一个编辑又是具有独特思想、个性、审美意识、知识背景的个体，具有独特的主体性。表现在对译稿的审读上，编辑必然会展现出自己的审美趣向、知识、学养等。比如，对于语言的雕琢，对于原文风格的理解与传递，对文本内在逻辑的清理，等等，编辑与译者都可能存在不同的看法。

作为质疑者的编辑，无论是代表出版机构还是作为独立的主体，总是直接干涉译者的翻译行为。他以挑剔的眼光审视译作，因为责任心、对作品的爱心而提出最严格的意见，从而挑战译者的权威——其实也是为了维护译者的权威。因此，虽然编辑和译者都是为了使译作达到完善，但二者之间总存在着矛盾，有时甚至发生很严重的冲突。最后出版的译作，必然是二者矛盾调和的结果。

三、编辑在翻译作品中的话语权

一部译作（包括语际、语内翻译作品和符际翻译作品）的问世，往往是多方力量角逐、共谋的结果。西方功能翻译学派区分了翻译行为中的不同角色：发起人和委托人；译者；原文作者；原文读者；译文读者。不同的翻译个案牵涉的参与者主体是不一样的。语际翻译与符际翻译不同，口译与笔译不同，同声传译与接续传译不同。比如，在口译时，可以不存在"原文读者"；朱生豪翻译莎翁剧作，发起人就是译者自己。大致说来，翻译行为中的这些不同角色或主体都要争夺自己在译作中的发言权，相互之间形成一个错综复杂的网络。

那些年　那些人

那么，在这张不同主体构织的网络中，编辑主体究竟发挥着多大的作用？换言之，编辑在译作出版过程中有多少话语权？

不同的翻译文本有着不同的生产流程，编辑在其生产过程中所起的作用也不一样。有些翻译作品，发起人就是以编辑为代表的出版机构；出版社在综合考虑各种因素后，联系好版权，请人翻译作品并予以出版。这时，编辑对译文就拥有较大的支配权。还有些翻译作品，完全是译者出于个人兴趣、抱着推介原作的目的而作，译者为了出版译文，必须与出版机构合作。有些译者可能自己与原文作者联系，获得了版权，而有时尚需出版机构与原文作者联系版权。编辑对此类译作也有较大的话语权，可以对译文提修改意见，并对译文内容作政治、思想、道德层面的审读，甚至可以为了出版的规范而要求译文"不忠"于原文。

而今，更多的译文则是某些利益集团为了某种目的（尤其是经济利益）而约请译者翻译的。比如把古汉语经典翻译成现代汉语，把古典名著改编成电视剧，把外语科技著作翻译成中文，一般都有出版商、出版社、电视制片人或其他机构作为"翻译"的发起人。有些译作的发起人具有强势集团背景，其生产过程几乎完全无视编辑的作用，因而编辑对此类翻译作品往往失去发言权。

我们以2010年版李少红导演的电视剧《红楼梦》为例，分析翻译活动中不同角色是如何影响译作的。把小说改编为电视剧，是"符际翻译"的范畴。

就这部电视剧而言，制片人投资，是发起人。现代商人投资拍摄《红楼梦》，不一定是因为热爱《红楼梦》，而更可能是为了借这部名著获得名利。在他们看来，凭借《红楼梦》这部作品自身的影响力，无论谁把它拍成电视剧，辅以精明的营销手段，都可以获得极大的回报！因为投资者的出发点是"名"和"利"，所以他们会推销自己旗下的演员，于是就有了种种轰轰烈烈的"红楼选秀"活动，有了投资方"带资入剧组指定演员"的传闻。他们也会对译作——电视剧提出质量要求，毕竟，质量高才能带来丰厚的利润。

李少红执导，就是主译者，整个电视剧所表现出来的艺术风格，就会呈现出李导演的特色。实际上，从《大明宫词》到《橘子红了》再到新

《红楼梦》，这些电视剧都带有鲜明的"主译者"的个人风格。除导演外，编剧、美术、音响、道具等等，都是这个翻译团队的成员，对译作的艺术成就起着重要的作用；新《红楼梦》中的"铜钱头"装饰、"雷人"的台词等，是这些"译者"们发挥作用的见证。在电视剧中，演员既是必需的影视符号，也是电视剧的创作成员，因而也属于译者队伍。他们的表现，直接影响着电视剧的艺术感染力。

原文作者、读者对电视剧（译文）的作用，体现在作者的权威性以及译者对可能的观众的预期上。有鉴于《红楼梦》在文学史上的独特地位，李少红导演特别强调"尊重原著"。她还声称，这版《红楼梦》是"拍给80后和90后看的"。这些因素自然也影响了译作的表现形式与艺术风格。

在这样一个以投资人和译者为绝对主导的翻译主体构成的网络里，编辑的角色何在？可以说，编辑在此几乎无足轻重。于是，我们很遗憾地看到，这版《红楼梦》里存在许多硬伤，而其中的很多硬伤，如果责编们（2010年李少红版电视剧《红楼梦》有5个责任编辑）能够有效地参与"翻译"过程的话，本来是可以避免的。

总之，在不同的翻译作品的出版过程中，编辑的话语权是不一样的。对于编辑独立策划组稿的翻译作品以及在编辑所在出版机构作为发起人的翻译活动中，编辑对译作具有较大的改稿自由度，因此对译作质量负有很大的责任。对于以译者为中心的翻译活动，编辑不仅应按照国家相关出版规范审核译文内容，而且还应根据原文逐句审读译稿。但是，在实际操作中，编辑只能对译文具体文字做细节上的修正，译文的整体风格以及译文质量只能由译者负责。至于由发起人支配的翻译活动中，译者必须完全按照委托人的意愿操作（manipulate）译文，翻译作为一种目的性行为，主要服从于发起人的翻译目的。在这样的翻译活动中，编辑的作用往往附属于翻译活动发起人的意志，编辑的主体性受到极端的抑制或扼杀。

四、履行编辑职责，确保翻译质量

译文在正式出版、与读者（观众）见面前，必须经过编辑（责编）的审读。译作一旦过了编辑这道关口，就会进入市场面对广大读者，所以编辑是译作质量的最后把关人。可以说，编辑对译作质量的作用举足

轻重。

然而，对于不同的译文，编辑拥有的话语权是不同的。有时，尽管编辑指出了译作中的问题，可译者对编辑的意见并没有重视。有时，翻译活动发起人因为市场需要或别的原因要求加快翻译进度，也会有意无意地忽视编辑的意见。一旦编辑意见得不到落实，处于失职地位，译作质量就可能受到严重影响。

那么，编辑该如何强化自己在译作出版过程中的话语权，确保译作的生产过程不会失控呢？话语权不是别人给的，而是要靠自己去努力争取的。为了能够正常履行编辑职责，行使自己的话语权，编辑应该做到以下几点：

首先，编辑应该对译作所涉及的内容有充分的了解，对原文内容相当熟悉。换言之，某种意义上来说，编辑应该也是相关方面的专家。编辑对相关知识了解越多，学识越丰富，在相关领域越具权威性，那么，他在翻译出版过程中就越有话语权。还是以电视剧《红楼梦》为例，责编应该熟悉《红楼梦》的情节，应该了解有关"红学"的知识。以此为基础，责编必须把译文和原文"逐字对照"，了解"译文"哪些方面突破了"信达雅"的标准，了解译者（编剧、导演等）对原作加以改编的理据何在。

其次，编辑应该对"什么是好的译文"——也就是翻译标准——有明确的理解，知道任何翻译标准都具有相当大的"弹性"，知道不可能存在"唯一"的译本，知道当前译文的价值何在。任何翻译都是一种创造性过程，因此，都不可避免有些"叛逆"原文的地方。译者在翻译中求"信"求"达"求"雅"，而又不可能对原文百分百地忠诚。编辑要在充分理解原文以及译作的基础上，对译文中不"信"不"达"不"雅"的地方作出批评，提出自己的见解或修改意见。对于译者为何采用（或者不采用）自己的批评意见，要能理解与同情。如此，在译文出版后，如果遇到对译文质量的质疑和指责，编辑就可以有充分的信心为译作辩护。

最后，编辑要有服务意识和沟通意识。在翻译出版过程中，最终对译作质量负责的必然还是译者。如果说，与创作者相比，译者是"媒婆"，是"助产士"，那么，编辑还要更退一步，就是替"媒婆"跑腿、为"助产士"打下手的，无论如何都是"为他人做嫁衣"的角色。因此，编辑一定要加强服务意识，不可因为自己是"体制内"的人员而对译者指手画脚、缺失尊重，也不可因为自己是"专家"、"权威"而贬低译者，造成译者的抵触心理。对于翻译中存在的问题，编辑应该注意沟通方式，要尽可能用善意、商讨的语言表达自己的见解。

在翻译活动诸参与主体构织的网络中，作为具有独特学识、修养的个体，不同的编辑所能争取到的话语权是大不一样的——初出茅庐的学生和相关领域的专家，究竟谁的意见会更容易获得译者的认可呢？编辑的专业知识、对翻译的理解以及人际沟通能力奠定了他在翻译出版活动过程中的地位，决定了他在整个翻译出版行为中有多大的发言权。

五、结论

编辑在翻译出版活动中的话语权，有一部分来自其编辑身份——作为出版单位代表，他被国家赋予了审读译作的权力。然而，在参与翻译活动的各主体构织的网络中，编辑的话语权最终取决于他个人的修养和学识。他对相关领域的知识越丰富，对原文、对翻译理论和实践、对预期读者和市场的理解等越深刻，就越能获得其他主体（包括译者甚至翻译活动发起人）的尊重，就越具有话语权，越能有效地行使编辑职责。因此，翻译编辑要注意加强学习，提高自身学术修养，以便更好地与其他翻译主体对话，有效行使国家赋予的编辑职责。

全媒体出版时代编辑能力的培养

徐诗荣

所谓全媒体出版，我们可以简单地这样理解，就是以信息技术为平台，让同一内容通过各种媒体形式与渠道，以不同表现形式呈现给读者或用户，以实现这一内容的最大社会价值和经济价值。它的传播途径可以是报纸、图书、杂志，也可以是网络、电视、电影、广播，甚至是手机、手持阅读器、iPad，等等。它可以看，也可以听，可以满足人们接受信息的全部感官。这种全方位的融合对于大传媒业的影响是巨大的，它打破了传媒业的传统格局——"上帝的归上帝，恺撒的归恺撒"。虽然全媒体出版的概念始发于报业，但对于图书出版业的影响却是深远的。图书出版业和其他传媒业的竞争不再是替代品性质的竞争，而是形成了直接的竞争。图书出版领域特别是大众阅读类图书，不再是传统出版机构的"自留地"。

一、出版环节的全媒体

全媒体出版的特征已经影响和改变了图书出版的每一个环节，对此，我们可以从图书出版的三个环节来加以分析。

1. 图书生产的全媒体

出版业最重要的资源是版权，而版权的源头又是作者。在向优质作者争取稿源时，传统出版机构实现内容全媒体的能力就是至关重要的。当一个出版社只能实现纸质图书的出版，而另一个出版社却能同时实现纸质、网络、手机、手持阅读器的同步出版，作者会选择哪一个，这是不言而喻的。出版社原来的图书生产流程都是在内部完成的：上有作者，下有印刷

本文发表于《出版发行研究》2011年第2期。

厂和书店。但在全媒体出版时代，不可能所有的操作都在内部完成。出版社必须和外部建立广泛的联系，如版权来源之一的文学网站、实现手机阅读功能的通信运营商、实现手持阅读功能的阅读器生产厂商、实现网络出版的网络出版商，甚至还有可能是电影公司。可以说，在全媒体时代，出版社自己单打独斗是困难的，它必须建立起广泛的战略联盟，才能在产业链上有稳固的一席之地。出版社的编辑在拿到内容之后，要考虑的不仅仅是纸质图书形态的出版，还要考虑它的网络出版、手机出版、手持电子书（阅读器）出版等各种出版形态。编辑对于内容的加工要考虑适合各个出版形态的应用，从而实现"一次加工、多次利用"，使内容价值最大化。

2. 图书销售的全媒体

在全媒体时代，图书的销售不仅仅局限于传统书店了，网上书店的迅猛发展已经成为一股举足轻重的力量。网上书店不仅仅实现了销售的功能，它还担负了宣传和查询的功能。对于内容的销售，不仅仅是通过纸质图书，还有电子形式。在全媒体时代，图书的其他形态的生产和销售是融为一体的。比如，纸质图书的网络化，它既是网络图书的生产过程，同时也立即实现了它的销售。还有手机出版、手持电子书（阅读器）出版，都是生产与销售融为一体的。

3. 图书宣传的全媒体

全媒体对于图书宣传的影响就更为巨大了。以前在进行图书宣传的时候，我们注重的是各种图书目录、报纸、期刊，但是现在网络和手机的作用却是不可忽视的渠道，可以说，现在任何一本畅销书都离不开网络的力量。因为宣传最重要的目的是在目标读者群中尽可能地广泛进行宣传并形成口碑，而网络无疑是最好的工具。无论是门户网站的读书频道、网上书店的介绍页面，还是微博、博客、论坛，它们的传播速度、广度、深度、持久度都是传统纸媒无法比拟的，甚至相对来说，费用也是低廉的。而同一媒介内容产品在不同的媒介以多种形式进行发布，覆盖的受众群越大，成本率也就越低，同时也能形成合力，吸引更多读者的关注。

二、全媒体出版时代编辑职能的变化

在全媒体出版时代，由于图书形态的多元化以及出版领域的扩展，编

那些年 那些人

辑所承担的职责与工作内容也发生了巨大的变化，从而对编辑的能力也提出了更高的要求。在全媒体出版时代，编辑的素质要由单一型向多媒体复合型转变。任何依靠单一媒体的出版产品，其盈利的机会都要远逊于能够进行多媒体运作的产品，为此就要求出版社和编辑在策划出版项目时，必须考虑在多媒体运作的可能性，要具有对选题进行综合设计和开发的能力。

在全媒体出版时代，编辑的职责可以分为对外和对内两种：对外可以称为"守门人"，对内是"项目经理"。对外的职责也可说就是编辑的社会功能，即筛选、加工和传递信息给读者。处在这样的全媒体时代，编辑的工作内容变得越来越丰富和复杂了，对于编辑的能力和素质要求也越来越高了。编辑是内容与读者的桥梁与中介。编辑筛选出好的内容，将它生产成产品，然后传递给读者。在全媒体时代，这个工作越发显得重要，因为随着网络技术的发展，读者既是内容的购买者和消费者，也是内容的生产者。每一个人都能够通过网络渠道来发布自己的内容，所以，这个时代的信息量是爆炸性的和海量的。这种现象，用BBC全球新闻部主管理查德·塞姆布鲁克的比喻来说就是："观众进场了。"观众的进场令传统场地的所有者和主持人焦虑不安，他们会问：在众声喧哗的时候，谁来倾听呢？没有了守门人，谁来过滤噪音呢？编辑就是这个"守门人"。

编辑对于读者来说是"守门人"，而在出版社内部来说，编辑就是"项目经理"，这个说法最能体现现代出版社编辑职业的特点。在目前大多数出版社中，编辑实质上都在担负"项目经理"的责任。首先，编辑要进行市场调研、确定选题、组织稿源；接着，要对书稿的组织加工全程负责，包括文字加工、校对、图书装帧，还要跟踪印刷；然后，书出来后，还要对宣传提供自己的方案和想法，有的时候还要组织实施；最后，还要应对图书的经济效益考核，承担大部分的责任、风险和利益。

可以说，在全程中，编辑将策划编辑、文字编辑、营销编辑三种职能融为一体，虽然有的出版社的运作体制将其分开，但即使分开，也需要一个好的编辑来协调这个流程。所以，一个优秀的编辑应该是全方位的，是对整个流程都很熟悉和了解的。既然对编辑有这样的要求，那么相对于图书出版流程，编辑到底应该具备或者培养哪些能力呢？

三、全媒体时代编辑应具备的能力分析

1. 信息收集、整合和开发能力

编辑收集信息的最终目的还是为了确定选题、组织稿源。全媒体时代是信息爆炸的时代，这对于编辑工作既有有利的一面，又有不利的一面。有利之处在于，一是除了以前传统的作者队伍和人脉资源外，编辑现在多了很多的收集信息的渠道，即使只是一个新编辑，只要用心，肯下功夫，也可能做得比老编辑好。二是信息时代对信息已经有一个初步的筛选，比如网络小说的点击率就可以初步反映这个内容的受关注和欢迎程度。不利之处则在于，一是信息过于庞杂，编辑要找有用的信息就相当于大海捞针。二是正因为信息是公开的，所以它带来的竞争也是非常大的，因为任何一个编辑都可以和作者联系，所以，作者的选择权就比较大，选择余地比较大。这种出版信息的复杂性要求编辑具备创新的思维和娴熟的计算机与网络应用能力，拥有熟练有效的信息检索与整合能力，能够独具慧眼，在海量的信息中找到最有价值的出版内容。

2. 对内容的组织和开发能力

任何时代，编辑对内容的组织和开发能力都是至关重要的。但是，在全媒体出版时代却有更丰富的内涵。传统编辑中，多半是对于单个作者的成形书稿进行加工，开发的形态也大多是纸质图书；而在全媒体出版时代，书稿内容的来源渠道更加丰富，形式更加多样，作者结构更为复杂，对编辑的组织协调能力要求更高。对于书稿价值的挖掘，在充分理解内容的基础上要求编辑具有更强的开发能力，要能看到这个内容在不同渠道、不同消费群体中的市场潜力，以使内容价值最大化。

3. 全方位的编校能力

编校能力是传统编辑所必须具备的核心能力之一，也是一个在任何时代编辑都不能缺的基础能力。但是，全媒体出版时代对编校能力的要求更高，原来主要是针对文本的编校，现在可能就需要对音频、视频、交互软件进行审校。虽然这些工作可能有专人在做，但责任编辑往往是把关人，需要掌握甚至精通不同形态文本的编校能力。

4. 图书形态的设计能力

原来的图书形态设计主要指纸质图书的装帧设计。但是，现在的图书还包括了在网络、手机、手持阅读器上的表现形态，这就对编辑对图书形态的设计能力提出了更多更高的要求。再有，全媒体的最终目标是要对内容实现"一次加工，多次使用"，因此，编辑的加工要起到一种"元数据"的作用，即它可以分别应用在纸质和数字媒体上，这就要求编辑对数字媒体的生产流程和加工要求都要有所了解，对各种媒体的用户心理、阅读需求与习惯都要有深入的了解。同时，要求编辑和各种合作方都有广泛的联系和沟通，能够对图书形态的开发做到价值最大化。也就是说，编辑在进行策划时，必须考虑在多媒体运作的可能性，要具有对选题进行综合设计和开发的能力。

5. 全方位的宣传营销能力

编辑在全媒体时代不仅要有更强大的信息搜集、筛选、组织能力，更要有强大的传播、营销能力。因为我们当下面对的不仅是每年几十万种图书的竞争，还有来自于网络和手机平台的各种铺天盖地的信息对图书信息的覆盖和淹没。图书要吸引广大读者的注意力，编辑首先就要了解什么是读者最感兴趣的，要能够从图书中提炼话题；其次，要了解目标读者是通过什么渠道来获取信息，这就是我们发布图书信息的目标媒体；最后，编辑要了解以什么样的方式来呈现图书信息可以最大限度地吸引读者并让他接受。